Mobile Computing

Informatik

Heide Balzert
Basiswissen Web-Programmierung
XHTML, CSS, JavaScript, XML, PHP, JSP, ASP.NET, Ajax

Heide Balzert, Uwe Klug, Anja Pampuch
Webdesign & Web-Usability
Basiswissen für Web-Entwickler

Helmut Balzert
Java: Der Einstieg in die
Programmierung, 2. Auflage
Strukturiert & prozedural programmieren

Helmut Balzert
Java: Objektorientiert programmieren,
2. Auflage
Vom objektorientierten Analysemodell bis zum
objektorientierten Programm

Helmut Balzert, Jürgen Priemer
Java: Anwendungen programmieren
Von der GUI-Programmierung bis zur Datenbank-
Anbindung

Ergänzend zu diesen Bänden gibt es »Quick Reference Maps« zum Nachschlagen und Wiederholen: HTML & XHTML, JSP, SQL, UML 2. Zu diesen Bänden gibt es »E-Learning-Zertifikatskurse« unter www.W3L.de.

Tilman Bollmann
Klaus Zeppenfeld

Mobile Computing

Hardware, Software,
Kommunikation, Sicherheit,
Programmierung

W3L-Verlag | Herdecke | Witten

Autor:
Tilman Bollmann
E-Mail: tilman.bollmann@gmx.de
Klaus Zeppenfeld
E-Mail: Klaus.Zeppenfeld@hshl.de

Bibliografische Information Der Deutschen Nationalbibliothek:
Die Deutsche Nationalbibliothek verzeichnet diese Publikation in der Deutschen Nationalbibliografie. Detaillierte bibliografische Daten sind im Internet über `http://dnb.ddb.de/` abrufbar.

Lektorat: Prof. Dr. Helmut Balzert, Herdecke

Gesamtgestaltung: Prof. Dr. Heide Balzert, Herdecke

Herstellung: Miriam Platte, Witten

Satz: Das Buch wurde aus der E-Learning-Plattform W3L automatisch generiert. Der Satz erfolgte aus der Lucida, Lucida sans und Lucida casual.

Druck und Verarbeitung: buch bücher dd ag, Birkach

Vorwort

Herzlichen Dank, dass Sie sich für dieses Buch entschieden haben. Es wird Ihnen die faszinierende Welt des *Mobile Computing* näher bringen; eine Welt, die für die meisten von uns heute eine Selbstverständlichkeit ist, aber dennoch in ihrer Vielfalt für viele auch schier unüberschaubar scheint. Fragen Sie sich auch manchmal, wie man früher ohne Mobiltelefon eigentlich zurecht gekommen ist? Anfang der 1990er Jahre, als die ersten Mobiltelefone, die diesen Namen auch wirklich verdienten, auf den Markt kamen, wurden deren Besitzer damals vielfach noch als »Angeber« und »Wichtigtuer« verspottet, ähnlich wie die Besitzer von Anrufbeantwortern ein Jahrzehnt zuvor. Heute gibt es hingegen in Deutschland mehr Mobilfunkverträge als Einwohner, und vergisst man sein Mobiltelefon einmal zu Hause, hat man den ganzen Tag ein ungutes Gefühl. Das Handy vermittelt die Sicherheit, in dringenden und weniger dringenden Fällen erreichbar zu sein und im Notfall Hilfe rufen zu können. Doch *Mobile Computing* bedeutet natürlich viel mehr, als mobil zu telefonieren, oder einen Laptop im Zug zu benutzen. *Mobile Computing* befreit den Menschen von der Notwendigkeit, bestimmte Tätigkeiten an einem bestimmten Ort auszuführen und versorgt den Menschen in jeder Lebenssituation mit Informationen; manchmal mit mehr, manchmal mit weniger sinnvollen. Damit ist der Mensch aber auch mehr denn je gefordert, diese Information aufzunehmen, zu filtern, und vor allem, seine eigenen Daten und Informationen vor öffentlichem Zugriff zu schützen. Dieses Buch soll Ihnen ein Verständnis für die Techniken vermitteln, die *Mobile Computing* ermöglichen, für die Möglichkeiten, die *Mobile Computing* eröffnet und die Fähigkeit vermitteln, eigene *Mobile Computing*-Anwendungen zu entwickeln und zu vermarkten.

Neue Didaktik

Um Ihnen als Leser das Lernen zu erleichtern, wurde für W3L-Lehrbücher eine neue Didaktik entwickelt. Der Buchaufbau und die didaktischen Elemente sind auf der vorderen Buchinnenseite beschrieben.

Kostenloser E-Learning-Kurs

Ergänzend zu diesem Buch gibt es den kostenlosen E-Learning-Kurs »Mobile Geräte«, der zusätzlich zahlreiche Tests erhält, mit denen Sie Ihr Wissen überprüfen

können. Sie finden den Kurs auf der E-Learning-Plattform `http://Akademie.W3L.de`. Unter `Startseite & Aktuelles` finden Sie in der Box `E-Learning-Kurs zum Buch` den Link zum `Registrieren`. Nach der Registrierung und dem Einloggen geben Sie bitte die folgende Transaktionsnummer (TAN) ein: `4663418130`.

Vom Lesen zum Zertifikat

Wenn Sie Ihren Lernerfolg überprüfen wollen, dann sollten Sie den kostenpflichtigen, gleichnamigen E-Learning-Kurs auf der Website `http://Akademie.W3L.de` buchen. Viele Tests und Einsendeaufgaben (Hochladen auf den Server) helfen Ihnen, Ihr Wissen zu vertiefen und zu festigen. Mentoren und Tutoren betreuen Sie dabei. Bei erfolgreichem Abschluss erhalten Sie ein Test- und ein Klausurzertifikat, mit dem Sie Ihren Erfolg dokumentieren können.

Forum

Auch das vorliegende Buch kann nicht alle Fragen zum Thema beantworten. Der W3L-Verlag hat daher ein Forum *Living-Books* eingerichtet, auf dem die Autoren dieses Buches, das Expertennetzwerk von W3L und Leser-Experten Ihre Fragen beantworten: `http://W3L-livingbooks.de/`.

Danksagung

Ein Buch zu schreiben ist immer sehr viel mehr Arbeit, als man zunächst annimmt. Und es geht natürlich nicht ohne die Mithilfe vieler, die nicht auf dem Buchcover Erwähnung finden. Im Rahmen eines Seminars an der Fachhochschule Dortmund haben folgende ehemalige Studierende wichtige Vorarbeiten für dieses Buch geleistet: Christoph Heinig, Tina Graf, Patrick Finger, Carola Stumpe und Markus Müller. Außerdem bedanken wir uns an dieser Stelle besonders bei den Teleca-Mitarbeitern Willy Backhaus, Peter Buth, Ludger Kordt, Felix Müller, Thomas Schetelig und vielen weiteren Kollegen für Korrekturen, Anregungen und Fotos zu den Fallbeispielen. Besonderer Dank geht an Fabian Büttner für die Durchsicht des Programmier-Kapitels und wertvolle Rückmeldungen. Und nicht zuletzt gilt unser Dank natürlich Frau Krengel, Frau Platte und Herrn Prof. Balzert für die Betreuung dieses Buchprojekts.

Ans Werk

Und nun wünschen wir Ihnen viel Spaß und Erfolg bei Ihrer Exkursion in die Welt des *Mobile Computing*!

Tilman Bollmann
Klaus Zeppenfeld

Inhalt

1 Was ist *Mobile Computing*? *

Mobile Computing ist heute ein integraler Bestandteil des Alltags vieler Menschen geworden. Doch was bedeutet der Begriff eigentlich? Es soll zunächst eine Definition des Begriffs *Mobile Computing* versucht werden. Anschließend wird dieser im historischen und zukünftigen Gesamtzusammenhang betrachtet, beginnend beim *Mainframe Computing* der frühen 1960er Jahre bis hin zum *Ubiquitous Computing*, dem »alles durchdringenden Computing« der Zukunft.

Spätestens seit der Einführung des iPhones durch Apple, dem Einstieg von Google in die Mobilfunkindustrie und dem daraus resultierenden Verteilungskampf mit dem Marktführer Nokia ist *Mobile Computing* ein viel beachteter Zweig der Informationstechnik geworden. Doch worum geht es bei *Mobile Computing* eigentlich? Geht es lediglich darum, existierende Anwendungen zu »mobilisieren«, um überall damit arbeiten zu können, oder steckt mehr dahinter?

Frage

Was verstehen Sie unter *Mobile Computing*?

Antwort

Eine zunächst naheliegende Definition in Anlehnung an die wörtliche Übersetzung des Begriffs *Mobile Computing*, »mobiles Rechnen«, könnte lauten:

Definition 1

> *Mobile Computing* bezeichnet die Nutzung von mobilen Endgeräten zur Ausführung von Computerprogrammen.

Kurz und knapp. Aber erfasst diese Definition wirklich das Wesen des *Mobile Computing*? Wäre demnach auch ein programmierbarer Taschenrechner ein *Mobile Computer*? Ja, wörtlich genommen ist er es sicherlich, aber in dem Sinne, in dem der Begriff *Mobile Computing* heute allgemein verwendet wird, fehlt ein wesentliches Element: Vernetzung!

Vernetzung

Seit der Erfindung des Internets in den späten 1960er Jahren und dessen massenhafter Verbreitung in den 1990er Jahren ist die Benutzung eines Computers in der Regel mit der Vernetzung dieses Gerätes mit anderen verbunden. Der Benutzer eines Rechners kann heute eher auf ein optisches Speicherlaufwerk verzichten als auf einen Netzwerkanschluss, so dass z.B. heutige »Netbooks« aus Platz- und Kostengründen ohne solche Laufwerke ausgestattet werden. Mobilfunknetzwerke sind in Industrienationen heute nahezu flächendeckend verfügbar und die mobile Datenübertragung ist mittlerweile auch für viele bezahlbar geworden. Erst dadurch ist *Mobile Computing* interessant geworden. Die oben eingeführte Definition sollte also folgendermaßen erweitert werden:

Definition 2

> *Mobile Computing* bezeichnet die Benutzung von vernetzten mobilen Endgeräten zum Abruf und zur Bearbeitung von Daten.

Schon besser. Aber andererseits: Was heißt eigentlich *mobil*? *Wer* ist hier mobil? Bisher wurde stillschweigend angenommen, dass es das Gerät ist, auf welches sich der Begriff »mobil« in *Mobile Computing* bezieht.

3 Arten der Mobilität

Man kann aber zwischen drei Arten der Mobilität unterscheiden [Pand00]:

- Gerätemobilität
  Das Gerät ist mobil und unabhängig von Zeit und Raum vernetzt. Dies entspricht der obigen Definition.
- Benutzermobilität
  Der Benutzer ist mobil und benutzt je nach Ort und Situation das passende Gerät. Dazu verwendet er eindeutige Merkmale wie z. B. Passwörter, PINs oder Chipkarten um sich zu authentifizieren.
- Dienstmobilität
  Ein Dienst ist unabhängig von Zeit, Raum und Gerät verfügbar. Ein Beispiel hierfür ist ein *email-account*, der sich vom heimischen Rechner, unterwegs über ein mobiles Endgerät und im Büro über einen *Web-Client* abrufen lässt.

Erweitert man den Umfang der Definition von *Mobile Computing* um diese Mobilitätsbegriffe, wird deutlich, dass es hierbei um viel mehr geht als um den bloßen mobilen Fernzugriff auf lokale oder dezentral gespeicherte Daten. Echtes *Mobile Computing* ist nicht lediglich eine Notlösung, wenn gerade kein anderer Datenzugriff möglich ist, sondern macht sich die Mobilität eines Gerätes oder einer Anwendung zunutze, um völlig neue Dienste zu ermöglichen. Die bei »Facebook« nach der Anmeldung gestellte Frage »Was machst Du gerade?« ist erst bei einer mobilen Anwendung wirklich sinnvoll.

Location Based Services

Darüber hinaus sind moderne Mobiltelefone heute in der Lage, ihren Standort zu ermitteln, welches einen weiteren Anwendungsbereich des *Mobile Computing* ermöglicht: so genannte *Location Based Services* (Standortbezogene Dienste) ermöglichen es, dem Benutzer Dienste anzubieten, die speziell auf seinen aktuellen Standort abgestimmt sind, wie z. B. Navigation, Reise- oder Restaurantführer. *Social Networks* können den Benutzer auf andere in der Nähe befindliche Freunde oder auf Sehenswürdigkeiten aufmerksam machen. Neue Arten von Geländespielen (z. B. *Geocaching*) werden möglich.

Augmented Reality

Realität und Internet vermischen sich. Eine Verknüpfung oder Anreicherung des realen Lebens mit Inhalten des Internets kann erreicht werden, indem die geographische Position und/oder die Kamerabilder von öffentlichen Gebäuden, Kunstwerken oder von *Barcodes* ausgewertet werden *(Augmented Reality*, Abb. 1.0-1)[1].

Abb. 1.0-1: 2D-Barcode an einem Fahrkartenautomat in Essen. Er stellt einen Link zu einer Audiodatei dar, die Sehenswürdigkeiten entlang der Straßenbahnlinie 107 beschreibt.

[1] Siehe z. B. www.wikitude.org

Zahllose weitere Anwendungen sind denkbar oder bereits in Entwicklung. *Mobile Computing* ist damit eine der wichtigsten Entwicklungen des beginnenden 21. Jahrhunderts, die unseren Alltag nachhaltig verändern wird.

Es soll hier also eine diese Entwicklung berücksichtigende Definition versucht werden:

Definition 3

Mobile Computing bezeichnet die Gesamtheit von Geräten, Systemen und Anwendungen, die einen mobilen Benutzer mit den auf seinen Standort und seine Situation bezogenen sinnvollen Informationen und Diensten versorgt.

Frage

Welches sind nach dieser Definition die wesentlichen Elemente des *Mobile Computing*?

Antwort

- Mobilität
- Vernetzung
- Ortsbezug

Diese Definition formuliert zugleich Forderungen an *Mobile Computing*, die von heutigen Anwendungen und Diensten erst teilweise erfüllt werden:

- Der Benutzer soll für ihn sinnvolle und interessante Informationen und Dienste angeboten bekommen oder sie abrufen können, ohne durch diese aber belästigt oder abgelenkt zu werden[2].
- Mobile Computing Anwendungen müssen unter einer Vielzahl von Situationen zuverlässig und dauerhaft funktionieren. Die Toleranz eines Benutzers für Fehlfunktionen von Geräten ist sehr viel geringer, wenn er von diesen umgeben, gewissermaßen in sie eingebettet ist.
- Dienste müssen einfach und intuitiv bedienbar sein, um den Benutzer in seinem Alltag zu unterstützen und ihn nicht zu behindern.

Frage

Was sind mögliche Herausforderungen für *Mobile-Computing*-Anwendungen?

Antwort

- Die Verbindungslage ist unsicher.
- Mobilität, d. h. Gerätegröße und -gewicht stehen in Konkurrenz zu Displaygröße und Batterielaufzeit.

[2] Siehe hierzu auch: »The coming age of Calm Technology« [Weis96]

- Mobile Datendienste können u. U. mit Kosten verbunden sein.
- In gewissen Umgebungen (z. B. Krankenhaus, Flugzeug, Auto, stellt die Benutzung von *Mobile-Computing*-Diensten u. U. ein Sicherheitsrisiko dar.

Zielsetzung

Ziel dieses Buchs soll daher sein, Sie mit den technischen Grundlagen vertraut zu machen, die *Mobile Computing* möglich machen. Es soll die Herausforderungen aufzeigen, die sich hinsichtlich Design und Implementierung von mobilen Diensten ergeben sowie Sie schließlich in die Lage zu versetzen, eigene *Mobile Computing*-Anwendungen zu entwickeln.

Zunächst aber ein kurzer Blick in die Geschichte des *Mobile Computing*:

- »Geschichte des Mobile Computing«, S. 5

Die wichtigsten Meilensteine nochmal auf einen Blick:

- »Meilensteine auf dem Weg zum Mobile Computing«, S. 10

Wie wird die Zukunft aussehen:

- »Ausblick«, S. 16

1.1 Geschichte des Mobile Computing ***

Mobile Computing ist die vierte Stufe einer etwa 50-jährigen Evolutionsgeschichte, die mit der Nutzung von Großrechnern *(Mainframes)* begann und über *Personal Computing* sowie die rasante Entwicklung des Internets zur heutigen mobilen Vernetzung führte. In der nächsten Entwicklungsstufe werden Computer in immer mehr Alltagsgegenstände integriert und somit zum natürlichen und nicht mehr bewusst wahrgenommenen Bestandteil unseres Lebens.

Die Evolution der Computernutzung bis hin zum *Mobile Computing* lässt sich grob in drei Phasen unterteilen:

Die *Mainframe*-Ära

Zu Beginn der Computernutzung waren Computer große und teure Maschinen, die ausschließlich von Experten hinter verschlossenen Türen benutzt wurden. Da Computer eine rare Ressource waren, teilten sich mehrere dieser Experten einen Computer und bekamen auf diesem Zeitschlitze zugeteilt. Man spricht daher also auch von *Shared Computing* (Abb. 1.1-1).

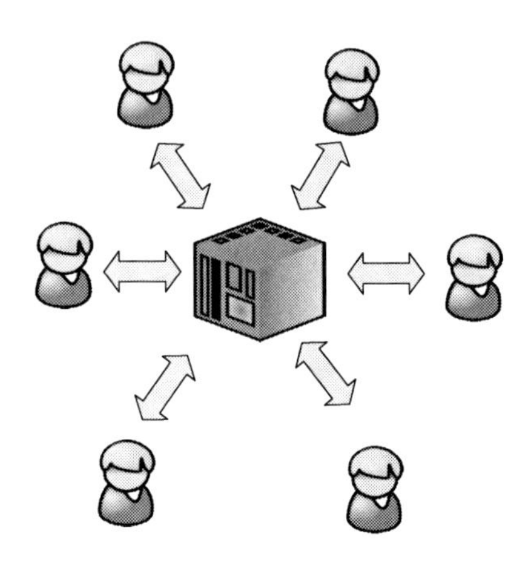

Abb. 1.1-1: *Mainframe Computing.*

Frage

Ist *Mainframe Computing* ein »Dinosaurier«, der heute ausgestorben ist?

Antwort

Nein, im Gegenteil. In Form von *Cloud Computing*, also dem Auslagern von Daten ins Netz ist *Mainframe Computing* heute aktueller denn je.

Die PC-Ära

Mit dem Personal-Computer wurde Anfang der 1980er Jahre des vorigen Jahrhunderts der Computer für jedermann zugänglich, nicht mehr nur für die Experten. Bereits 1984 überstieg die Zahl der PC-Nutzer die Anzahl der Mainframe-Nutzer. Ein PC ist ein »persönlicher« Computer in dem Sinne, dass er persönliche Daten enthält und im Prinzip jederzeit persönlich genutzt werden kann. Damit entwickeln viele Nutzer auch ein sehr persönliches Verhältnis zu ihrem Computer, geben ihm Namen und beschweren sich mitunter bei ihm. *Personal Computing* ist aber auch eine vergleichsweise einsame Angelegenheit. Datenaustausch findet allenfalls über den Austausch von Disketten statt (Abb. 1.1-2).

Die Internet-Ära

Mit dem massiven Ausbau des Internets in den 1990er Jahren bekommt die Nutzung eines Computers eine soziale Komponente. Computer werden vernetzt und Dienste wie E-Mail und das Usenet verbreiten sich rasant. Mit der Ver-

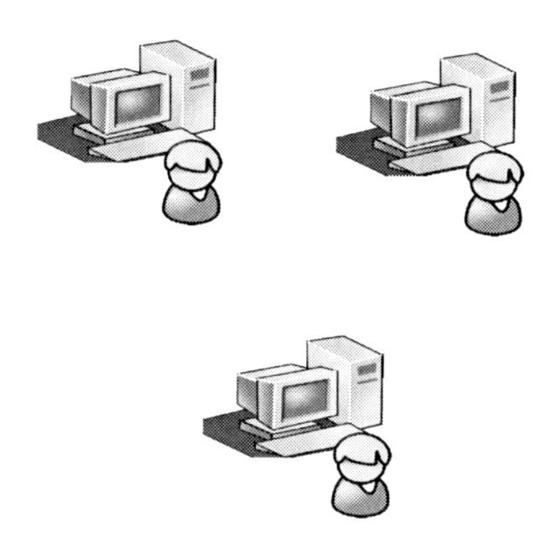

Abb. 1.1-2: *Personal Computing.*

netzung kehrt aber auch eine inzwischen vergessene Komponente der Mainframe-Ära zurück: das *Shared Computing.* Von Mainframes angebotenen Dienste werden plötzlich von PCs aus zugänglich, und zwar nicht nur vom »persönlichen« Computer, sondern von jedem Computer weltweit, auf den der Benutzer Zugriff hat (Abb. 1.1-3). Daten, die zuvor lokal gespeichert wurden, wandern in die *Cloud*, also in Datenbanken im Internet.

Damit bekommt *Personal Computing* auch bereits eine mobile Komponente.

Mobile Computing

Mit der Miniaturisierung von Geräten werden diese mobil. Mit der Entwicklung von schneller drahtloser Datenübertragung werden diese Geräte mobil vernetzt. Damit ist es ihnen möglich, am *Shared Computing* teilzuhaben, also auf von Mainframes angebotene Dienste zuzugreifen. Durch die Möglichkeit der Positionsbestimmung mit GPS ist es ihnen möglich, diesen Diensten eine lokale Komponente hinzuzufügen und dadurch diese Dienste noch »persönlicher« zu machen. Internet-Dienstleister wie Google arbeiten daran, durch gesammelte Informationen über den Benutzer diese Dienste immer weiter zu personalisieren. Damit sollen dem Benutzer, zugeschnitten auf seine gerade aktuelle Situation, in Abhängigkeit von Aufenthaltsort, Zeit und gerade genutz-

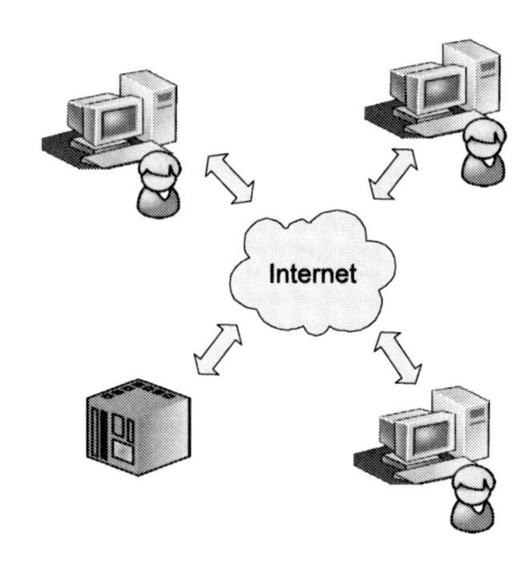

Abb. 1.1-3: *Connected Computing.*

tem Endgerät die passenden Informationen und Daten zur Verfügung gestellt werden, noch bevor er danach gefragt hat.

Damit ist *Mobile Computing* das »persönlichste Computing« der bisherigen Geschichte der Nutzung von Computern. Dies ist eine Entwicklung, die neben Chancen natürlich auch Risiken mit sich bringt (Abb. 1.1-4).

Frage Welche Parameter werden beim *Mobile Computing* berücksichtigt?

Antwort
- Ort
- Zeit
- Benutztes Endgerät
- Gesammelte Daten über den Nutzer

Ubiquitous Computing Durch die weitere Miniaturisierung der Elektronik werden immer mehr Geräte mit Mikroprozessoren und Displays ausgestattet und mittlerweile auch vernetzt. Bereits in den 1990er Jahren überstieg die Anzahl der Mikroprozessoren die der auf der Welt lebenden Menschen, und mittlerweile dürfte das Verhältnis bei etwa mehreren Hundert zu Eins liegen. Mit der Erweiterung des Internet-Adressraums durch IPv6 auf 340 Sextillionen ist es rechnerisch möglich, jedem Sandkorn auf der Erde eine eigene IP-Adresse zuzuweisen.

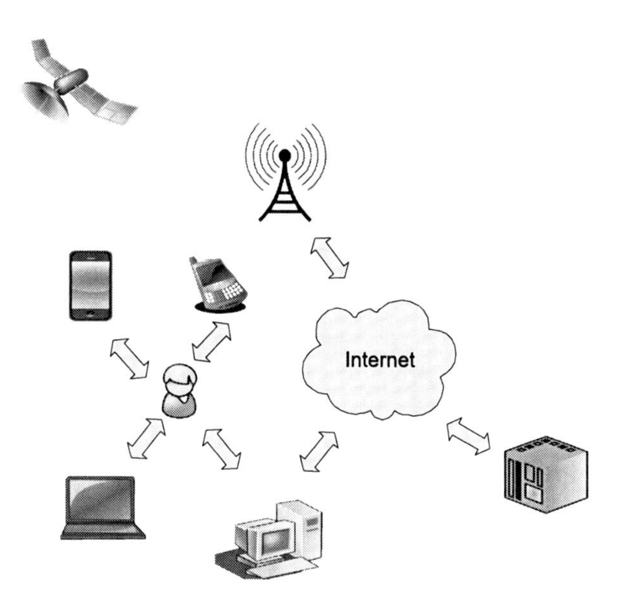

Abb. 1.1-4: *Mobile Computing.*

Damit wird TCP/IP zur Lingua Franca der Technik. Stromsparende Funktechniken wie *Zigbee* ermöglichen die Vernetzung selbst von Lichtschaltern. Dadurch dringt der Computer in immer mehr Lebensbereiche des Menschen ein, selbst da, wo ihm gar nicht bewusst ist, dass er einen Computer benutzt. Im Auto, beim Bahnfahren, beim Fernsehen, in seiner Haushaltselektronik, seiner Haustechnik, ja in Zukunft wohl sogar in seiner Kleidung. Dies bezeichnet man als *Ubiquitous Computing* oder *Pervasive Computing*, also als »allgegenwärtiges« oder »durchdringendes« Computing.

Brachte man bisher »*Computing*« zwingend mit der Benutzung eines Computers in Verbindung, löst sich mit *Ubiquitous Computing* der Bezug zur Hardware, wird sozusagen »immateriell« (Abb. 1.1-5).

Frage

Wie viele Mikroprozessoren befinden sich derzeit in Ihrer direkten Umgebung?

Abb. 1.1-5: *Ubiquitous Computing.*

Antwort

Denken Sie an Computer, Kamera, Mobiltelefon, evtl. Musikinstrumente, Fernseher, Mikrowellengeräte, Staubsauger, Fernbedienungen...

Zitat

»The most profound technologies are those that disappear. They weave themselves into the fabric of everyday life until they are indistinguishable from it«, Mark Weiser[3] [Weis91].

1.2 Meilensteine auf dem Weg zum Mobile Computing ***

Rückblickend betrachtet waren viele Erfindungen notwendig, um den Weg vom anfangs sehr immobilen zum heutigen mobilen *Computing* zu ebnen. Die wichtigsten Meilensteine werden hier kurz vorgestellt.

UNIVAC

1951: Der UNIVAC 1(UNIversal Automatic Computer 1) (Abb. 1.2-1) ist der erste kommerziell hergestellte und eingesetzte elektronische Rechner. Mit ihm beginnt die Ära des *Mainframe Computing.*

ARPANET

1969: Das ARPANET (Advanced Research Projects Agency Network) ist das erste paket-vermittelte Datennetzwerk und

[3]Die tiefgründigsten Technologien sind die, welche verschwinden. Sie weben sich in den Stoff des Alltags ein, bis sie davon nicht mehr zu unterscheiden sind.

Abb. 1.2-1: Univac Mainframe von 1951.

der Vorläufer des heutigen Internets. Die Idee hinter dem ARPANET war, ein Netzwerk zu schaffen, welches nicht zentral gesteuert ist, sondern auch bei Ausfall eines Netzknotens weiter funktionsfähig ist. Damit sollte das Netz z.B. gegen Atomschläge unempfindlich sein.

1G

1979: Der japanische Telekommunikations-Konzern NTT nimmt das erste kommerzielle, automatische, analoge Mobilfunknetzwerk in Betrieb. Zwei Jahre später wird in Dänemark, Finnland, Norwegen und Schweden mit NMT (Nordic Mobile Telephone) das erste europäische Mobilfunknetz eingeweiht. Es ist auch das erste, welches *Roaming* zwischen verschiedenen Anbietern ermöglicht. In Deutschland ist das C-Netz, 1985 eingeführt, das erste weithin genutzte Mobilfunknetz. Zwar gab es bereits vorher analoge Mobilfunknetze, wie das A- und B-Netz in Deutschland, jedoch waren diese nicht automatisiert und setzten somit die genaue Kenntnis des Standortes des Mobilfunkteilnehmers voraus, um diesen erreichen zu können. Im Rückblick bezeichnet man die analoge Mobilfunktechnik als **1G** (Erste Generation).

PC

1981: IBM bringt den ersten *Personal Computer* (Abb. 1.2-2) auf den Markt. Er basiert auf einer Intel 8088 CPU die mit 4,77 Mhz getaktet ist und 16kB Speicherplatz zur Verfügung hat (Abb. 1.2-2). Damit beginnt die Ära des *Personal Computing*. Ebenfalls 1981 erscheint mit dem Osborne 1 der erste kommerziell erfolgreiche tragbare Computer. Im weiteren Sinne beginnt also auch hier schon die Ära des *Mobile Computing*. Im engeren Sinne aber nur die des »*Portable Comput-*

ing«, und selbst dies scheint angesichts des Gewichts von 11 Kilogramm fragwürdig.

Abb. 1.2-2: IBM PC von 1981.

TCP/IP

1983: Das ARPANET wird auf das von Vinton Cerf und Robert E. Kahn entwickelte TCP/IP-Protokoll umgeschaltet, die Geburt des heutigen Internets. Das Besondere am Internet-Protokoll ist die Einführung einer zusätzlichen Abstraktionsschicht für das physische Netzwerk. Damit ist es erstmals möglich, völlig unterschiedliche Netzwerke zusammen zu schalten. So wurde die Grundlage für eine weite Verbreitung des Internet gelegt und außerdem das Netz für zukünftige Übertragungstechniken gerüstet.

PDA

1984: Psion (Potter Scientific Instruments Or Nothing) bringt den Psion Organizer (Abb. 1.2-3) auf den Markt. Er besitzt ein einzeiliges LCD-Display und eine alphanumerische Tastatur, jedoch noch nicht in QWERTY angeordnet. Durch seine Erweiterbarkeit war er universell einsetzbar, wurde etwa eine Million Mal verkauft und gilt heute als »*Grandfather of all handsets*«. Daher kann sein Erscheinen als Beginn des *Mobile Computing* gewertet werden. Später brachte Psion einige Geräte mit QWERTY-Tastatur heraus, die auch als PDA *(Personal Digital Assistant)* genutzt werden konnten. Apple scheitert im Jahre 1993 mit dem Versuch, den Newton als PDA mit *Touchscreen* zu etablieren. Den wirklichen kommerziellen Durchbruch erreichen erst im Jahre 1996 die »Pilot«-Geräte von US Robotics bzw. später Palm, die mit einem *Touchscreen* ausgestattet sind. Die Software-Sparte von Psion wird 1998 in die Firma Symbian ausgegliedert.

Abb. 1.2-3: Psion Organizer 2.

1990: Tim Berners Lee vom CERN *(European Organization for Nuclear Research)* in Genf veröffentlicht einen Vorschlag für ein Hypertext-System namens »WorldWideWeb«. Das WWW (oder W3) verhilft dem Internet zu weltweiten Durchbruch auch unter Nicht-Spezialisten.

WWW

1991: Das erste digitale Mobilfunknetzwerk, basierend auf dem GSM Standard *(Global System for Mobile Communications)*, geht in Finnland in Betrieb. In den USA und Teilen von Asien etabliert sich der CDMA Standard *(Code Division Multiple Access)*. Diese ersten digitalen Mobilfunknetze werden heute als **2G** Netze bezeichnet.

2G

1995: GPS *(Global Positioning System)* geht in Betrieb und ermöglicht die zuverlässige satellitengestützte Positionsbestimmung und Navigation, weitgehend unabhängig von Witterungseinflüssen. Zunächst ist die Genauigkeit der Positionsbestimmung durch Verschleierung des Signals *(Selective Availability)* für nicht-militärische Anwendungen auf etwa 100 m begrenzt. Im Jahre 2002 wird diese Beschränkung jedoch aufgehoben. Die Genauigkeit beträgt jetzt etwa 10 m. Jedoch behält sich das US Verteidigungsministerium vor, *Selective Availability* im Verteidigungsfall wieder einzuschal-

GPS

ten, weshalb die Europäische Union die Entwicklung eines eigenen Navigationssystems, »Kopernikus«, vorantreibt.

Smartphone

1996: Nokia bringt mit dem »Nokia 9000 Communicator« das erste Smartphone auf den Markt. Es basiert auf einer Intel-Prozessorarchitektur mit dem Betriebssystem GEOS, welches wiederum auf DOS, dem ersten PC Betriebssystem aufsetzt. Es ist somit ein entfernter Nachkomme des ersten IBM PCs von 1981. Erst spätere Varianten des Nokia Communicator basieren auf dem heute noch eingesetzten Betriebssystem Symbian OS.

3G

2001: WCDMA (*Wideband* CDMA) geht in Japan in Betrieb. In Deutschland ist dieser Mobilfunkstandard unter dem Kürzel UMTS *(Universal Mobile Telecommunications System)* bekannt, eine Abkürzung, die gegenüber dem Kürzel GSM keinen allzu großen Fortschritt vermuten lässt. Jedoch ist es mit diesen Mobilfunknetzwerken der dritten Generation (**3G**) erstmals möglich, Breitband-Netzwerkverbindungen auch mobil anzubieten. Jetzt sind alle technischen Voraussetzungen geschaffen, *Mobile Computing* Anwendungen zu entwickeln und anzubieten. In Deutschland liefern sich die großen Netzbetreiber einen ruinösen Bieterkampf um die verfügbaren sechs UMTS-Mobilfunklizenzen, was dem deutschen Finanzminister 98,8 Mrd DM in die Staatskasse spült. Da die hohen Kosten aber an die Endkunden weitergegeben werden müssen, setzt sich UMTS in Deutschland nur schleppend durch.

iPhone

2007: Apple bringt das iPhone auf den Markt. Durch den damit verbundenen Medienrummel gerät *Mobile Computing* erstmals in den Brennpunkt des öffentlichen Interesses. Das erste iPhone wird noch vielfach als technisch rückständig kritisiert, da es z. B. nur 2G-Netzwerke unterstützt und keinen integrierten GPS-Empfänger besitzt. Das iPhone 3G ist jedoch ein ausgereiftes Smartphone, welches insbesondere den Markt für mobile Applikationen in Bewegung gebracht hat.

Android

2008: Das erste Smartphone mit Googles Smartphone Betriebssystem »Android«, das HTC Dream, bzw. T-Mobile G1, erscheint. Google setzt hiermit die traditionellen Endgerätehersteller wie Nokia unter Druck, da das Android Betriebssystem quelloffen ist und lizenzfrei verwendet werden kann. Nokia reagiert darauf damit, dass es die Aktienmehrheit an seinem Smartphone-Betriebssystem-Lieferanten Symbian übernimmt, diesen in eine Stiftung einbringt und ankündigt, das Symbian-Betriebssystem ebenfalls quelloffen zu legen.

Fazit

Für die Einführung des *Mobile Computing* waren Entwicklungen auf dem Gebiet der Netzwerke und der Infrastruktur sowie bei der Miniaturisierung der Endgeräte notwendig. Diese Entwicklungen sind in Abbildung Abb. 1.2-4 zusammengefasst.

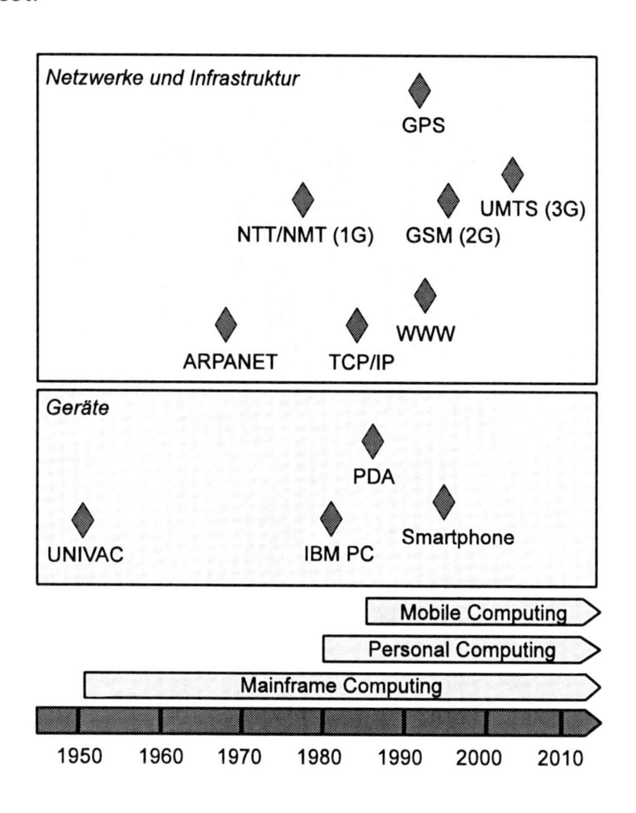

Abb. 1.2-4: Meilensteine des *Mobile Computing*.

1.3 Ausblick **

Laser-Beamer in Mobiltelefonen, 3D-Projektionsbrillen, Gesichts-, Bild- und Spracherkennung sind wesentliche Forschungsbereiche und Entwicklungen, die vermutlich in Zukunft das *Mobile Computing* prägen werden. Aber sind diese Vorstellungen realistisch und uneingeschränkt wünschenswert?

»*It's hard to make predictions, especially about the future!*«[4] ist ein bekanntes Zitat des amerikanischen Baseballspielers Yogi Berra. Und in der Tat ist es schwierig, zukünftige Erfindungen vorwegzunehmen, ohne diese nicht hier und jetzt zu erfinden. Möglicherweise hilft jedoch ein Blick in die Science Fiction Literatur.

Glaubt man dem Schriftsteller Frank Schätzing und seinen Beratern, werden wir bereits im Jahr 2025 die folgenden Errungenschaften des *Mobile Computing* wie selbstverständlich nutzen [Schä09]:

- Wir werden Brillen tragen, in die zwei Laserprojektoren integriert sind, die ein dreidimensionales Bild direkt auf unsere Netzhaut projizieren.
- Diese Brillen werden gleichzeitig mithilfe einer Kamera ein Bild der Umgebung aufnehmen, in die virtuelle Elemente oder Personen integriert werden (*Augmented Reality*).
- Aus diesen Aufnahmen können Personen direkt identifiziert werden und optisch im projizierten Bild hervorgehoben werden.
- Wir werden Computern in Umgangssprache Befehle erteilen können und Rückmeldung in sprachlicher Form vom Computer bekommen.
- Mobiltelefone werden mit Laser-Beamern ausgestattet sein, die zur schnellen Visualisierung ein Bild auf Hauswände projizieren können.

Tatsächlich handelt es sich bei all diesen Eigenschaften lediglich um lineare Fortschreibungen der bisherigen Entwicklungen und vieles davon befindet sich in den Forschungsabteilungen von Google, Nokia und Co bereits im

[4] Es ist schwierig, Voraussagen zu treffen, ganz besonders über die Zukunft!

Prototypenstadium[5]. Lediglich die umgangssprachliche Bedienung von Computern erscheint aus heutiger Sicht noch in weiter Ferne zu liegen, setzt diese doch nicht nur die *Spracherkennung*, sondern vielmehr auch das *Sprachverständnis* und damit eine gewisse Allgemeinbildung[6] und Assoziationsfähigkeit eines Computers voraus, um die eingegebenen Informationen auch im Kontext bewerten zu können. Schließlich sind schon zwischen *Menschen* mit unterschiedlicher kultureller Prägung Missverständnisse an der Tagesordnung.

Ob es wünschenswert ist, von fremden Menschen auf der Straße per Handyfoto identifiziert werden zu können, steht auf einem anderen Blatt. Auf diese Art und Weise wird ein Gesicht direkt mit den dazugehörigen gesammelten Daten auf Google verknüpft. Und diese Daten haben kein Verfallsdatum. Es wird immer deutlicher, dass das Eindringen des *Mobile Computing* in immer privatere Lebensbereiche eine neue Transparenz schafft. Dessen muss sich jeder bewusst sein, der sich aus dem geschützten Raum des *Personal Computing* in den öffentlichen Raum des *Mobile Computing* begibt.

[5] siehe z. B. Google Goggles: http://www.google.com/mobile/goggles/
Retina Beamer: http://spectrum.ieee.org/biomedical/imaging/in-the-eye-of-the-beholder

[6] Von Experten auch »Weltwissen« genannt.

2 Mobile Geräte *

Brachte man noch vor weniger als zehn Jahren mit *Mobile Computing* in erster Linie Laptops und PDAs in Verbindung, verbindet man mit dem Begriff heute besonders Mobiltelefone, so genannte *Smartphones.* Diese Geräte haben in den letzten Jahren enorm an Leistungsfähigkeit und Funktionalität zugelegt. Im Jahr 2002 erschienen die ersten Mobiltelefone mit eingebauter Kamera. Mittlerweile sind viele Mobiltelefone mit GPS, Bewegungs- und Lagesensoren sowie berührungsempfindlichen Bildschirmen ausgestattet. Sie beherrschen neben der Datenübertragung über GSM/UMTS vielfach auch WLAN und Bluetooth. Insgesamt stehen Mobiltelefone in ihrer Leistungsfähigkeit einfach ausgestatteten PCs heute wenig nach. Zusammen mit der Erhöhung der Bandbreite von Mobilfunknetzen durch UMTS hat dies zu einem Durchbruch von *Mobile Computing* Anwendungen geführt.

Kapitel

Diese Funktionsvielfalt geht einher mit einer schier unüberschaubaren Vielfalt an verschiedenen Plattformen und Betriebssystemen. Diese sollen mit ihren spezifischen Vor- und Nachteilen in diesem Kapitel näher betrachtet werden. Neben Mobiltelefonen sollen natürlich auch Laptops bzw. *Netbooks* beleuchtet werden. Auch auf die immer größer werdende Anzahl an sonstigen Geräten, die heute mobil und mit dem Internet verbunden sind, wird kurz eingegangen. Abschließend folgt ein Fallbeispiel, an dem die Auswahl von *Mobile Computing*-Plattformen für ein Startup-Unternehmen für mobile Software betrachtet wird:

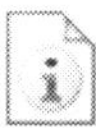

2.1 Notebook *

Notebooks sind mobile Versionen von stationären Standardcomputern mit nahezu derselben Leistungsfähigkeit. Durch eine kompakte Bauweise und mobile Stromversorgung wird eine bessere Mobilität erreicht, führt aber zu notwendigen Einschränkungen. Daneben habe sich in jüngster Zeit Varianten wie *Netbooks* und *Tablet-PCs* etabliert.

Beschreibung

Unter einem Notebook (Abb. 2.1-1) versteht man eine kleinere Ausführung eines tragbaren PCs in »Notizbuchgröße« mit einem LCD-Bildschirm und wahlweise Netz- oder Akkubetrieb. Außerdem verfügt es über eine integrierte Tastatur und hat meist statt einer Maus ein *Touchpad* oder einen *Trackpoint* zur Cursorsteuerung. Es hat ungefähr DIN A4-Größe und ist etwa 1,5–3,0 kg schwer. Der Begriff Notebook wird heute synonym mit dem Begriff Laptop verwendet. Ursprünglich sollte aber die Bezeichnung Notebook die kleiner und leichtere Bauweise hervorheben, da von einem Laptop (Lap= engl. Schoß, Top=oben drauf) nur verlangt wurde, dass es auf einem Schoß Platz findet.

Abb. 2.1-1: Notebook Sony Vaio Quelle: http://www.sony.de.

Netbooks

Neben den Notebooks haben sich in jüngster Zeit günstige *Netbooks* (Abb. 2.1-2) am Markt etabliert. Hierbei handelt es sich um PC-basierte Computer, die durch kleine Displaygrößen von 9 oder 10 Zoll und häufig verkleinerte Tastaturen besonders mobil sind. Diese besitzen in der Regel kein optisches Laufwerk mehr, um Kosten und Platz zu sparen. Noch kleinere Varianten, so genannte *Smartbooks* stoßen dann in den Grenzbereich zwischen PCs und Mobiltelefonen.

Funktionalität

Für Notebooks werden meist dieselben Betriebssysteme eingesetzt, wie bei stationären Standardcomputern. Damit sind Anwendungen von stationären Rechnern auch auf Notebooks lauffähig und Anwendungsdaten, wie z. B. Office-Dokumente, Multimediadateien und Kontaktdaten, können zwischen den Geräten ohne vorherige Anpassung ausgetauscht werden.

Um Strom zu sparen ist die Rechnergeschwindigkeit meist etwas langsamer als bei Rechnern derselben Generation. Zusätzlich werden nicht verwendete Ressourcen, wie z. B. Festplatte oder Bildschirm, ausgeschaltet. Eine Kommunikation wird meist mit Hilfe von WLAN, Bluetooth und Mobilfunktechniken, wie UMTS oder dem veralteten GPRS, ermöglicht. Mit diesen Techniken können verschiedene Rechner lokal kommunizieren oder auf das Internet zugreifen.

Ausstattungsmerkmale

Bei der Auswahl eines Gerätes sind folgende Ausstattungsmerkmale zu berücksichtigen:

- Prozessor
- Betriebsdauer
- Art und Größe des Bildschirms
- Gewicht
- Festplatten- und Arbeitsspeichergröße
- Schnittstellen für periphere Hardware (Drucker, Scanner, Maus, externe Monitore, Faxmodem)
- Verfügbare Laufwerke
- Kommunikationstechniken (LAN, WLAN, UMTS, Bluetooth)
- Erweiterbarkeit (PCMCIA-, Cardbus-Steckplätze)

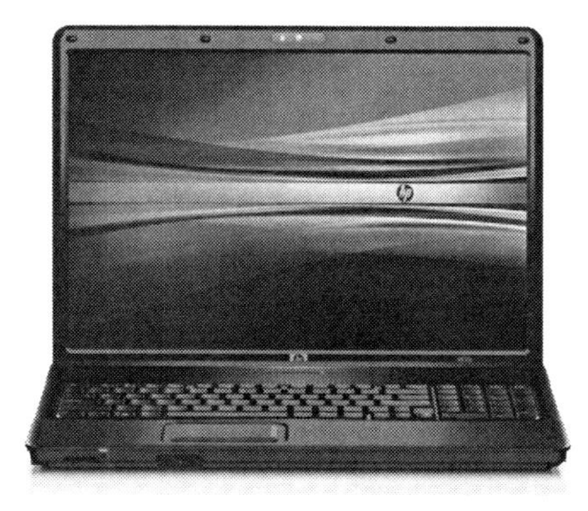

Abb. 2.1-2: Größenvergleich zwischen 2 Notebooks - Bildschirmdiagonale 17" (links) bzw. 12,1" (rechts) - Quelle: http://www.hp.com.

Pro & Contra

+ Sie haben nahezu dieselbe Leistungsfähigkeit wie stationäre Standardcomputer.
+ Sie können an fast jedem Ort verwendet werden.
- Die minimale Gerätegröße ist im Gegensatz zu anderen mobilen Endgeräten durch eine ausreichende Größe des Displays begrenzt.
- Durch viele Eigenheiten der Hersteller sind die Geräte meist schlecht nachzurüsten bzw. zu reparieren.
- Die Kapazität der internen Stromversorgung ist begrenzt.

Anwendung

- Ortsunabhängiges Arbeiten, z.B. zu Hause, auf Dienstreisen, im Außendienst, in der Bahn oder Universität.
- Verwendung als Präsentationsgerät, z.B. Präsentationen können beim Kunden vor Ort gezeigt werden.
- Vermeidung von Platzproblemen, z.B. kann im Schreibtisch verstaut werden.
- Nutzung als Entertainment-Center.

2.1.1 Tablet-PC *

Tablet-PCs stellten lange eine Gerätekategorie für Spezialisten dar, die unterwegs handschriftliche Zeichnungen oder Notizen auf einem mobilen Gerät machen mussten. Mit dem iPad von Apple sind Tablet-PCs aber auch für einen breiten Massenmarkt interessant geworden.

Wieder einmal hat Apple mit einem neuen Gerät, dem iPad (Abb. 2.1-3), eine bereits seit längerem existierende Geräteklasse in den Blickpunkt der Öffentlichkeit gerückt. Dabei hat Apple mit dem Fokus auf einfache Bedienbarkeit und ansprechendes Design neue Benutzergruppen für eine bisher einer kleinen Zielgruppe vorbehaltenen Gerätekategorie geschaffen.

Beschreibung

Herkömmliche Tablet-PCs besitzen im Gegensatz zu normalen Notebooks und im Gegensatz zum iPad die Möglichkeit der handschriftlichen Eingaben mit einem elektronischen Stift. Die Bewegungen des Stiftes werden mit Hilfe von Magnetinduktionstechnik im Bildschirm oder durch einen resistiven *Touchscreen* digitalisiert. Damit ist es möglich mit einem etwas modifizierten Betriebssystem die Bedienung nur über einen Stift oder Finger direkt auf dem Dis-

Abb. 2.1-3: Apple iPad, Quelle: www.apple.com.

play, durchzuführen. Eine Tastatur ist nicht mehr zwingend notwendig und ermöglicht eine kompaktere Bauweisen. Das Schreiben von Dokumenten ist aber trotzdem dank Schrifterkennung möglich.

Neuartige Tablet-PCs wie das iPad besitzen in der Regel einen kapazitiven *Touchscreen*, der nur auf die Berührung mit einer Fingerkuppe reagiert. Mit dieser Technologie ist eine Eingabe mit einem Stift und somit Handschrifterkennung nicht möglich.

Es gibt Tablet-PCs ohne Tastatur (Abb. 2.1-4) und mit einer Tastatur (Abb. 2.1-5), die weggeklappt werden kann. Diese Geräte werden als *Convertibles* bezeichnet und haben dieselben Eigenschaften wie normale Notebooks, erweitert um die Eingabe per Stift. Tablet-PCs ohne Tastatur werden *Slate* genannt. Sie sind durch das Fehlen der Tastatur kompakter in ihrer Bauweise und können auch über eine längere Zeit problemlos im Gehen oder Stehen verwendet werden. Daher kann man sie zu den »echten mobilen Geräten« zählen. Sie haben aber den Nachteil, dass sie meist nicht über ein Laufwerk verfügen.

Funktionalität

Auch bei der Funktionalität stehen die Tablet-PCs den Notebooks in nichts nach, da Betriebssystem und Hardware fast identisch sind. Somit vereint diese Bauform die Vorteile von

Abb. 2.1-4: Lenovo Tablet PC Quelle: http://www.lenovo.com.

Abb. 2.1-5: Tablet PC Toshiba Portege M700 Quelle: http://www.toshiba.de.

Tablet-PCs und konventionellen Notebooks. Die überwiegenden Betriebssysteme für diese Geräte sind Windows XP Tablet-PC-Edition und Windows Vista, welche die Funktionstasten am Display und die Eingabe per Stift unterstützen. Durch die Eingabe per Stift können mit dazugehöriger Software elektronische Dokumente handschriftlich auf dem Display rechtswirksam unterschrieben werden und vermeiden einen Medienbruch.

Pro & Contra

+ Die Größe ist ohne Tastatur kompakt.
+ Sie haben dieselbe Leistungsfähigkeit wie Notebooks, jedoch um die Eingabe per Stift erweitert.
+ Intuitivere Benutzung, da direkt auf dem Bildschirm geschrieben wird.
+ Eine rechtswirksame Unterschrift von digitalen Dokumenten ist bei manchen Geräten möglich.
+ Tablet-PCs können über längere Zeit im Gehen und Stehen verwendet werden.
– Bei Slates ist gegebenenfalls das Anschließen einer Tastatur oder eines Laufwerks notwendig.
– Tablet-PCs sind teurer als vergleichbare Notebooks.

Anwendung

- Präsentation von Daten und Texten, die unterwegs kommentiert und überarbeitet werden können.
- Außendienst-Mitarbeiter können Verträge direkt vor Ort vom Kunden unterschreiben lassen.
- Tablet-PCs können im Krankenhäusern bei der Visite zur Dokumentation angewendet werden.
- In der Luftfahrt oder bei öffentlichen Verkehrsmitteln kann mit einem Tablet-PCs Kartenmaterial elektronisch dargestellt werden.
- Verwendbar, um sich z. B. bei Besprechungen Notizen zu machen.
- Es kann als E-Book-Lesegerät verwendet werden, da es in einer Hand gehalten werden kann.

2.2 Mobiltelefon *

Der Markt für Mobiltelefone hat sich in den letzten 20 Jahren schnell entwickelt. Die ersten Mobiltelefone waren nicht für jedermann erschwinglich und ausschließlich zum Telefonieren gedacht. Durch die immer weiter voranschreitende Miniaturisierung stellen heute Mobiltelefone umfangreichere Funktionen zur Verfügung, die über das Telefonieren hinausgehen und haben sich daher auch für Businessanwendungen, Multimediaanwendungen (Spiele, Internet, Photos usw.) und zur Übermittlung von Nachrichten (SMS, E-Mail, MMS usw.) etabliert.

Beschreibung

Mobiltelefone, umgangssprachlich Handys, sind ortsungebundene, batteriebetriebene Funktelefone, die zur Sprach- und Datenkommunikation ein entsprechendes Mobilfunknetz nutzen (Mobilfunk). Der Anschluss des Mobiltelefons an das Mobilfunknetz erfolgt durch die SIM-Karte *(Subscriber Identity Module)*, durch die der Benutzer weltweit eindeutig identifiziert werden kann und die zum Schutz vor Missbrauch dient.

Bauart

Ein Mobiltelefon benötigt für die Interaktion mit dem Benutzer einen Lautsprecher, ein Mikrofon, einen Bildschirm und eine Tastatur. Für den Aufbau einer Kommunikation ist eine Funkantenne, Infrarot oder Bluetooth erforderlich. Generell ist für die Benutzung eines Mobiltelefons eine SIM-Karte und die Stromversorgung durch eine Batterie zwingend notwendig. Integrierte UKW-Radios, Kameras und Steckplätze für Speicherkarten gehören mittlerweile zur Standardausstattung. Besser ausgestattete Mobiltelefone verfügen darüber hinaus über über GPS, Beschleunigungs- und Lagesensoren sowie über berührungsempfindliche Bildschirme.

Bauformen

Man unterscheidet bei der äußeren Form von Mobiltelefonen zwischen drei verschiedenen Bauformen:

- Sogenannte *Candybars* (also »Schokoriegel«) haben keinerlei bewegliche Teile und sind daher besonders robust (Abb. 2.2-1, A).
- *Clamshells* (»Muschelschalen«) besitzen ein Scharnier, mit dem das Telefon in der Mitte zusammengeklappt werden kann um Tastatur und Bildschirm zu schützen. *Clamshells* zeichnen sich häufig durch besonders geringe Außenmaße aus. In der Regel besitzen *Clamshells* ein zweites Display auf der Aussenseite, um z. B. eingehende Anrufe anzuzeigen (Abb. 2.2-1, B).
- *Slider* (»Schieber«) besitzen eine ausschiebbare Tastatur oder ein ausschiebbares Display und ermöglichen dadurch größere Bildschirme und Tasten bei kompakter Bauform (Abb. 2.2-1, C).

Funktionalität

Mobile Betriebsysteme unterstützen, abgesehen von dem ursprünglichen Verwendungszweck, der Sprachkommunikation, die Ausführung von javabasierten Anwendungen und meist vielfältige weitere Funktionen. Dazu gehören unterschiedliche Verbindungsmöglichkeiten, Multimediaanwendungen, Businessanwendungen und Navigation. Beispiele:

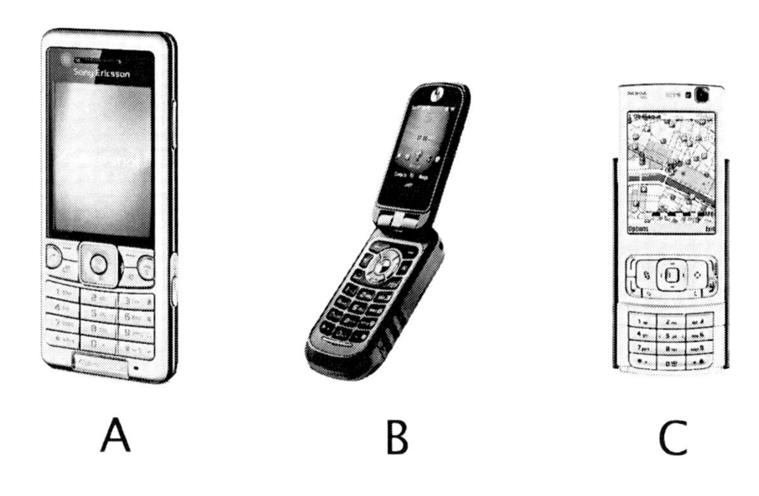

Abb. 2.2-1: A: Candybar (SonyEricsson C510), Quelle: www.sonyericsson.com, B: Clamshell (Motorola i680), Quelle: www.motorola.com, C: Slider (Nokia N95), Quelle: www.nokia.com.

Verbindungsmöglichkeiten

- WLAN
- Bluetooth
- USB
- UMTS
- GSM
- Infrarot
- AV-Anschluss für Standard-Kopfhörer oder TV-Ausgang

Multimediaanwendungen

- DVB-T-Empfang
- Wiedergabe von Videos (MPEG-4) und Musik (MP3)
- Spiele
- Videokonferenz
- Erstellen und Bearbeiten von Fotos

Businessanwendungen

- Verwaltung von Termin- und Adressdaten
- Übermittlung von Nachrichten (E-Mail, MMS, SMS usw.)
- Öffnen und Bearbeiten von Office-Dokumenten (Word, Excel, PDF usw.)
- Internetzugang

Navigation

- Standortbestimmung
- Routenplanung

Denkbare zukünftige Anwendung

- Fernsteuerung von Haushaltsgeräten, Computern, TV & Videogeräten usw.
- Mobiler Zugriff auf Unternehmensdaten
- Kauf von Tickets für öffentliche Verkehrsmittel
- Benachrichtigung von Patienten oder Ärzten über Termine, aktuelle Medikation, Laborergebnisse usw.

Kommunikation

Als Kommunikationsstandard wurde früher GSM *(Global System for Mobile Communications)* verwendet. Es handelt sich um einen Standard für volldigitale Mobilfunknetze, der hauptsächlich zum Telefonieren, aber auch für leitungsvermittelte und paketvermittelte Datenübertragung sowie Kurzmitteilungen *(Short Messages)* genutzt wurde. Die Datenrate 9.600 Bit/s ist aber bei weitem nicht mehr zeitgemäß. Dieser Standard wird durch GPRS *(General Packet Radio Service)* und UMTS *(Universal Mobile Telecommunications System)* abgelöst, die eine bessere Datenübertragungsgeschwindigkeit gewährleisten. GPRS erlaubt theoretisch eine Datenrate von 171,2 kBits/s und UMTS 2 MBits/s. Außerdem werden für die drahtlose Übertragung von kurzen Distanzen WLAN (2–54MBits/s), Bluetooth (1–3MBits/s) und Infrarot (9600 Bit/s – 16MBits/s) genutzt. Infrarot ist mittlerweile weitgehend durch Bluetooth abgelöst wird, da eine Bluetoothverbindung ohne Sichtkontakt und über längere Distanzen aufgebaut werden kann.

Kommunikation ist Inhalt des Kapitels »Drahtlose Kommunikation«, S. 87.

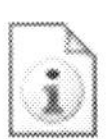

Mobiltelefone lassen sich in die Geräteklassen *Feature Phones* und *Smartphones* unterteilen. Diese werden in den folgenden Kapiteln besonders betrachtet:

- »Feature Phones«, S. 28
- »Smartphones – Ein Überblick«, S. 30

2.2.1 *Feature Phones* *

Telefone mit Standardfunktionalitäten und geringerer Leistungsfähigkeit als Smartphones bezeichnet man als *Feature Phones*. Allerdings verläuft dieser Übergang fließend, so dass eine genaue Zuordnung zu einer Geräteklasse bisweilen schwer fällt.

Feature Phones sind mit proprietären (also herstellerspezifischen) Betriebssystemen ausgestattet. Sie verfügen über keine nativen Programmierschnittstellen. Allerdings lassen sich auch für Feature Phones in der Regel Applikationen entwickeln. Dazu haben sich zwei Standards etabliert.

Java ME

Der in Europa vorherrschende Standard, **Java ME** (Java Micro Edition) bezeichnet eine Untermenge der Java-Spezifikation, die auf mobile Endgeräte und eingebettete Systeme zugeschnitten ist. Java ME-taugliche Geräte implementieren jeweils ein »Profile«, bei mobilen Endgeräten ist dies das *Mobile Information Device Profile* (MIDP), welches bestimmte Java APIs vorschreibt. Applikationen, die auf diesem Profil basieren, werden *Midlets* genannt.

Brew

Brew *(Binary Runtime Environent for Wireless)* ist eine vom amerikanischen Chiphersteller Qualcomm entwickelte Anwendungsplattform für Mobiltelefone. Sie wurde ursprünglich für den amerikanischen Mobilfunkstandard CDMA entwickelt, ist mittlerweile aber auch für GSM- und UMTS-Telefone verfügbar. Brew-Applikationen können in C und C++ entwickelt werden. Während Brew in den USA und Japan relativ weit verbreitet ist, ist es in Europa weitgehend unbekannt.

Fragmentierung

Beiden Plattformen gemein ist die starke Fragmentierung des Marktes. Das bedeutet, dass es eine Vielzahl von Geräten gibt, die sich in ihren technischen Spezifikationen stark unterscheiden (Display-Größe, Farbtiefe, Speicher u.v.m.). Der von Sun für Java ausgegebene Slogan »*Write once, run anywhere!*« muss daher für mobile Geräte stark relativiert werden. Er sollte hier eher lauten »*Write once, test everywhere!*«. Programmierer können dieser Fragmentierung dadurch entgegenwirken, indem sie Werkzeuge wie z.B. *j2me polish*[1] verwenden. Diese gestatten es, bestimmte Geräte vorzugeben, auf denen die zu entwickelnde Software dann laufen soll. Das Werkzeug sorgt dafür, dass nur der kleinste gemeinsame technische Nenner genutzt wird und die Software auf allen Geräten lauffähig ist.

[1] www.j2mepolish.org

2.2.2 Smartphones – Ein Überblick *

Smartphones sind leistungsfähiger als *Feature Phones* und verfügen über ein Betriebssystem, welches eine Programmierschnittstelle (API, *Application Programming Interface*) bereitstellt (z. B. Symbian, iPhone OS, embedded Linux) und deren Funktionalität daher über nachinstallierbare Programme erweitert werden kann.

Plattform

Im Folgenden wird ein Überblick über die verschiedenen Smartphone-Plattformen vermittelt. Dabei vermischen sich stellenweise die Kategorien Modell und Betriebssystem. Handelt es sich z. B. beim »iPhone« von Apple um ein spezifisches Telefonmodell, bezeichnet z. B. Symbian ein Betriebssystem. In diesem Kapitel wird daher beides unter dem Oberbegriff »Plattform« zusammengefasst. Folgende Plattformen werden behandelt:

- »Das iPhone«, S. 30
- »Symbian/S60«, S. 34
- »Google Android«, S. 37
- »Blackberry«, S. 40
- »Sonstige«, S. 42

2.2.2.1 Das iPhone *

Das iPhone von Apple hat mit seiner hervorragenden *Usability* und seinem ansprechenden Design den Markt für Mobile Computing erst in Bewegung gebracht. Durch den relativ hohen Preis und Einschränkungen bei der Funktionalität ist das iPhone jedoch ein Nischenprodukt (Marktanteil bei Smartphones 12 Prozent, Stand 2009), und wird es aufgrund der exklusiven Apple-Vertriebspolitik wohl auch bleiben.

Das »iPhone« von Apple (Abb. 2.2-2) hat mit seinem Erscheinen im Jahre 2007 *Mobile Computing* erst im allgemeinen Bewusstsein verankert. Dabei war es, insbesondere in der ersten Generation, vielfach wegen seiner eingeschränkten Funktionalität kritisiert worden. So hatte z. B. das erste iPhone lediglich ein 2G/EDGE-Empfangsteil und es beherrscht erst seit der Version 4 *Multitasking*. Dennoch setzte es hinsichtlich der Bedienbarkeit Maßstäbe. Durch die Einführung des *App Stores* hat Apple darüber hinaus auch den Vertrieb von Applikationen für Mobile Geräte revolutioniert und ihn dadurch aus der »Klingelton-Schmuddelecke« befreit. Kein Gerätehersteller kommt heute noch ohne einen dedizierten Online-Shop für Applikationen der eigenen Plattform aus.

Abb. 2.2-2: iPhone 4, Quelle: www.apple.com.

Hardware

Die Hardware:

- Bauform: Candybar
- Display: 320 × 480 pixel, 3.5 inch/89 mm, Bildschirmverhältnis 2:3, 18-bit (262,144-color) LCD mit 163 ppi (pixels per inch)
- Eingabegerät: Multi-touch Touchscreen, ein zentraler Taster, um zum *Homescreen* zu gelangen
- Kamera: 2 Mega-Pixel (iPhone und iPhone 3G), 3 Mega-Pixel (iPhone 3GS)
- Prozessor: Samsung 32-bit RISC ARM, mit 412Mhz getaktet (iPhone und iPhone 3G), Samsung S5PC100 ARM Cortex-A8 mit 600Mhz getaktet (iPhone 3GS)
- Speicherplatz: 4–32GB, nicht über Steckplätze erweiterbar
- Verbindungsmöglichkeiten:
  WLAN (802.11b/g)
  Bluetooth
  GSM (iPhone)/UMTS(iPhone3G/3GS)

- GPS (nur iPhone 3G/3GS)
- 3-Achsen Beschleunigungssensor

Software

Das Betriebssystem des iPhone, das iPhone OS, ist eine abgespeckte Version des Mac OS X, welches wiederum auf BSD Unix basiert. Es unterstützt bis Version 3 kein Multitasking. Dies wird allerdings erst auf den zweiten Blick sichtbar, da Applikationen bei Beendigung ihren aktuellen Status zwischenspeichern. So präsentiert sich bei erneutem Öffnen die Applikation wie man sie geschlossen hat und man hat den Anschein, die Applikation wäre in der Zwischenzeit im Hintergrund weitergelaufen. Hintergrundprozesse sind dadurch allerdings nicht möglich. In Version 4 des iPhone-Betriebssystems (auch iOS4 genannt) wird Multitasking in eingeschränktem Umfang ermöglicht.

Das iPhone bringt den Safari-Webbrowser, welcher auf dem OpenSource-Renderer WebKit basiert. Auf dem iPhone unterstützt Safari derzeit kein Flash, welches die korrekte Darstellung von einigen Webseiten verhindert. Generell funktioniert das Internet-Browsen mit dem iPhone aber gut. Dies wird insbesondere durch die Multi-Touch Gesten auf dem berührungsempfindlichen Display unterstützt, mit deren Hilfe man sehr leicht in Webseiten hinein- oder herauszoomen kann.

Der Safari-Browser unterstützt auf dem iPhone allerdings kein Flash, so dass viele Multimedia-Inhalte nicht darstellbar sind. Begründet wird diese Einschränkung von Apple-Chef Steve Jobs damit, dass Flash eine proprietäre Technik sei. HTML5, CSS und JavaScript sowie H.264[2] seien hingegen offene Standards [Jobs10].

Programmierung

Apple stellt für Programmierer die Apple-Xcode-Entwicklungsumgebung kostenfrei zur Verfügung. Diese wird auch zur Entwicklung von Mac OS Anwendungen verwendet und ist über viele Jahre gereift. Als Programmiersprache kommt Objective-C zum Einsatz, eine Erweiterung der Programmiersprache C mit Elementen aus Small-Talk.

Besonderheiten

Das iPhone zeichnet sich laut allgemeiner Ansicht durch besonders einfache Bedienbarkeit aus. Dies macht es vor allem für nicht-technik-affine Benutzer attraktiv. Applikationen für das iPhone können nur über den App Store erworben

[2] Ein Videokompressionsstandard

und installiert werden[3]. Dieser ist allerdings mit über 3 Mrd. Downloads (Stand Ende 2009) der mit Abstand erfolgreichste seiner Art. In den meisten Ländern wird das iPhone nur über *einen* nationalen Netzbetreiber, i. d. R. mit Vertragsbindung, vertrieben. Dadurch kann Apple sehr erfolgreich bisher Preisdumping vermeiden. Außerdem kann Apple mit diesem Netzbetreiber besondere Konditionen aushandeln, die vermutlich sogar ein Umsatzbeteiligung an Gesprächs- und Datenübertragungserlösen vorsehen. Die Unternehmensberatung Strand Consult bezeichnet das iPhone daher als »den schlimmsten Freund der Netzbetreiber« [Stra09].

Es ist notwendig, ein neues iPhone zunächst über die Apple-Applikation iTunes zu aktivieren.

Kritik

- Die Firma Apple besitzt bei ihren Anhängern einen gewissen Kultstatus, was u.a. dazu führte, dass Apple-Geschäfte vor Verkaufsstart des iPhones von campenden Fans belagert wurden. Nüchterne Beobachter kritisieren am iPhone jedoch den hohen Preis, die teilweise eingeschränkte Funktionalität (kein Flash) und die Zwangsaktivierung über iTunes. Strand Consult bezichtigt iPhone-Fans gar, unter dem so genannten »Stockholm-Syndrom«[4] zu leiden [Stra09].
- Kritik wird auch an Apples Eingangskontrolle für Applikationen, die über den AppStore vertrieben werden sollen, geübt. Die Ablehnungskriterien sind nicht transparent und es besteht der Verdacht, dass Apple sich bisweilen unliebsame Konkurrenz vom Halse halten möchte.

Pro & Contra

+ Hervorragende Bedienbarkeit
+ Ausgereiftes Betriebssystem
+ Einfacher Erwerb und einfache Installation von Applikationen über den App Store
– Hoher Preis
– Kein Multitasking
– Geringer Marktanteil
– Eingangskontrolle für Applikationen im AppStore

[3] Zumindest ist dies der einzige legale Weg. Es besteht die Möglichkeit, dass iPhone per Software zu entsperren (»Jailbreak«) und so auch fremde Software zu installieren.

[4] Das »Stockholm-Syndrom« bezeichnet das Phänomen, dass Opfer von Geiselnahmen mit der Zeit ein positives Verhältnis zu ihren Entführern aufbauen.

2.2.2.2 Symbian/S60 *

Das Smartphone-Betriebssystem Symbian mit der Benutzeroberfläche S60 ist mit einem Marktanteil von über 40 Prozent bei Smartphones (Stand 2009) der derzeit noch unangefochtene Marktführer. Die ersten S60 Geräte erschienen 2001. Mittlerweile ist S60 in der fünften Version erschienen und immer wieder an aktuelle Bedürfnisse angepasst worden. Es gerät allerdings zunehmend unter Druck durch die Konkurrenz von Apple und Google. Auch Nokia selbst hat mittlerweile ein alternatives Smartphone-Betriebssystem, Maemo, im Programm.

Das Softwarehaus Symbian Ltd. wurde 1998 von Nokia, Ericsson, Motorola und Psion gegründet. Später kamen noch Panasonic, Siemens, SonyEricsson und Samsung als Gesellschafter hinzu. Das Smartphone Betriebssystem Symbian OS ist bislang marktführend für Smartphones. Auf das Symbian OS hat Nokia seine Benutzeroberfäche S60 aufgesetzt, welche auf allen Geräten der N-Series und E-Series von Nokia zum Einsatz kommt. Alternativ dazu gab es noch die Benutzeroberfläche UIQ, die von SonyEricsson und Motorola eingesetzt wurde.

2008 hat Nokia alle Anteile von Symbian übernommen und in die Symbian Foundation eingebracht. Es ist geplant, Symbian OS unter der Eclipse Lizenz als Open Source zu veröffentlichen. Dies kann als Reaktion von Nokia auf den Einstieg von Google in den Smartphone-Markt gewertet werden. Nach Übernahme der Symbian-Anteile durch Nokia haben sich SonyEricsson und Motorola von Symbian und damit auch von UIQ zurückgezogen, so dass S60 die einzig verbliebene Symbian-Benutzeroberfläche ist.

Hardware

Es gibt S60-Geräte in einer Vielzahl von Bauformen und Formfaktoren, als Candybar, Slider oder Clamshell, mit numerischer Tastatur, alpha-numerischer Tastatur oder Touchscreen, verschiedenen Display-Auflösungen und -Größen, sowie Speicherausstattungen. S60 Geräte arbeiten in aller Regel mit einem ARM-Prozessor.

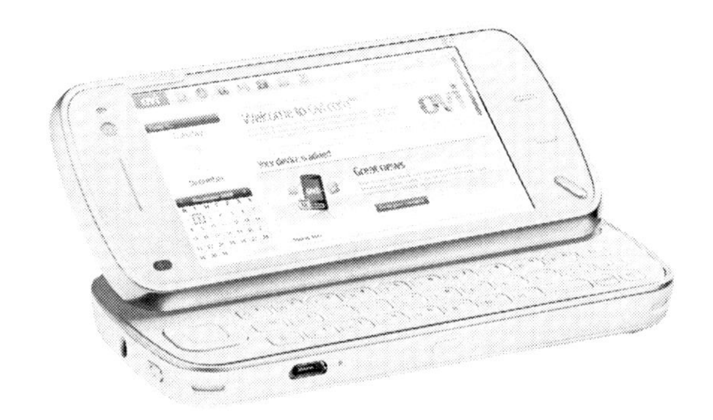

Abb. 2.2-3: Nokia N97, Quelle:www.nokia.com.

Hier exemplarisch die technischen Daten des Nokia N97 (Abb. 2.2-3):

- Bauform: Slider
- Display: 360 × 640 pixel, 3.5 inch/89 mm, Seitenverhältnis 16:9, Farbtiefe 20bit (16,7Mio Farben)
- Eingabegerät: resistiver Touchscreen, ausschiebbare alphanumerische Tastatur
- Kamera: 5 Mega-Pixel
- Prozessor: ARM 11, mit 412Mhz getaktet
- Speicherplatz: 32GB, durch SD-Karten erweiterbar
- Verbindungsmöglichkeiten:
  WLAN (802.11b/g)
  Bluetooth
  GSM (iPhone)/UMTS
- GPS
- Lagesensor

Software

Im Unterschied zu iPhone OS unterstützt Symbian/S60 Multitasking, so dass auch Hintergrundprozesse implementiert werden können. Es besitzt einen Web-Browser, der wie beim iPhone auf WebKit basiert, in diesem Falle aber auch in der Lage ist, Flash-Dateien anzuzeigen. Symbian/S60 unterstützt bislang kein Multi-Touch. Applikationen für S60 sind auf verschiedenen Vertriebswegen in großer Vielzahl vorhanden. Nach dem großen Erfolg des Apple AppStore versucht Nokia jedoch, seinen eigenen Applikationsvertrieb über den »OVI-Store«[5] zu etablieren.

Es gibt viele Applikationen, die es ermöglichen, S60 Telefone in bestehende Infrastrukturen einzubinden. Dazu zählt die Nokia PC-Suite, die den Abgleich von Kalender- und Adressbuchdaten mit einem PC vornehmen kann, wie auch S60-Applikationen zur Anbindung an einen Microsoft Exchange Server.

Programmierung

Software-Entwicklern steht für die Entwicklung eine Vielzahl von Möglichkeiten zur Verfügung. Es lassen sich Applikationen in Symbian C++ (ein C++ Dialekt mit gewissen Einschränkungen) erstellen, aber auch Java, Python und Flash stehen zur Verfügung. Darüber hinaus lassen sich auch so genannte Web-Runtime Applikationen entwickeln, die auf den Web-Techniken HTML, CSS und AJAX basieren.

Besonderheiten

Durch die weite Verbreitung des Symbian OS ist die Plattform unter den Smartphones wohl am ehesten anfällig für Virenattacken. Diese sollen seit Version 9.1 mit der so genannten *Platform Security* verhindert werden. Dadurch müssen Programme signiert werden, um auf Geräten installiert werden zu können. Bei bestimmten sicherheitsrelevanten APIs erfordert dies zudem die Verifizierung durch ein unabhängiges Testhaus oder sogar die Zustimmung des Geräteherstellers.

Beim Nokia N97 ist es möglich, auch so genannte »*Home Screen Widgets*« zu installieren, welche dynamische Inhalte auf dem *Home Screen* darstellen können.

Kritik

Kritiker bemängeln, dass die Benutzeroberfläche von S60 gegenüber der Konkurrenz von Apple und Google mittlerweile etwas »angestaubt« wirkt. Auch ist die Bedienung durch eine Fülle von Funktionen heute oft nicht mehr so intuitiv möglich, wie das bei frühen Nokia-Mobiltelefonen noch der Fall war.

Durch die Einführung von »Maemo«, bzw. »MeeGo« als alternativem Betriebssystem ist derzeit unklar, welche Zukunftschancen Nokia selber S60 gibt.

Leider kommt es durch *Binary Breaks* zu Inkompatibilitäten zwischen verschieden Symbian-OS-Versionen, so dass nicht

[5] »OVI« ist Finnisch für »Tür«

jede S60 Applikation auf jedem S60-Gerät läuft und Software-Entwickler Applikationen auf die verschiedenen S60-Plattformen portieren müssen.

Pro & Contra

+ Sehr große Verbreitung.
+ Gute Integrationsmöglichkeit in Firmen-Infrastrukturen.
+ Vielfältige Programmieroptionen.
- Inkompatibilitäten zwischen verschiedenen S60-Versionen.
- Etwas »angestaubte« Benutzeroberfläche.
- Zukunft von S60 ungewiss.

2.2.2.3 Google Android *

Google schickt sich an, mit dem Betriebssystem Android den Markt für Smartphones von hinten aufzurollen. Unterstützt wird Google dabei von der OHA *(Open Handset Alliance)*, einem Konsortium von derzeit 47 Firmen aus der Mobilkommunikationsindustrie.

Geschichte

Das Betriebssystem Android für Smartphones wurde zunächst von dem gleichnamigen *Start-Up* in Palo Alto entwickelt. Diese Firma wurde 2005 von Google gekauft. Google initiierte außerdem 2007 die OHA *(Open Handset Alliance)*, ein Konsortium mit derzeit 47 Mitgliedern aus der Telekommunikationsbranche. Dieses hat sich zum Ziel gesetzt, offene Standards für mobile Geräte zu etablieren. Android wurde folgerichtig von Google als Open Source unter der Apache Lizenz veröffentlicht. Die ersten Geräte mit Android als Betriebssystem erschienen Ende 2008.

Hardware

Android-Geräte sind ausschließlich als Touch-Screen-Geräte konzipiert. Manche besitzen darüber hinaus eine alphanumerische Tastatur.

Hier als Beispiel die technischen Daten des HTC Hero (Abb. 2.2-4), in Europa von T-Mobile als G2 touch vermarktet:

- Bauform: *Candybar*
- Display: 320 × 480 Pixel, 3.2 inch/81 mm, Farbtiefe 18bit (65.536 Farben)
- Eingabegerät: multi-touch fähiger, kapazitiver Touchscreen
- Kamera: 5 Mega-Pixel
- Prozessor: ARM 11, mit 528Mhz getaktet

Abb. 2.2-4: HTC Hero, Quelle: www.htc.com.

- Speicherplatz: 256MB, durch microSD-Karten auf bis zu 32GB erweiterbar
- Verbindungsmöglichkeiten:
  WLAN (802.11b/g)
  Bluetooth
  GSM/UMTS
- GPS
- Digitaler Kompass
- 3D-Beschleunigungssensoren

Software

Android basiert auf Linux. Es verfügt wie das iPhone und S60 über einen WebKit-basierten Webbrowser.

Google hat für Android-Applikationen den Android Market etabliert. Es können aber auch Applikationen von anderen Quellen installiert werden.

Fremdapplikationen werden in der Regel in Java entwickelt und werden auf dem Gerät in einer *Virtual Machine* ausgeführt. Sie sind daher nicht so performant wie durch den Hersteller vorinstallierte native Programme. Für performancekritische Anwendungen stellt Google daher seit neuestem ein NDK *(Native Development Kit)* zur Verfügung, mit dem native Anwendungen und Services in C++ implementiert werden können.

Natürlich spielt auf Android die nahtlose Integration von Google-Diensten wie »Google Maps«, »Youtube« oder »Picasa« eine besondere Rolle.

Im Gegensatz zum iPhone unterstützt Android Multitasking. Allerdings können Applikationen vom Benutzer nicht aktiv beendet werden, sondern werden nur in den Hintergrund verschoben.Dort laufen sie weiter, bis sie vom Betriebssystem aufgrund von Speichermangel beendet werden. Damit ist das Multitasking von Android undeterministisch, d. h. der Benutzer kann sich nicht sicher sein, ob seine Anwendung tatsächlich noch läuft. Außerdem verbrauchen im Hintergrund laufende Applikationen unter Umständen Rechenzeit und damit Batteriestrom. Abhilfe schaffen hier nachinstallierbare »Killer-Applikationen«, mit denen Applikationen gezielt beendet werden können.

Programmierung

Applikationen für Android können mit Java entwickelt werden. Dazu stellte Google noch vor Erscheinen der ersten Android Geräte ein SDK kostenfrei zur Verfügung. Die Programmierung für Android wird in Kapitel »Programmierung für Google Android«, S. 150, behandelt.

Besonderheiten

Durch die breite Unterstützung von Android in der Mobilkommunikationsindustrie rechnen Analysten mit einem steigenden Marktanteil. So rechnet die Unternehmensberatung Gartner damit, dass Android im Jahre 2012 den zweiten Platz nach Nokia einnehmen wird. [Gart09]

Netzbetreiber hoffen, durch die Unterstützung von Android ihre Abhängigkeit von den großen Geräteherstellern wie Nokia verringern zu können. Allerdings fürchten sie die Abhängigkeit von Google ebenfalls, so dass im Jahre 2007 die LiMo (Linux for Mobile) Foundation gegründet wurde. Darüber hinaus gibt es auch verschiedene Unternehmungen, das Android-System auf andere mobile Geräte wie *Netbooks* oder gar Hausgeräte zu portieren.

Kritik

In frühen Versionen war zur Einrichtung eines Android Telefons zwingend ein Google-Account erforderlich. Seit Android 1.5 (Cupcake)[6] ist dies nicht mehr erforderlich, mit Version 2.0 (Eclair) wird auch Push-E-Mail über Microsoft Exchange Server unterstützt. Dennoch ist die Nutzung eines

[6] Google verwendet als Codenamen für Software-Versionen offenbar Süßspeisen.

Android-Telefons ohne Google-Account nur eingeschränkt möglich.

Google steht generell in der Kritik, zu viele Daten über seine Benutzer zu sammeln. Die Selbstverpflichtung »*Don't be evil*« (sinngemäß: »Sei kein Übeltäter«) kann hierbei auch nicht als ein echtes Datenschutzabkommen gewertet werden. Google versucht mit Hilfe von Android, seinen Einflussbereich über den PC hinaus in das »echte Leben« hinaus auszuweiten. Dies verursacht vielen Menschen Unbehagen. [Spie10]

Auch bei Android gibt es wie bei S60 Inkompatibilitäten zwischen verschiedenen Betriebssystem-Versionen.

Pro&Contra

+ Großes Zukunftspotential durch breite Unterstützung.
+ Gute Integration von Google-Applikationen.
- Inkompatibilitäten zwischen verschiedenen Android-Versionen.
- Undeterministisches Multitasking.
- Googles Datensammelwut.

2.2.2.4 Blackberry *

Der kanadische Hersteller Research in Motion (RIM) hat mit seinen Blackberry-Geräten das Smartphone-Segment für Geschäftskunden nach wie vor fest in der Hand. RIM brachte die ersten Geräte mit einer QWERTZ-Tastatur auf den Markt und führte den Push-E-mail-Service auf Mobiltelefonen ein.

Push-E-mail bedeutet, dass E-Mails ähnlich wie SMS vom Mail-Server aktiv auf das Mobiltelefon »gepusht« werden, statt in regelmäßigen Abständen vom Telefon abgeholt zu werden. Damit muss ein Blackberry immer als ein Gesamtsystem bestehend aus mobilem Endgerät und einem Blackberry-Enterprise-Server betrachtet werden. Dieser Blackberry-Server kann entweder Teil einer Firmeninfrastruktur sein, oder vom Netzbetreiber oder RIM selber zur Verfügung gestellt werden.

Hardware

Waren frühe Geräte von RIM immer mit einer QWERTZ-Tastatur ausgestattet, gibt es mittlerweile auch Geräte mit einem Touchscreen ohne weitere Tastatur, wie z. B. das Blackberry Storm 9500:

Abb. 2.2-5: Blackberry Storm, Quelle: www.rim.com.

- Bauform: *Candybar*
- Display: 360 × 480 Pixel, 3.25 Inch/83 mm, Farbtiefe 18bit (65.536 Farben)
- Eingabegerät: kapazitiver Touchscreen (multi-touch) mit haptischem Feedback
- Kamera: 3,2 Mega-Pixel
- Prozessor: Qualcomm-Prozessor, mit 528Mhz getaktet
- Speicherplatz: 1GB, durch microSD-Karten auf bis zu 32GB erweiterbar
- Verbindungsmöglichkeiten:
  Bluetooth
  GSM/UMTS
- GPS
- 3D-Beschleunigungssensoren

Software

Das Blackberry OS ist ein proprietäres Betriebssystem von RIM. Es unterstützt die Einbindung von Exchange-E-Mail-Servern. Das System bietet eine Java-API, ist somit eigentlich gar kein Smartphone im engeren Sinne. Es gibt einen Online-Store für Blackberry Anwendungen, *Blackberry App World*, der jedoch nur wenige Anwendungen bereithält.

Programmierung

Blackberry-Anwendungen können in Java entwickelt werden. Hierzu stellt RIM ein kostenfreies SDK als Eclipse-PlugIn zur Verfügung. Auch eine *Mobile Data System Runtime* zur Entwicklung von *Web-Runtime*-Applikationen auf dem Blackberry-Enterprise-Server ist verfügbar.

Besonderheiten

Interessant ist das Blackberry besonders für firmeninterne Anwendungen. So können z.B. Applikationen über einen eigenen Blackberry-Enterprise-Server vertrieben werden. Außerdem können Systemadministratoren Funktionalitäten einzelner Blackberry-Geräte gezielt freischalten oder unterbinden.

Kritik

E-Mail ist im Gegensatz zu Telefonanrufen ein asynchrones Medium, d.h. eine Antwort auf eine E-Mail ist nicht unbedingt unmittelbar zu erwarten, sondern kann mit einer gewissen zeitlichen Verzögerung erfolgen. Durch die Einführung von Push-E-Mail-Diensten wurde diese Asynchronizität in gewisser Weise in Frage gestellt. E-Mails werden plötzlich unmittelbar zugestellt, und vielfach wir auch eine Antwort unmittelbar erwartet. So manches Firmenmeeting wurde bereits durch zu viele im Raum vorhandene Blackberries gesprengt.

Fairerweise muss allerdings gesagt werden, dass dies weniger ein Problem des Gerätes als vielmehr ein Problem des Umgangs mit demselben ist. Außerdem ist RIM längst nicht mehr der einzige Anbieter von Push-E-Mail-Clients.

Pro & Contra

+ Marktführer bei Geschäftskunden.
+ Gute Integrationsmöglichkeiten in eigene Firmeninfrastrukturen.
− Keine native Programmierschnittstelle.

2.2.2.5 Sonstige *

Neben den weit verbreiteten Smartphone-Plattformen gibt es eine Reihe von Plattformen, die einen geringen Marktanteil besitzen, aber möglicherweise in Zukunft eine größere Rolle spielen werden. Dazu zählen Windows Mobile, insbesondere in der Version 7, LiMo, Palms WebOS sowie die neue Plattform MeGo, die von Intel und Nokia etabliert werden soll. Darüber hinaus bietet sich Qt als plattformübergreifendes Applikationsframework für die Entwicklung von mobilen Applikationen an.

Windows Mobile

Microsoft konnte mit seiner mobilen Variante von Windows nie den großen Durchbruch erzielen. Basierend auf Windows CE sollte **Windows Mobile** für erfahrene Windows-Benutzer intuitiv benutzbar sein, jedoch wird gerade diese Nähe zu der PC-Variante vielfach kritisiert, da das Windows Look&Feel für kleine Bildschirmgrößen ungeeignet erscheint.

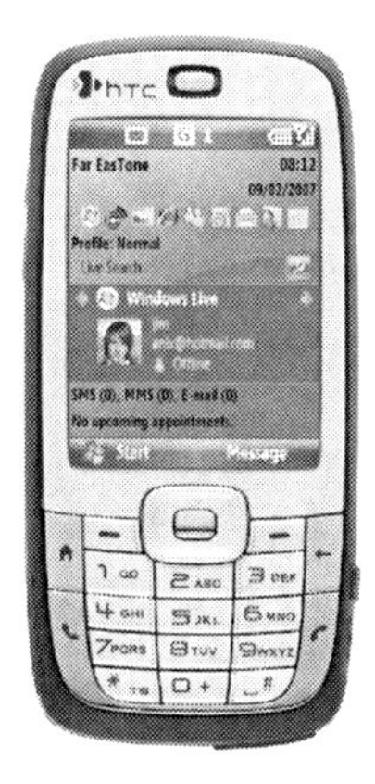

Abb. 2.2-6: HTC S720, Quelle: www.htc.com.

Viele Hersteller von Windows Mobile-Geräten setzen daher auf die Windows-Oberfläche noch ein zusätzliches Interface auf, HTC z. B. seine Oberfläche »HTC sense«. Der Marktanteil von Windows Mobile ist in den vergangenen Jahren kontinuierlich zurückgegangen, alleine in 2009 um über 28 Prozent. Es hat einen Marktanteil bei Smartphones von 9 Prozent. Die Zukunft von Windows Mobile scheint ungewiss. Während einige Analysten davon ausgehen, dass Microsoft die Entwicklung von Windows Mobile aufgeben wird, rechnen andere mit dem Durchbruch mit Einführung von Windows Mobile 7 [Gart09]. Für Windows Mobile lassen sich sehr komfortabel Applikationen mithilfe von Microsoft Visual Studio in C++ oder C# entwickeln. Der Einstieg in die mobile Softwareentwicklung für Windows Mobile ist daher für erfahrene Windows-Entwickler kein großes Problem. In Reaktion auf den Apple AppStore gibt es seit 2009 auch einen *Windows Marketplace for Mobile*.

LiMo

Die **LiMo** (Linux for Mobile) Foundation wurde 2007 u.A. von Motorola, Samsung und Vodafone gegründet. Mittlerweile hat sie mehr als 50 Mitglieder. Motorola, NEC und Panasonic haben basierend auf der LiMo-Plattform einige Smartphones entwickelt, die jedoch teilweise eher dem *Feature Phone*-Segment zugeordnet werden müssen. Die LiMo Plattform ist bei

Netzwerk-Betreibern beliebt, weil sie ihnen ermöglicht, die Abhängigkeit von den großen Geräteherstellern wie Nokia und Apple zu verringern und eigene Plattformen zu entwickeln. So basieren viele Geräte, die Netzwerkbetreiber als Eigenmarken mit eigenem Look&Feel sowie eigenen Portalen vertreiben (z. B. Vodafone 360, Abb. 2.2-7) auf der LiMo-Plattform.

Abb. 2.2-7: Vodafone 360, Quelle: www.vodafone.com.

Da die auf LiMo-Basis entwickelten Geräte sich jedoch von ihren technischen Spezifikationen stark unterscheiden (die LiMo-Geräte von Motorola, wie z. B. das RAZR V8 fallen eher in das Feature Phone Segment) kann man bei LiMo im Grunde nicht von einer Smartphone-Plattform im eigentlichen Sinne sprechen.

Palm WebOS

Nachdem der Marktanteil von Palm OS-basierten Geräten in den vergangenen Jahren kontinuierlich zurück gegangen ist, stellte **Palm** im Jahr 2009 das von Grund auf neuentwickelte **WebOS** vor. Es basiert ebenfalls auf Linux und beinhaltet wie S60 und das iPhone einen WebKit basierten Web-Browser. WebOS bietet derzeit keine Programmierschnittstelle, Applikationen für WebOS-Geräte können ausschließlich mit Web Runtime-Techniken entwickelt werden.

Das erste WebOS-Gerät, das Palm Pre (Abb. 2.2-8) wurde bei seinem Erscheinen vielfach als der »iPhone-Killer« angekün-

Abb. 2.2-8: Palm Pre, Quelle: www.o2.com.

digt. Die WebOS-Plattform scheint in der Tat aus *Usability*-Gesichtspunkten gelungen zu sein. Wie sich der Marktanteil entwickeln wird, bleibt jedoch abzuwarten. Im Juni 2010 wurde Palm von Hewlett-Packard (HP) übernommen. HP kündigte an, mit WebOS »nicht nur Smartphones« entwickeln zu wollen [Heis10]. Möglicherweise wird es also in Zukunft auch Drucker und Tablett-PCs mit WebOS geben. Kurioserweise benutzten erste WebOS-Versionen Apples iTunes zur Synchronisation mit einem PC. Dies wurde jedoch von Apple mittlerweile unterbunden.

Maemo/MeeGo

Maemo, ist die nächste Software-Plattform für High-End Geräte von Nokia und wird möglicherweise mittelfristig Symbian ablösen. Die Entwicklung der Smartphone-Plattform Maemo wurde von Nokia von Anfang an als *Community-Projekt* vorangetrieben, d. h. die OpenSource-Community war in die Entwicklung mit eingebunden. Dies hat zur Folge, dass es trotz eines verschwindend geringen Marktanteils bereits eine große Auswahl an verfügbaren Applikationen für die Maemo Plattform gibt. Im Jahre 2010 gaben Intel und Nokia bekannt, Maemo mit Intels Smartphone-Plattform »Moblin« zu **MeeGo** vereinigen zu wollen.

Während die ersten verfügbaren Maemo-Geräte Nokia N800 und N810 reine *Internet-Tablets* waren und kein inte-

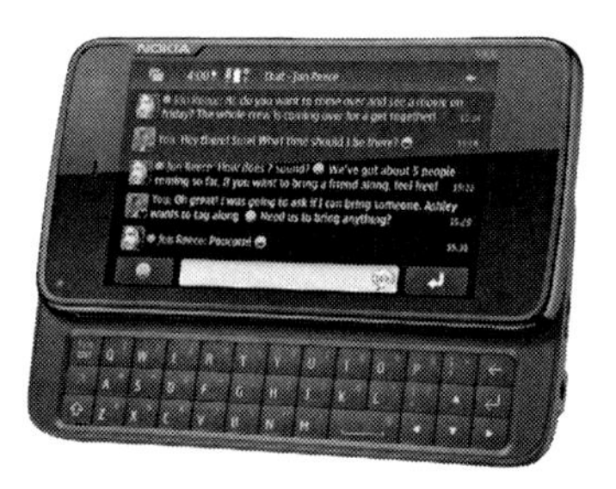

Abb. 2.2-9: Nokia N900, Quelle: www.nokia.com.

griertes Mobilfunk-Modem besaßen, also per Bluetooth oder WLAN mit dem Internet verbunden wurden, ist das N900 (Abb. 2.2-9) das erste verfügbare Maemo-Smartphone. Maemo stellt eine native Programmierschnittstelle bereit, über die Applikationen in C++ entwickelt werden können.

Qt

Anfang 2008 übernahm Nokia die norwegische Firma »Trolltech«, die das C++-Framework **Qt** (sprich »cute«) entwickelt hat. Mit Qt ist es möglich, plattformübergreifend Anwendungen u. a. für Linux, Windows, MacOS und seit neuestem auch für mobile Plattformen zu entwickeln. Unter Nokia wurde bereits eine Portierung für Maemo bereitgestellt und mittelfristig wird Qt auch für Symbian/S60-Geräte verfügbar sein. Damit ist Qt keine eigenständige Plattform, aber eine vielversprechende Alternative, um mobile Dienste für eine breite Palette von Smartphones zu entwickeln.

2.2.3 Marktanteile bei Mobiltelefonen *

***Feature Phones* stellen nach wie vor den weitaus überwiegenden Anteil an mobilen Geräten. Unter den *Smartphones* besitzt Nokia mit der Symbian/S60-Plattform den größten Marktanteil. Der Markt für mobile Applikationen wird dagegen klar von Apple mit seinem App Store dominiert.**

Bei der Entscheidung für oder gegen eine bestimmte Mobiltelefon-Plattform spielt neben den technischen Möglichkeiten gegebenenfalls die Verbreitung eine besondere Rolle.

Der weitaus überwiegende Teil heute verkaufter Mobiltelefone sind heute *Feature Phones* (Abb. 2.2-10). *Smartphones* machen hingegen nur 13 Prozent des Marktes aus, allerdings mit steigendem Anteil. Hierbei ist jedoch auch zu berücksichtigen, dass die Unterscheidung zwischen *Smartphones* und *Feature Phones* immer schwieriger wird und keine eindeutige Definition existiert (siehe »Mobiltelefon«, S. 25).

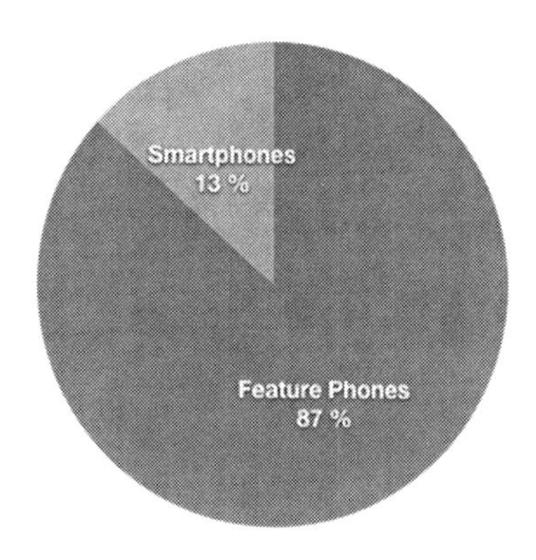

Abb. 2.2-10: Marktanteile Feature Phones im Vergleich zu Smartphones Q3 2009 (Quelle: Gartner Research).

Bei den *Smartphones* dominiert Nokia mit Symbian/S60 den Markt mit einem Marktanteil von 46 Prozent nach wie vor deutlich, gefolgt von RIM auf Platz 2 mit immerhin 21 Prozent (Abb. 2.2-11). Apple hat mit dem iPhone einen Marktanteil von 18 Prozent, Microsoft mit Windows Mobile noch 9 Prozent und Android liegt bei 3 Prozent, allerdings mit extremer Steigerungsrate. Die Analysten von Gartner Research sehen den Marktanteil von Android bereits im Jahr 2012 bei 12 Prozent.

Erstaunlich ist bei Betrachtung dieser Zahlen, dass das iPhone mit einem Marktanteil von unter 3 Prozent am Gesamtmarkt den Markt für mobile Applikationen komplett dominiert. Anfang 2010 meldete Apple, dass über 3 Mrd. Applikationen aus dem AppStore heruntergeladen wurden. Im AppStore werden derzeit über 65.000 Applikationen angeboten, während es Nokias Ovi Store auf rund 3.000 bringt und

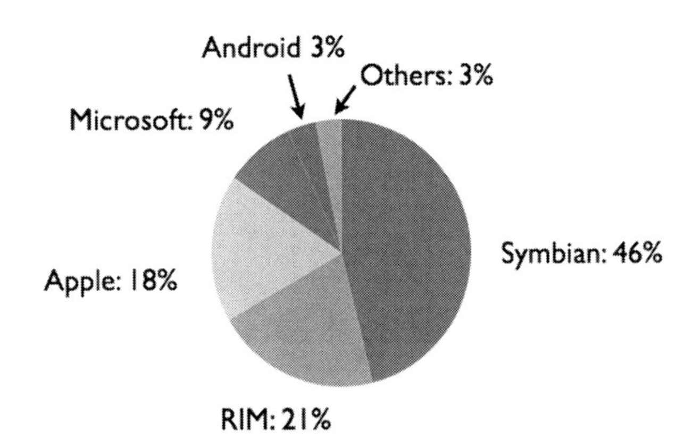

Abb. 2.2-11: Marktanteile Betriebssysteme Q3 2009 (Quelle: Canalys).

der *Android Market* auf etwa 6.000. Downloadzahlen werden von diesen Anbietern gar nicht veröffentlicht.

Die Marktanteile unterscheiden sich auch zwischen den Kontinenten und unter Benutzergruppen. Während RIM und Apple den amerikanischen Markt dominieren, ist Nokia auf den europäischen Märkten stark. RIM ist eindeutig der Marktführer bei Geschäftskunden, während Apple z.B. in der Kreativwirtschaft führend ist.

Eine Bewertung der wesentlichen Mobile-Computing-Plattformen aus Sicht eines Software-Entwicklers in Hinblick auf ihre Marktanteile sieht wie folgt aus:

Feature Phones

Feature Phones bleiben die dominierende *Mobile Computing* Plattform, da sich bislang nur wenige Nutzer überhaupt für das Betriebssystem ihres Mobiltelefons interessieren. Auch in sogenannten *Emerging Markets* sind *Feature Phones* eine interessante Plattform, da sie bei vergleichsweise niedrigen Kosten Internet und in beschränktem Umfang auch mobile Applikationen ermöglichen. Es wäre z.B. denkbar, die Warenwirtschaft eines Dorfladens in Afrika mithilfe von Java-fähigen Feature Phones zu verwalten. Nachteilig ist, dass Feature Phones einen stark fragmentierten Markt bilden, da sie sich in ihren Funktionalitäten stark unterscheiden.

+ Großer Marktanteil
+ Geringe Kosten
- Stark fragmentierter Markt

Symbian/S60

Nokia führt nach wie vor mit deutlichem Abstand die Verkaufslisten sowohl bei *Feature Phones* wie auch und insbesondere bei *Smartphones*. Insofern kommt man an Nokia kaum vorbei, wenn man einen großen Teil des Marktes für *Mobile Computing* abdecken möchte. Aus Entwicklersicht ist die relativ geringe Anzahl an Applikationen im OVI Store auch durchaus positiv, hat man es hier doch mit deutlich weniger Konkurrenz zu tun. Doch auch bei Symbian/S60 ist eine Fragmentierung der Geräte festzustellen, nicht jede S60-Anwendung läuft auf jedem Gerät.

+ Marktführer
+ Wenig Konkurrenz für Entwickler im OVI Store
- Inkompatibilitäten und damit Fragmentierung

iPhone

Das iPhone ist Marktführer bei Applikations-Downloads und beim Markenimage. Darüber sollte jedoch der relativ geringe Marktanteil nicht vergessen werden. Dass im AppStore über 65.000 Applikationen angeboten werden, ist für den Anwender ein Segen, für einen Entwickler bedeutet es jedoch, sich gegen tausende Konkurrenten durchsetzen zu müssen. Außerdem ist man bei dem Verkauf von Software über den AppStore von Apple abhängig und kann keine alternativen Vertriebswege wählen.

+ Marktführer bei Downloads
+ etablierte und akzeptierte Infrastruktur für den Verkauf von Applikationen
+ Große Nachfrage nach iPhone-Applikationen
- Abhängigkeit von Apple

Android

Android hat noch einen relativ geringen Marktanteil, jedoch wird sich dieser vermutlich in den kommenden Jahren stark entwickeln. Der Markt für Android-Applikationen ist noch relativ übersichtlich und bietet daher Chancen für Entwickler.

+ Großes Potential
+ Noch kein überfüllter Markt an Applikationen

Blackberry

Die Blackberry-Geräte von RIM haben einen relativ großen Marktanteil, insbesondere in den USA und bei Geschäftskunden, jedoch scheinen sie auf dem Markt für Applikationen eher eine Randerscheinung zu sein. Blackberry-Nutzer sind offenbar keine guten Download-Kunden. Interessant ist diese Plattform daher in erster Linie für firmeninterne Lösungen, wenn z. B. auch ein Blackberry-Enterprise-Server vorhanden ist.

+ Großer Marktanteil bei Geschäfts- und Firmenkunden
− Untergeordnete Rolle auf dem freien Software-Markt

Fazit

Als Software-Entwickler sollte man sich genau über die Zielgruppe einer Applikation im Klaren sein und danach die Zielplattform auswählen. Insgesamt scheint es ratsam, bei Applikationen für den freien Markt nicht alles auf eine Karte zu setzen und mehrere Plattformen zu unterstützen. Insbesondere bei iPhone-Entwicklungen sollte man dies berücksichtigen, da Apple die Aufnahme von Applikationen in den AppStore ohne Begründung verweigern kann.

2.2.4 Software für mobile Geräte *

Ein leistungsfähiges Smartphone lässt sich mit Applikationen zielgenau auf die Bedürfnisse eines mobilen Benutzers anpassen. Der Markt umfasst mittlerweile Zehntausende mobile Applikationen. Darunter befinden sich Applikationen zur Verwaltung persönlicher Daten (PIM), Office-Anwendungen, Navigationslösungen, Nachschlagewerke, E-Books und natürliche Spiele.

PIM

Applikationen für PIM, *Personal Information Management*, also Kalender und Kontaktdatenbanken waren die ersten Applikationen, die für mobile Endgeräte verfügbar waren. Diese gehören somit auch zur Grundausstattung von mobilen Geräten und müssen in der Regel nicht extra installiert werden. Die Synchronisation zwischen verschiedenen Geräten, also z. B. dem Computer auf der Arbeit und dem mobilen Gerät sind selbstverständlich. Hierzu gibt es zwei sich grundsätzlich unterscheidende Ansätze:

Synchronisation

- Online
  Die Daten werden über einen zentralen Server synchronisiert. Dies geschieht in der Regel über das Mobilfunknetz. Sobald die Daten auf einem Gerät verändert wurden, werden die Änderungen an den Server übermittelt, der bei nächster Gelegenheit die Daten auf den anderen Geräten angleicht. Für den Benutzer geschieht dies weitgehend automatisch. Es setzt allerdings eine Datenflatrate sowie ein gewisses Vertrauen in den Dienstanbieter voraus. Die Online-Synchronisierung ist z. B. bei Android-Geräten Standard und geschieht über den Google-Account.
- Offline
  Bei dieser Methode werden die Daten mit Hilfe einer PC-Suite synchronisiert. Hierbei handelt es sich um ein Programm, welches auf dem Rechner installiert ist und per Kabel oder Bluetooth die Daten mit einem mobilen Gerät synchronisiert. Hierbei behält der Benutzer die volle Kontrolle über seine Daten und muss diese nicht einem Server anvertrauen, der möglicherweise im Ausland steht und damit nicht den deutschen Datenschutzbestimmungen unterliegt. Eine PC-Suite ist z. B. bei Nokia-Geräten Standard, auch HTC bietet für seine Android- und Windows-Mobile-Geräte eine PC-Suite an. Das iPhone synchronisiert Termine und Kontakte mit dem Rechner über iTunes.

SyncML

Es gibt mit SyncML einen globalen Standard für die Datensynchronisation, jedoch setzen viele Hersteller nach wie vor auf proprietäre Protokolle, weshalb jedes Gerät auf speziell darauf abgestimmte Synchronisationslösungen angewiesen ist.

Es gibt zahlreiche Erweiterungen der PIM-Applikationen, z. B. zur Verwaltung von To-Do-Listen, die die Besonderheiten von mobilen Geräten mit einbeziehen. So ist z. B. die Applikation »Rember the milk« (Abb. 2.2-12) in der Lage, dem Benutzer nur die für den jeweiligen Standort relevanten Aufgaben anzuzeigen.

Office-Programme

Alle Smartphone-Plattformen sind in der Lage, PDF- und Microsoft-Office-Dateien anzuzeigen und in beschränktem Umfang auch zu bearbeiten. In Verbindung mit einem oft

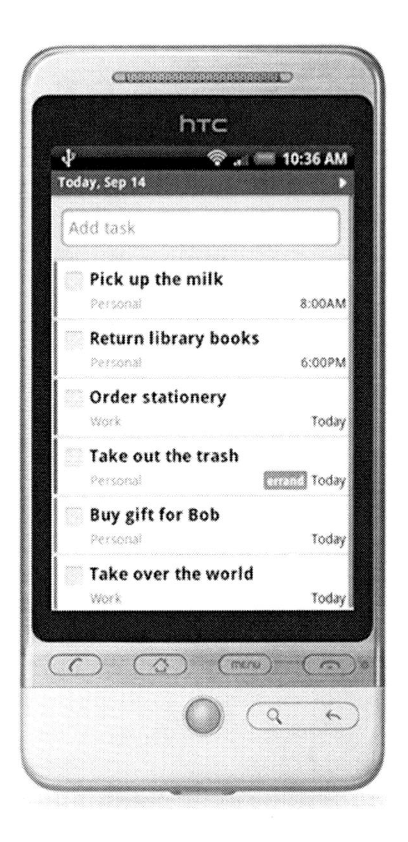

Abb. 2.2-12: Remember The Milk, Quelle: www.rememberthemilk.com.

vorhandenen TV-Ausgang können sie damit z. B. bei Präsentationen einen Laptop ersetzen. Auch MindMapping, Skizzen und Sprachnotizen sind möglich.

Navigation

Die nächste naheliegende Anwendung von mobilen Geräten ist die Navigation. Smartphones stehen spezialisierten Navigationslösungen mittlerweile nicht nach und bieten darüber hinaus den Vorteil, dass das Kartenmaterial online auf den neuesten Stand gebracht werden kann. Manche Plattformen bieten auch die Möglichkeit, Kartendaten offline zu speichern, was z. B. im Ausland nützlich ist, wenn Datenverbindungen unverhältnismäßig teuer wären.

Navigation beschränkt sich aber nicht nur auf Straßennavigation, auch Bahnverbindungen können z. B. mit dem »Bahn-Navigator« gesucht werden. Unterwegs kann dann das Smartphone als Reiseführer dienen, der z. B. mit Wikitude (Abb. 2.2-13) so genannte *Point-of-Interest* direkt im Display einem Kamerabild überlagert und Informationen dazu anzeigt.

Abb. 2.2-13: Wikitude, Quelle: www.wikitude.org.

Information

Die direkte Verfügbarkeit von allen erdenklichen Informationen an einem beliebigen Ort ist eine der größten Errungenschaften des *Mobile Computing*. Dies reicht vom einfachen Nachschlagen eines Begriffs auf Wikipedia über den Browser des mobilen Gerätes bis hin zum Preisvergleich, indem der EAN-Barcode eines Artikels mit der Kamera des Smartphones gelesen wird und mit einer Internet-Datenbank abgeglichen wird.

Selbst Musiktitel können automatisch erkannt werden, wenn das Smartphone vor einen Lautsprecher gehalten wird oder die Melodie in das Mikrophone gepfiffen wird.

Hilfreich ist auch die Übersetzung von fremdsprachlichen Straßenschildern mit Hilfe von Google Goggles, insbesondere im asiatischen Raum.

E-Books

E-Books müssen nicht mit einem speziellen E-Book-Reader oder an einem PC gelesen werden. Es gibt zahlreiche Applikationen für den offenen ePub-Standard, aber auch Amazon bietet z. B. einen Kindle-Reader für seinen proprietären E-Book-Standard für verschiedene Plattformen an.

Gaming

Mobile Gaming begann zunächst mit einfachen Spielen wie Tetris, mittlerweile sind aber auch vollwertige *Rich Games* für mobile Endgeräte verfügbar. Nokia versuchte mit seiner N-Gage Plattform einen Standard für mobiles *Gaming* zu etablieren, vergleichbar mit der Gaming-API DirectX auf PCs. Diese Plattform beinhaltete sowohl eine optimierte Gaming-API mit 3D-Unterstützung auf dem Gerät, eine Gaming-Community und die einfache Möglichkeit, Multiplayer-Games aufzusetzen, eine Distributionsplattform für Spiele, vergleichbar mit Apples App-Store oder dem Android-Market sowie ein auf Spieleentwicklung optimiertes SDK. Dennoch konnte sich die Plattform am Markt nicht durchsetzen. Mittlerweile wird der Markt an mobilen Games von Apples iPhone und iPod touch dominiert.

Markt

Im Jahre 2010 wird der Umsatz mit mobilen *Games* 4.7 Mrd. $ erreichen und 70 bis 80 Prozent aller mobilen Applikationen werden Spiele sein, davon aber 60 bis 70 Prozent kostenlos. [Gart10]

2.3 Fallbeispiel Everyware – Plattformen *

Konrad

Linus

Prof. Marconi

Geschäftsidee

Konrad und Linus wollen nach ihrem Studium der Medieninformatik eine Agentur für mobile Software gründen. Sie haben große Pläne, aber können sich noch nicht recht für eine bestimmte Plattform entscheiden. Daher suchen sie Rat bei Professor Marconi.

Natürlich träumen die beiden von Geld, schnellen Autos und schönen Frauen. Nicht weniger geht es ihnen aber auch um die Weltrevolution. Sie wollen mit mobiler Software die Welt ein wenig einfacher und durchschaubarer machen. Einen Namen für ihr Unternehmen haben sie auch schon: »Everyware«. Damit wollen sie ausdrücken, dass ihre Software nicht an einen bestimmten Ort gebunden ist, sondern seinen Benutzer auf Schritt und Tritt begleitet. Sie möchten gerne im Kundenauftrag Software für mobile Geräte entwickeln und haben auch schon ein paar Kontakte in die Medizintechnik. Sie könnten sie z. B. eine mobile Krankenakte für ein Krankenhaus entwickeln. In den Phasen, in denen es keine Kundenaufträge abzuwickeln gibt, möchten sie eigene Ideen umsetzen und diese Applikationen dann in den Online-Shops der mobilen Plattformen vertreiben.

Bei der Fülle der verfügbaren Plattformen sind sie aber unsicher, auf welches Pferd sie setzen sollen. Im Moment spricht alle Welt vom iPhone, aber ist der Hype wirklich berechtigt? Und ist es nicht schwer, sich gegen die Fülle von Programmen im AppStore durchzusetzen? Sie sprechen mit ihrem Professor:

Prof. Marconi fragt

Nun, zunächst ist es natürlich von Vorteil, wenn ihr euch für die Plattform, auf der ihr entwickeln wollt, auch begeistern könnt. Was benutzt ihr denn selber für Mobiltelefone und warum?

Konrad antwortet

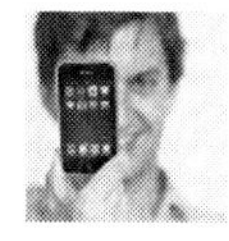

Ich benutze ein iPhone. Ich bin schon lange ein Apple-Fan und habe mit bereits kurz nach Erscheinen des ersten iPhones ein Gerät gekauft. Mittlerweile habe ich mein zweites iPhone, ein 3GS. Ich bin begeistert vom schlichten Design und der intuitiven Bedienung. Viele bemängeln am iPhone, dass es kein Multitasking kann und überhaupt weniger Funktionen hat als vergleichbare Telefone, aber ich habe das nie vermisst. Es kann weniger, das aber richtig. Und was es nicht kann bekomme ich im AppStore, dort habe ich schon über 50 Applikationen heruntergeladen.

Linus antwortet

Ich bin ein Gadget-Narr. Ich muss immer das Neueste an technischem Spielzeug haben, und im Moment begeistere ich mich für mein Android-Telefon. Das iPhone hat mich nie interessiert, weil es technisch rückständig war und außerdem viel zu teuer. Und plötzlich hatten alle meine Freunde eins, das hat mich auch gestört. In Kreativkreisen gehört ein iPhone ja schon dazu wie ein Saab 900. Auch deshalb habe ich mir extra keins gekauft. Am Android fasziniert mich, dass es Open Source ist, auch wenn zugegebenermaßen vieles noch nicht so flüssig funktioniert wie beim iPhone. Aber das stört mich nicht, ich bin ja Techniker.

Prof. Marconi hakt nach

Gut! Da haben wir ja schon mal zwei wesentliche Plattformen versammelt. Wen wollt ihr mit euerer Software denn erreichen, was ist eure Zielgruppe?

Konrad

Linus und ich haben uns beim Zivildienst in einem Krankenhaus kennengelernt. Wir glauben, dass sich dort mit mobilen Geräten vieles vereinfachen ließe. Die meisten Ärzte laufen dort ja noch mit Klemmbrett und Stift durch die Gegend.

Auf einem mobilen Gerät ließen sich Krankenakte, Röntgenbilder und anderes viel einfacher abrufen. Wir haben darüber schon mit einem Geschäftsführer eines Krankenhauses gesprochen. Er war begeistert.

Linus

Wir haben aber auch schon ein paar Ideen für kleinere Applikationen, die wir entwickeln wollen und selber vertreiben. Zum Beispiel wollte ich schon immer mal eine ToDo-Liste haben, der ich Orte zuweisen kann, an denen ich an diese ToDos erinnert werden möchte. Z.B. »Hasenbraten kaufen« wenn ich gerade auf dem Heimweg bin.

Prof. Marconi rät

Okay, das ist eine ziemlich breit gestreute Zielgruppe. Ihr wollt auf der einen Seite professionelle Anwender erreichen, denen ihr die Benutzung eines bestimmten Gerätes vorgeben könnt. Damit könnt ihr den wichtigen Faktor des Marktanteils zunächst außer Acht lassen und euch auf technische Daten, wie z. B. Displaygröße, konzentrieren.

Wenn es darum geht, Applikationen für den freien Markt zu entwickeln müsst ihr diesen Markt natürlich kennen. Bei allgemeinen Applikationen wie einer kontext-sensitiven To-Do-Liste könnt ihr allgemeine Marktzahlen zugrunde legen. Wenn es spezialisierte Anwendungen sind, wie z. B. für Musiker oder Zahnärzte, solltet ihr genauere Untersuchungen anstellen, was diese Zielgruppe benutzt.

»*Don't put all your eggs in one basket!*«, »Lege nicht alle deine Eier in einen Korb«, wie der Engländer sagt. Ich empfehle euch, die Hauptplattformen Symbian/S60, iPhone und Android im Auge zu behalten. Symbian/S60, weil es derzeit noch die Plattform mit dem größten Marktanteil ist, das iPhone, weil es den Markt für mobile Applikationen dominiert, und Android, weil es die Plattform mit den größten Wachstumschancen ist.

Ihr könntet euch aufteilen: Konrad kümmert sich um das iPhone, und Linus übernimmt Android. Da Android-Applikationen in Java entwickelt werden, kann er dann auch ohne großen Aufwand für Blackberry-Geräte entwickeln, die ebenfalls in Java programmiert werden.

Das iPhone wird in Objective-C programmiert. Wenn Konrad das gelernt hat, kann er sich auch noch um die Symbian-Welt kümmern, die in C++ programmiert wird. So habt ihr einen großen Teil des Marktes für mobile Software im Griff und seid für die Zukunft gerüstet.

Was übrigens eure Krankenhaus-Anwendung betrifft, scheint mir das iPad von Apple eine vielsprechende Plattform zu sein, da sie ein großes Display besitzt.

In meiner nächsten Vorlesung geht es übrigens um die Hardware-Komponenten von mobilen Geräten. Das solltet ihr euch anhören, um noch genauer über die einzelnen Plattformen Bescheid zu wissen.

Linus

Super, vielen Dank! Ich glaube damit sind wir schon viel schlauer. Wir werden uns die drei Plattformen mal genauer ansehen.

Konrad

Ja genau, das hat uns sehr geholfen, danke!

Prof. Marconi

Da nich für! Deshalb bin ich ja hier. Bis nächste Woche!

3 Hardware für mobile Geräte *

Die Hardwareausstattung mobiler Geräte ist in den vergangenen Jahren geradezu explodiert[1]. Immer mehr externe Eingabegeräte, wie Kameras oder GPS Sensoren, wurden in die Geräte integriert. Diese Integration bringt den Vorteil, dass mehr Funktionen zu einem günstigeren Preis angeboten werden können, da gemeinsam verwendete Komponenten, wie z. B. die Stromversorgung, entfallen. Nachteilig wirkt sich allerdings der erhöhte Stromverbrauch sowie u. U. eine größere Bauform und höheres Gewicht aus. Abb. 3.0-1 zeigt die heute typische Ausstattung eines mobilen Endgerätes.

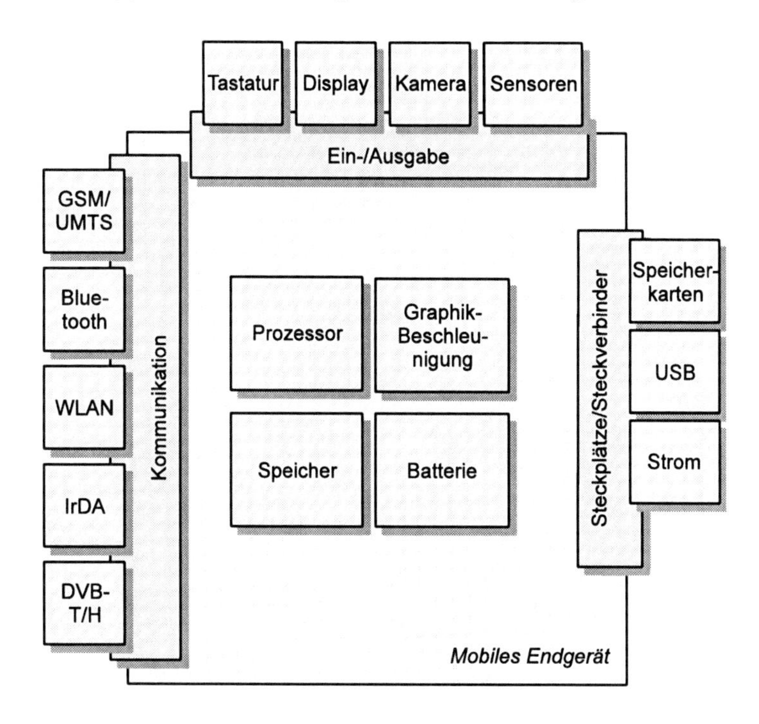

Abb. 3.0-1: Komponenten eines mobilen Endgerätes.

[1] Im Falle von Akkus ist dies leider in einigen wenigen Fällen sogar wörtlich zu nehmen.

Im Folgenden werden die einzelnen Komponenten genauer betrachtet:

3.1 Prozessor *

Ein Prozessor ist das Kernstück jedes Computers. Dieser verarbeitet alle Daten und ermöglicht so die Ausführung des Betriebssystems und der Anwendungen. Sie werden in den verschiedensten Geräten eingesetzt und somit werden auch verschiedene Prozessoren gebraucht. Die größeren Geräte wie Laptops nutzen meist x86-kompatible Prozessoren und die kleineren, wie z. B. PDAs, Prozessoren auf ARM-Basis. Untereinander unterscheiden sie sich im Wesentlichen durch die Taktfrequenz, die für das Maß der Ausführungsgeschwindigkeit genommen wird.

Allgemein

Der Prozessor (*Central Processing Unit*, kurz **CPU**) ist das Kernstück eines jeden Gerätes und steuert, regelt und kontrolliert alle Arbeitsprozesse. Erst dieser ermöglicht es mit den Geräten Programme auszuführen und damit zu arbeiten. So unterschiedlich die Geräte sind, so unterschiedlich sind auch die eingesetzten Prozessoren. Es hängt meist mit dem Einsatzgebiet zusammen, ob die Hardware nun möglichst kompatibel sein soll, oder einfach nur sehr sparsam im Verbrauch. In den meisten Bereichen und Geräteklassen haben sich inzwischen bestimmte Prozessoren als eine Art Standard heraus gestellt.

Prozessor-Typen

Bei den größeren Geräten wie Laptop und Tablet-PCs werden meist x86-kompatible Prozessoren verwendet. Die Bezeichnung wird allgemein für Systeme verwendet, die den Prozessor Intel 8086 (Baujahr: ab 1978) oder höher, nachbilden. Damit ist es möglich die gleichen Programme zu nutzen, wie bei den normalen Desktop-Arbeitsplätzen. Es gibt Ausnahmen, allerdings sind diese in der Minderzahl. Neben den Geräten mit x86 kompatiblen Prozessoren gibt es noch die Macintosh Geräte mit PowerPC von Motorola und IBM, diese sind aber immer seltener anzutreffen, da seit 2006 auch Apple Intel Prozessoren verwendet. Die Entwicklung von leistungsfähigeren Prozessoren wird weiter gehen. Nach dem Moore´schen Gesetz, das von Gordon Moore 1965, einem Mitgründer der Firma Intel, aufgestellt wurde, verdoppelt sich die Prozessorleistung alle 24 Monate. Derzeit entspricht dieses auch der aktuellen Entwicklung, jedoch ist mit einer Verlangsamung der Zunahme zu rechnen, da der finanzielle Aufwand der Entwicklung vom Hersteller nicht mehr getragen werden kann. Sobald die Geräte allerdings kleiner und leichter werden, sind diese Prozessoren nicht mehr geeignet, da ein zu großer Energieverbrauch besteht und zu viel Abwärme entsteht. Als Lösung werden Prozessoren verwendet, die auf der **ARM**-Architektur basieren.

X86-kompatible Prozessoren

Aus dem Desktop-Bereich kommend ist dieser Prozessortyp über die Jahre für den Desktop-Betrieb entwickelt und optimiert worden. Hier kam es mehr auf Geschwindigkeit als auf geringen Verbrauch an. Da die mobilen Geräte sich allerdings immer größerer Beliebtheit erfreuen und hier eine längere Akku-Laufzeit wünschenswert ist, teilten die Hersteller die Entwicklungspfade der x86 Prozessoren, die einen wurden weiter für den Desktop Markt und somit auf Geschwindigkeit optimiert, die anderen hingegen mehr auf Energieeffizienz. Dies wird durch viele verschiedene Maßnahmen wie die Regelung der Taktfrequenz während des Betriebs, oder auch durch Abschaltung prozessorinterner Cache-Speicher erreicht, wodurch die sparsamen Prozessoren in immer mehr Notebooks und Tablet-PCs ihren Einsatz finden. Bei Intel gibt es als aktuellen und energiesparenden Prozessor den Intel Core 2 Duo und bei **AMD** den Turion 64 bzw. Athlon 64 X2 Mobile (Abb. 3.1-1).

Prozessoren für kleine Endgeräte

Bereits seit 17 Jahren entwickelt die Firma **ARM Ltd.** Architekturen für **RISC**-Prozessoren *(Reduced Instruction Set Computing)*, die besonders wenig elektrische Leistung benötigen und sich auf sehr wenig Halbleiter-Fläche unterbringen lassen. Das Unternehmen selbst stellt die Chips nicht her, sondern entwickelt nur die Schaltungen und Entwicklerwerkzeuge zur Programmierung. Diese Architekturen können andere Hardware-Hersteller gegen Lizenzgebühren in

Abb. 3.1-1: Intel Core 2 Duo, Quelle: www.intel.com.

ihre Produkte übernehmen. Die ARM-Architektur eignet sich z. B. für Mobiltelefone, PDAs, Navigationssysteme, aber auch für Haushaltselektronik, wie Waschmaschinen und Fernseher. Lizenznehmer sind z. B. Nokia, Sony, Motorola, Samsung sowie Intel, die für PDAs den oft verwendeten Intels XScale Prozessor herstellen (Abb. 3.1-2).

Abb. 3.1-2: Intel XScale Prozessoren, Quelle: www.intel.com.

Aufgaben

Der Prozessor übernimmt die Aufgaben, die nötig sind, um das Betriebssystem und andere Programme auszuführen. In Geräten ohne Grafikbeschleuniger sorgt dieser auch für die Ausgabe auf dem jeweiligen Display, was allerdings nur auf Geräten mit geringer Auflösung und Farbtiefe realisierbar ist, ansonsten wird der Arbeitsaufwand für den Prozessor zu groß. Er ist somit das Kernstück der Geräte und auch größtenteils für die Arbeitsgeschwindigkeit dieser verantwortlich.

Geschwindigkeit

Die Geschwindigkeit eines Prozessors wird meist durch die Taktfrequenz ausgedrückt. Während diese bei größeren Geräten, wie den Notebooks, nahe an die Desktop Prozessoren heran kommen, sind die Taktzahlen auf den kleineren Geräten, wie PDAs, wesentlich geringer. Allerdings sagen diese Taktfrequenzen nichts über die tatsächliche Arbeitsgeschwindigkeit der Geräte aus, da sie auf unterschiedlichen Architekturen und Befehlsätzen basieren. Der momentan stärkste Intel-Prozessor (Intel Core Duo T2700) für x86 Systeme hat eine Taktfrequenz von 2,16 GHz, während der aktuelle Intel-XScale-Prozessor (Intel PXA270) bis 624 MHz getaktet wird. Auch wenn die Taktfrequenz keine Aussage über die Leistungsfähigkeit macht, zeigt sie doch ungefähr den Unterschied zwischen größeren Geräten wie Notebooks und kleineren Geräten wie PDAs.

Prozessor-Arten

Prozessoren werden aber nicht nur als Zentraleinheit (**CPU**) benutzt. Auch spezielle Prozessoren für eigenständige Aufgaben werden entwickelt und verbaut, wie z. B. ein Grafikprozessor, der dafür verantwortlich, ist den Zentralprozessor bei der Bildberechnung zu entlasten und evtl. weitere Funktionen zu integrieren. Diese Zusatzprozessoren können in den Geräten integriert sein, müssen aber nicht, denn bei den kleinen Geräten, wie PDAs, sind meist keine zusätzlichen Prozessoren untergebracht, da diese natürlich auch wieder einen gewissen Strombedarf haben. Der erhöhte Strombedarf kann allerdings bei größeren Geräten wie Laptops etc. mit einem größeren Akku entgegen gewirkt werden. Deshalb werden diese dort meist trotzdem verbaut, um noch mehr Funktionen in ein Gerät integrieren zu können.

Literatur

[Inte06a], [Inte06b]

3.2 Speicher *

So vielfältig die mobilen Geräte sind, so unterschiedlich sind auch die genutzten Speichertypen. Diese werden je nach Anwendungsbereich genutzt. Als flüchtiger Speicher steht der Arbeitspeicher zur Verfügung, dessen Daten aber nach Stromausfall gelöscht sind. Zur permanenten Speicherung von Daten gibt es dann die Festplatten, ROM-Speicher und Speicherkarten. Welche Arten genutzt werden, hängt vom jeweiligen Gerät ab.

Allgemein

Im Bereich *Mobile Computing* werden momentan nur einige bestimmte Speichertypen genutzt. Je nach Gerät und Anwendungsbereich wird ein unterschiedlicher Speichertyp benötigt, der jeweils seine Vor- und Nachteile hat. Die einen speichern Daten verlustfrei auch ohne Energiezufuhr, andere wiederum verlieren ihren Speicherinhalt. Genutzt werden heute hauptsächlich Festplatten, **RAM** und Flash-Speicher in den mobilen Geräten.

Festplatten

Festplatten dienen der permanenten Datenspeicherung. Sie behalten ihre Daten auch bei Stromverlust und haben eine sehr große Kapazität im Gegensatz zu anderen Speichermedien. Sie wurden mit der Zeit in immer kleineren Bauformen hergestellt, wodurch sie auch in immer kleineren Geräten zum Einsatz kommen (Tab. 3.2-1).

Bauform	**Einsatz**
3,5"	Desktop-PC
2,5"	Laptop
1,8"	Subnotebook

Tab. 3.2-1: Bauform und Einsatzgebiet.

Es gibt auch noch kleinere Modelle, allerdings haben diese noch keine große Relevanz. Für kleinere Bauformen wird meist auf andere Speichertypen zurückgegriffen. Der Größenunterschied verschiedener Festplattenbauformen wird in Abb. 3.2-1 illustriert.

Geschwindigkeit

Festplatten haben eine einheitliche Schnittstelle, was es meist auch erlaubt diese ohne Probleme gegen eine andere Festplatte gleicher Bauform auszutauschen. Am gebräuchlichsten im Notebook-Bereich ist die IDE-Schnittstelle. Die Geschwindigkeit in der Daten gelesen und geschrieben werden können wird auch über die Schnittstelle definiert, da jede eine andere Transferrate besitzt. Die momentan Leistungsstärksten werden im Modus »Ultra-ATA 133« betrieben und haben eine maximale Übertragungsrate von 133 MB/s. Ein zweiter wichtiger Faktor für die Geschwindigkeit ist die Zugriffszeit, die eine Festplatte benötigt, bis sie einen bestimmten Datensektor ausgelesen hat. Diese Zugriffszeit wird kürzer, wenn die Drehgeschwindigkeit sich erhöht. Bei

Abb. 3.2-1: Vergleich zwischen den Größen der verschiedenen Festplatten-Bauformen.

mobilen Geräten wird diese jedoch immer etwas kleiner angesetzt, als bei den Desktop-Modellen, da eine höhere Drehzahl auch einen höheren Energieverbrauch und eine erhöhte Lautstärke bedeuten.

Vorteile	**Nachteile**
Durch einheitliche Schnittstellen ist die Festplatte meist leicht austauschbar.	Relativ hoher Energieverbrauch im Gegensatz zu anderen Speichertypen.
Permanente Datenspeicherung auch bei Stromverlust.	Erschütterungsanfällig
Große Speicherkapazitäten	Teilweise entstehen hohe Laufgeräusche
Schnelle Schreib- und Leseoperationen möglich.	Hohe Wärmeentwicklung
Speichergröße ist recht preiswert.	

Tab. 3.2-2: Vor- und Nachteile: Festplatte.

RAM-Speicher

Der **RAM**-Speicher Abb. 3.2-2 wird meist als Arbeitsspeicher in Geräten verwendet. Er ist sehr schnell und bietet direkten Zugriff auf die Daten, wodurch ein flüssiges Arbeiten erst möglich ist. Während in größeren mobilen Geräten wie Laptops der Arbeitsspeicher wirklich nur für die temporär gebrauchten Daten verwendet wird, sieht es bei heutigen kleinen Geräten anders aus. Festplatten sind für Kleingeräte wie PDAs ungeeignet und Flash-Speicher zum Arbeiten zu langsam. Somit wird meist das Betriebssystem auf einem beschreibbarem Flash-Speicher abgelegt und alle anderen Daten in einem RAM-Speicher. Dies hat den Nachteil, dass sämtliche installierten Programme und gespeicherte Daten bei einem Energieausfall verloren gehen.

Abb. 3.2-2: RAM-Speicherriegel, Quelle: http://www.corsair.com.

Geschwindigkeit

Die RAM-Speicherentwicklung schreitet immer weiter voran und auch die Übertragungsgeschwindigkeit der RAM-Speicher wird immer schneller. Die neuen DDR2-RAM-Speicher mit der Spezifikation DDR2–800 haben z. B. eine Übertragungsrate von 6,4 GB/s. Die Geschwindigkeit ergibt sich hier, wie auch meist bei den Prozessoren, aus der erreichten Taktfrequenz der Bausteine Tab. 3.2-3.

Vorteile	**Nachteile**
RAM-Speicher haben sehr schnelle Zugriffszeiten und Übertragungsraten.	Er ist ein flüchtiger Speicher und somit entsteht evtl. ein Datenverlust.
	RAM-Speicher ist relativ teuer.

Tab. 3.2-3: Vor- und Nachteile: RAM-Speicher.

Der verfügbare RAM-Speicher in den meisten Geräten steht meist nicht vollständig Programmen und Daten zur Verfügung. Ein Teil wird meist für das Betriebssystem reserviert.

Flash-Speicher

Eine bei mobilen Geräten gebräuchliche Form des **ROM**-Speicher (*Read-Only-Memory*, Festwertspeicher) sind Flash-Speicher, die eben doch nicht nur lesbar sondern auch beschreibbar sind. Diese Flash-Speicher haben den Vorteil, dass die Daten bei Stromverlust nicht verloren gehen. Somit werden diese Speichertypen oft für das Betriebssystem in mobilen Geräten verwendet. Beim Notebook ist z. B. das **BIOS** in einem **EEPROM** gespeichert, da dieses im Normalfall nur gelesen wird. Flash-Speicher haben eine durch die

Anzahl der Schreibzyklen begrenzte Lebensdauer, die allerdings durch Software-Algorithmen erhöht werden kann. Hierbei werden die Schreib- und Löschvorgänge möglichst gleichmäßig auf den Speicherbaustein verteilt. Flash-Speicher sind zwar langsamer als RAM-Bausteine, aber dennoch wesentlich schneller als Festplatten und darüber hinaus unempfindlicher, weil sie keinerlei bewegliche Teile enthalten. Daher werden häufig bei mobilen Geräten Festplatten durch so genannte Solid-State-Disks (SSD) ersetzt. Diese sind allerdings gegenüber mechanischen Festplatten noch unverhältnismäßig teuer. Da bei mobilen Geräten die Boot-Zeit (Startzeit) des Gerätes möglichst kurz sein muss, werden Anwendungen und Betriebssysteme heute teilweise auch aus dem ROM-Speicher ausgeführt, ohne zuvor in den RAM-Speicher geladen zu werden (XIP, *execute in place*). Dadurch lässt sich die Boot-Zeit auf wenige Sekunden verringern. Allerdings ist dazu sehr schneller und teurer NOR-ROM-Speicher notwendig.

Tab. 3.2-4 stellt die Vorteile von Flash-Speicher dessen Nachteilen gegenüber.

Vorteile	**Nachteile**
Geringer Energieverbrauch beim Lesen	Nur bedingt zum Wiederbeschreiben geeignet
Dauerhafte Speicherung	Nicht so schnell wie RAM-Speicher
Unempfindlich gegen Erschütterungen	Hoher Preis
Kleine Bautypen	Begrenzte Zahl von Schreibzyklen

Tab. 3.2-4: Vor- und Nachteile: Flash-Speicher.

Speicherkarten

Neben den meist fest in die Geräte integrierten Speichertypen gibt es auch separate Speicherkarten, die jederzeit gewechselt werden können. Diese habe sich in den letzten Jahren besonders bei kleineren Geräten durchgesetzt und werden derzeit für Mobiltelefone mit einer Speichergröße im Bereich von 1 GB angeboten. Werden Multimediadateien genutzt, z.B. mp3-Dateien, ist ein zusätzlicher Speicher, der gewechselt werden kann, von Vorteil.

Typen

Die heute gebräuchlichsten Speicherkarten-Typen sind:

- *Memory Stick* von Sony (Abb. 3.2-3)

Abb. 3.2-3: Sony Memory Stick Pro 16GB, Quelle: http://www.sony-europe.com.

- *Compact Flash*-Karten (Abb. 3.2-4)

Abb. 3.2-4: Compact Flash-Speicherkarte 4GB, Quelle: http://www.kingston.com.

- MMC-/SD-Karten (Abb. 3.2-5)

Abb. 3.2-5: Secure Digital-Speicherkarte 2 GB, Quelle: http://www.sharkoon.com.

- Smart-Media-Karten (auslaufend)

3.3 Display *

Heutige mobile Geräte nutzten fast nur TFT-Bildschirme. Sie zeichnen sich durch ein geringes Gewicht und eine extrem kleine Bauweise aus und sind außerdem sparsam im Energieverbrauch. Sie sind mit vielen unterschiedlichen Auflösungen wie QVGA bei PDAs oder XGA bei Laptops gebräuchlich. Da derzeit bei mobilen Geräten der Bildschirm die meiste Energie der Hardwarekomponenten verbraucht, ist abzusehen, dass sich OLED-Bildschirme mit dem Fortschreiten der Technik etablieren werden, da diese keine Hintergrundbeleuchtung brauchen.

Allgemein

Heutige mobile Geräte nutzen fast ausschließlich **TFT**-Bildschirme für ihre Darstellung, da Röhrenmonitore wie im Desktop-PC-Segment nicht in mobile Geräte installierbar sind. Durch die Verbesserung der TFT-Bildschirme im Laufe der Jahre, haben sie sich auch im Desktop- und Fernsehbereich durchgesetzt. Da durch die immer kleinere und leichtere Bauweisen aber auch neue Anforderungen dazu kommen, wird schon nach neuen Techniken gesucht, um diese zu erfüllen.

Auflösung

Tab. 3.3-1 listet heute allgemein gebräuchliche Auflösungen auf.

Name	**Auflösung**
QVGA (Quarter VGA)	320 x 240
VGA (Video Graphics Array)	640 x 480
SVGA (Super VGA)	800 x 600
XGA (eXtended Graphics Array)	1024 x 768
SXGA (Super XGA)	1280 x 1024
SXGA+ (Super XGA Plus)	1400 x 1050
UXGA (Ultra XGA)	1600 x 1200

Tab. 3.3-1: Bildschirmauflösungen.

Für Notebooks genutzte Auflösungen sind in Tab. 3.3-2 gelistet.

Name	Auflösung
WXGA (Wide XGA)	1280 x 800
WSXGA (Wide Super XGA)	1600 x 900
WSXGA+ (Wide Super XGA Plus)	1680 x 1050
WUXGA (Wide Ultra XGA)	1920 x 1200

Tab. 3.3-2: Bildschirmauflösungen für Notebooks.

Die meisten der heute erhältlichen Geräte versuchen sich an einen dieser »Quasi«-Standards zu halten. Die meisten kleineren Geräte benutzen die QVGA-Auflösung und nur größere, wie Notebooks oder Tablet PCs, verwenden die höheren Auflösungen. Abb. 3.3-1 zeigt die unterschiedlichen Auflösungen im Größenvergleich.

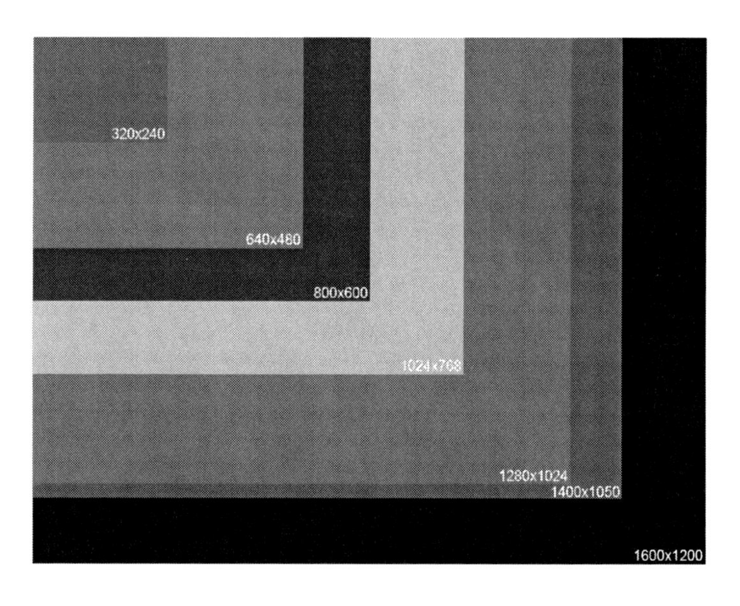

Abb. 3.3-1: Die unterschiedlichen Bildschirmauflösungen im Vergleich.

Typ

Die gebräuchlichste Bildschirmart für mobile Geräte ist das so genannte **TFT**- oder **LCD**-Display. Es ist ein Bildschirm bestehend aus Flüssigkristallen, die von Transistoren angesteuert werden, um die Lichtdurchlässigkeit zu verändern. Da die Flüssigkristalle nicht selbstleuchtend sind, ist zusätzlich eine Hintergrundbeleuchtung erforderlich. Die Hintergrundbeleuchtung hat allerdings einen hohen Energieverbrauch und setzt somit ein Gerät mit ausreichender Akkuleistung voraus oder eine energieeffiziente Steuerung, wie bei Mobiltelefonen, bei denen die Hintergrundbeleuchtung nur kurz bei Gebrauch eingeschaltet wird. Tab. 3.3-3 listet die Vor- und Nachteile von TFT-Bildschirmen auf.

Vorteil	**Nachteil**
Geringer Stromverbrauch im Gegensatz zu bisherigen anderen Techniken	Relativ langsamer Bildaufbau, was bei schnellen bewegten Bildern Probleme bereiten kann (Filme, Spiele), momentan liegt dieser bei ca. 5 ms.
Platzsparend zu verbauen, da die Folien relativ dünn sind	Meist nur für eine Auflösung ausgelegt
Keine Strahlung wie bei Röhrenmonitoren	Aufwendig herzustellen
Geringes Gewicht	Sehr druckempfindlich
Kein Bildflimmern	

Tab. 3.3-3: Vor- und Nachteile von TFT-Bildschirmen.

Die Herstellung ist recht aufwendig, da jedes Pixel mit drei Transistoren gesteuert wird und bei einer Auflösung von 1024x768 Pixeln, sind dies bereits 2.359.296 Transistoren. Ist auch nur einer dieser Transistoren defekt, führt dies zu einem irreparablen Bildfehler. Um die Bildschirme für die Hersteller dennoch zu akzeptablen Preisen anbieten zu können, gibt es Fehlerklassen, die die Anzahl der maximal erlaubten Defekte vorschreiben.

Energieverbrauch

Die Technik der kleinen mobilen Geräte entwickelt sich schnell, so dass alle Komponenten mit einem Minimum an Energie auskommen. Der Bildschirm konnte hingegen aufgrund der nötigen Hintergrundbeleuchtung bisher kaum effizienter gestaltet werden. Bei heutigen Notebooks werden je nach gewählter Bildschirmhelligkeit bis zu 25 Prozent der Energie für die Hintergrundbeleuchtung benötigt. Diese ist in den meisten Geräten einstellbar um die Helligkeit und somit den Energieverbrauch der jeweiligen Arbeitsumgebung anzupassen.

Entwicklung

Aufgrund des hohen Energieverbrauchs der TFT-Displays durch die Hintergrundbeleuchtung, forscht man nach alternativen Displays. Eine Möglichkeit sind **OLED**-Displays. Einer der großen Vorteile der OLEDs gegenüber den herkömmlichen Flüssigkristallbildschirmen ist, dass sie ohne Hintergrundbeleuchtung auskommen und dadurch weniger Energie benötigen. Außerdem soll sich das Gewicht und die Größe des Bildschirms durch die neue Technik reduzieren und somit noch besser geeignet sein für kleine tragbare Geräte. Zudem soll durch die Technik eine schnellere Reaktionsgeschwindigkeit möglich werden, was den Einsatz bei schnellen bewegten Bildern, wie z. B. bei Filmen oder Videospielen, erlaubt.

Bei E-Books wird so genanntes elektronisches Papier (ePaper) eingesetzt. Hier wird durch unterschiedliche Verfahren, wie z. B. die Elektrophorese ein statisches Schwarzweiß-Bild mit sehr hoher Auflösung erzeugt. Da dieses Display darüber hinaus ohne Hintergrundbeleuchtung auskommt ist es besonders stromsparend und ermöglicht ein dem Buch vergleichbares Schriftbild. Nachteilig sind die vergleichsweise langen Umschaltzeiten. Für bewegte und farbige Inhalte ist dieser Displaytyp derzeit noch nicht geeignet.

Da die Miniaturisierung auch vor LED- oder Laser-Beamern nicht halt macht, werden in absehbarer Zeit auch mobile Geräte mit eingebautem Beamer auf den Markt kommen. Dadurch wird der durch die Bauform bedingte Nachteil der kleinen Displaygrössen bei mobilen Geräten aufgehoben werden.

Eine weitere Alternative, den Nachteil der kleinen Displays auszugleichen, sind Video-Brillen, HMDs *(Head mounted Displays)* oder so genannte *EyeTabs*. Diese werden am Kopf getragen und beinhalten kleine LCD-Displays oder einen Laser-Beamer, der das Bild direkt auf die Netzhaut projiziert. Durch die Möglichkeit, beide Augen mit unterschiedlichen Bildinformationen zu versorgen eignen sich diese Displays sogar zu 3D-Darstellung. Nachteile sind heute noch der hohe Preis und die geringe Auflösung (Abb. 3.3-2).

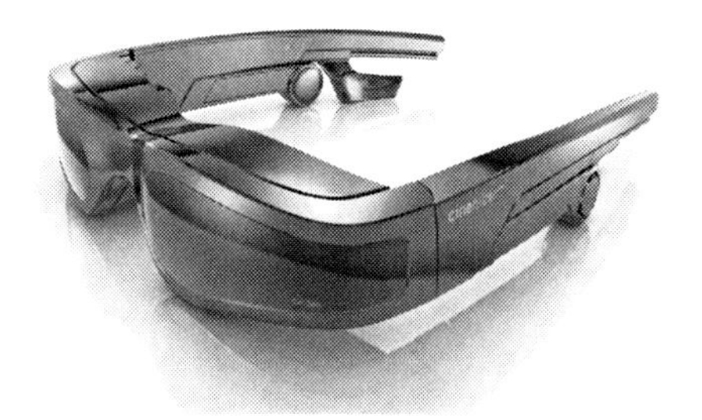

Abb. 3.3-2: Videobrille Zeiss cinemizer, Quelle: www.zeiss.de.

3.4 Grafik *

Eine Grafikkarte sorgt für die Berechnung und Ausgabe der Bilder auf den Bildschirm. Dafür bietet sie Beschleunigungs- und Filterungsmöglichkeiten an. In der mobilen Welt werden jedoch die hohen Beschleunigungsmöglichkeiten im 3D-Bereich selten genutzt, außer für den Entertainment-Bereich. Dadurch konzentrieren sich die Entwickler auf stromsparende Bauweisen mit möglichst vielen Funktionen, die von der Grafikkarte übernommen werden, um den Hauptprozessor zu entlasten. Effizient mit der gegebenen Energie um zu gehen, ist momentan ein sehr großes Entscheidungskriterium für oder gegen eine Grafikkarte bzw. einen Grafikprozessor.

Beschreibung

Eine Grafikkarte bzw. eine **GPU** wird bisher hauptsächlich in Desktop-Systemen angewendet, wo man hohe 3D-Beschleunigung benötigt. Die Beschleunigungsleistung wird dort meist von Spielen oder **CAD**-Programmen genutzt. In Notebooks sind 3D-Beschleunigerkarten (Abb. 3.4-1) inzwischen genauso häufig anzutreffen wie in Desktop-Computern, jedoch verringern diese bei Notebooks die Laufzeit. Energieverbrauch und Hitzeentwicklung sind ein ernst zu nehmender Punkt bei mobilen Geräten. Da Notebooks die gleichen Funktionen wie ihre großen Verwandten, die Desktop-PCs, bieten sollen, ist es entweder nötig, die normalen Komponenten zu verbauen und gut zu kühlen, oder spezielle Komponenten für geringeren Energieverbrauch zu entwickeln.

Inzwischen gibt es spezielle Grafikprozessoren für Notebooks und kleinere Geräte. Während die Grafikkarten für Notebooks sehr große Ähnlichkeit mit den vollwertigen Karten der Desktop-Systeme haben, sind bei kleineren Geräten keine direkten Vergleiche möglich. Alle werden auf die jeweilige Spannung und die benötigten Energiesparfunktionen ausgelegt.

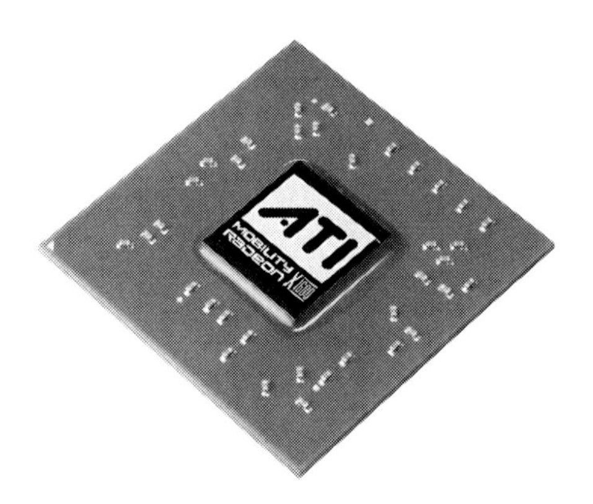

Abb. 3.4-1: ATI Mobility Radeon X1600 Grafikchip, Quelle: www.ati.de.

Anwendung

- Grafikkarten werden dafür benutzt, um die Ausgabe auf dem Bildschirm zu berechnen und damit die **CPU** zu entlasten. Sie unterstützen dazu z. B. 2D- und 3D-Beschleunigung und viele individuelle weitere Funktionen.
- Durch Codier- oder Decodier-Funktionen für Videos wird der Hauptprozessor stark entlastet und somit die gesamte Verarbeitungsgeschwindigkeit erhöht. Teilweise wird dadurch erst ein reibungsloser Ablauf von Programmen oder Videos ermöglicht.
- Ein sehr großer Anwendungsbereich für hochwertige Grafikkarten mit 3D-Beschleunigung sind Multimediaspiele. Auch die 3D-Funktionen von Mobiltelefonen werden bisher hauptsächlich für Spiele genutzt.
- Die Qualität eines Grafikprozessors wird meist über die Qualität und Geschwindigkeit der erzeugten Bilder eingestuft. Welche Funktionen allerdings wirklich unterstützt werden, ist von Grafikkarte zu Grafikkarte unterschiedlich und somit unterscheidet sich auch die Anwendung.

Aufbau

Die heutigen Grafikkarten arbeiten alle mit einem zentralen Grafikprozessor, auch GPU genannt. Dieser unterstützt z. B. Skalierungen, Farbfüllungen, Transparenzeffekte und vieles mehr. Diese Effekte wären nur mit dem Hauptprozessor kaum denkbar, da keine Rechenzeit mehr für die Programme übrig bleiben würde. Auch dreidimensionale Berechnungen können von dem Grafikprozessor ausgeführt und in Bildpunkte zur Ausgabe umgesetzt werden. Neben der Beschleunigung werden hier noch viele Filterfunktionen angewendet, um die erzeugten Bilder noch realistischer wirken zu lassen. Die GPU wird über eine Schnittstelle an das Bussystem des Prozessors angeschlossen. Meist ist ein extra Videospeicher vorhanden in dem die GPU ihre Daten ablegt, ansonsten gibt es auch die Möglichkeit, dass die GPU die Daten im Systemspeicher ablegt (langsamer). Hier hängt die Größe des Speichers von den integrierten Funktionen ab. Ein 2D-Prozessor benötigt weniger Speicher als ein 3D-Prozessor, da keine Berechnungen der vielen Bildverbesserungsfunktionen Anwendung finden. Die fertig berechneten Bilder werden vom so genannten **RAMDAC** in analoge Signale für den Monitor umgesetzt.

Funktionen

Bei Grafikkarten für Notebooks wird die Funktionalität meist über die 3D-Leistungsfähigkeit angegeben. Der Funktionsumfang wird dabei durch die **DirectX**-Version bestimmt. Bei DirectX handelt es sich um eine Spezifikation von Microsoft, die vorgibt, welche Funktionen eine Grafikkarte unterstützen muss, damit sie zu einer bestimmten DirectX-Version kompatibel ist (aktuell ist Version 9c für Windows XP und Version 10.0 für Windows Vista). Bei kleineren Geräten sieht die Lage anders aus, da der Markt noch recht neu ist und somit dort ein größerer Spielraum von individuellen Möglichkeiten vorhanden ist. Somit findet man in den Produktbeschreibungen auch noch viele weitere Funktionen aufgeführt, die zum momentanen Zeitpunkt genauso brauchbar sind wie die 3D-Funktionen. Da es sich bei DirectX um einen proprietären Standard von Microsoft handelt, unterstützen mobile Geräte in der Regel die alternative Grafik-API OpenGL, insbesondere die Untermenge OpenGL ES (für Embedded Systems). Entscheidend für die Leistungsfähigkeit hinsichtlich der Grafik ist, ob ein mobiles Gerät diese API nur in Software unterstützt, oder ob ein 3D-Hardware-Chip zur Beschleunigung der komplexen Rechenoperationen integriert ist. Die meisten aktuellen Smartphones bieten mittlerweile eine solche Gafik-Hardware.

Als Beispiel seien einige Funktionen einer Handheld-GPU von ATI (Abb. 3.4-2) aufgeführt (ATI IMAGEON 2300)[2]:

- **Erweiterte 2D-Grafik**
  Skalierung, Alpha-Blending, 90-Grad-Drehung, Gouraud-Shading, Anti-Aliasing für Schrift, DrawLine, Sprites, BitBLT, ROP3 und ROP4, Font-Caching.
- **3D-Grafik**
  Vollständige Geometrieverarbeitung und Pixel-Rendering-Pipeline, Texturkombination und Mip-Map, pixelgenaue Perspektivenkorrektur, bilineares und trilineares Filtern, dithering, Vertex-Nebel, *Specular Color* und Alpha-Blending, 8/16 bpp Ziel, 8/16 bpp Textur, Texturpaletten.
- **MPEG-4-Decoder**
  iDCT-Einheit, *Motion Compensation*, MPEG 4-Dekodierung mit 30 fps, niedriger Stromverbrauch.
- **JPEG Codec**
  Hardware-DCT- und iDCT-Unterstützung in Hardware, Auflösung von bis zu 2 Megapixel, erzeugt sequenziellen JPEG-Scan, CCITT T.81-kompatibel, Echtzeit-Kodierung von VGA-Bildern mit bis zu 30 fps.
- **Abschaltmodi**
  Dynamisches Abschalten inaktiver Blöcke, Prozess mit niedriger Stromstärke / niedriger Spannung, Stromverbrauch: Standby < 10 μW; Display-Neuaufbau < 1mW; Durchschnitt (typisch) aktiver Modus ~ 20mW).
- **Unterstützte Betriebssysteme**
  Microsoft Pocket-PC, Pocket-PC-Phone-Edition und SmartPhone, Windows® CE, Symbian, Nucleus, andere Echtzeitbetriebssysteme (RTOS).

[2] siehe www.ati.com

Abb. 3.4-2: ATI Imageon 2300 Grafikchip Quelle: www.ati.de.

3.5 Eingabegeräte *

Es gibt eine Fülle von Eingabegeräten, jedoch nur wenige die auch für die Gegebenheiten von mobilen Endgeräten geeignet sind. Die am meisten verbreitetsten Eingabegeräte sind Tastatur und Maus. Je kleiner die Geräte jedoch werden, umso ungeeigneter sind diese Eingabegeräte. Heute haben sich *Touchscreens* bei mobilen Geräten etabliert, da diese keinen zusätzlichen Platz, außer dem LCD-Display selbst, verbrauchen und die Bedienung in vielen Dingen vereinfacht. Zusätzliche Eingabegeräte sind Kameras sowie diverse Arten von Sensoren.

Allgemein

Als Eingabegeräte zählen alle Geräte, welche der manuellen Eingabe von Daten dienen. Hier gibt es eine Fülle an verschiedenen Geräten, jedoch sind bei mobilen Endgeräten oft nur wenige anzutreffen. Die Eingabegeräte ermöglichen die Interaktion mit den Programmen der verschiedenen Geräte. Auch Mischungen zwischen Eingabe- und Ausgabegeräten gibt es, z. B. den *Touchscreen*.

Tastatur

Das am häufigsten verwendete Eingabegerät am Computer wie auch an mobile Geräten ist die Tastatur. Man unterscheidet zwischen numerischen und alphanumerischen Tastaturen. Bei alphanumerischen Tastaturen unterscheidet man darüber hinaus QWERTZ-Tastaturen[3], die sich in ihrer An-

[3] Benannt nach der Anordnung der ersten Buchstaben oben links. Da sich diese Anordnung im angelsächsischem Raum unterscheidet, spricht man bei englischen Tastaturen von QWERTY.

ordnung an der Schreibmaschine orientieren und solchen, auf denen die Buchstaben in der Reihenfolge des Alphabets sortiert sind. Obwohl die QWERTZ-Anordnung auf das Zehnfingerschreiben optimiert ist, hat sie sich auch für die Bedienung mit dem Daumen auf mobilen Geräten durchgesetzt.

Auch mit numerischen Tastaturen ist Texteingabe möglich, entweder über Mehrfachbelegung der einzelnen Nummerntasten oder über die »T9« genannte Technologie, bei der die Nummerneingabe mit einem internen Wörterbuch abgeglichen wird und Vorschläge zur Wortauswahl gemacht werden. Gerade jugendliche Nutzer bringen es mit dieser Eingabemethode zu erstaunlicher Geschwindigkeit.

Geräte mit Touchscreen bieten die Möglichkeit, über eingeblendete virtuelle Tastaturen Texte einzugeben (Abb. 3.5-1).

Abb. 3.5-1: Eingeblendete Tastatur auf einem iPhone, Quelle: www.apple.com.

Maus

Mäuse sind für die Bedienung von grafischen Oberflächen von Nutzen. Sie setzen die Bewegung der Maus in die jeweiligen Programme um, z. B. die Bewegung des Zeigers unter Windows. Es muss allerdings nicht immer die klassische Mausform vorliegen, auch anders funktionierende Typen gibt es, die in manchen Einsatzgebieten besser nutzbar sind.

- Maus
- *Touchpad*
- *Trackpoint*
- *Trackball*

Laptops benutzen hier meist *Touchpads*, während sich viele Geräte inzwischen über *Touchscreens* steuern lassen, also komplett ohne Maus.

Touchscreen

Touchscreens ermöglichen eine noch intuitivere Bedienung als bisherige Zeigegeräte (z. B. Maus). Man kann direkt durch Berührung mit dem Bildschirm interagieren. Dies macht die Maus überflüssig und da eine Tastatur auf dem Bildschirm eingeblendet werden kann, die dann auf Berührung reagiert, kann auch die Tastatur durch den Touchscreen ersetzt werden. Sie bieten dem Benutzer viel mehr Möglichkeiten als andere Eingabegeräte. Nicht nur, dass Bildschirmpunkte direkt angewählt werden können, sondern auch Handschrift ist auf diesen Bildschirmen möglich.

Touchscreen-Technik

Für Touchscreens in mobilen Geräten kommen heute hauptsächlich zwei Techniken zum Einsatz:

- Resistiv: Zwei Folien mit sehr dünner Metallschicht sind in geringem Abstand übereinander angebracht. Bei Druck kommen die Metallschichten an dieser Stelle zusammen und Strom fließt. Diese Technik kann mit dem Finger oder mit einem Stift bedient werden. Die Oberfläche eines solchen Displays ist elastisch und bisweilen empfindlich gegen Kratzer.
- Kapazitiv: Die komplette Oberfläche wird mit einem Spannungsfeld überzogen, das durch Fingernähe oder Berührung beeinflusst wird. Vorteil dieser Technik ist die harte, unempfindliche Displayoberfläche. Allerdings kann ein solches Display nicht mit einem Stift bedient werden, da dieser das Spannungsfeld nicht beinflusst. Schrifterkennung ist somit auf einem kapazitiven Display *nicht* möglich (Abb. 3.5-2).

Kamera

Auch Kameras sind Eingabegeräte eines mobilen Endgeräts. Diese lassen sich nicht nur zur Aufnahme von Bildern und Videos nutzen, sondern können über geeignete Software auch in die Lage versetzt werden, Barcodes zu dekodieren. Damit lässt sich im mobilen Einsatz eine direkte Verbindung zwischen realer und virtueller Welt herstellen, indem z. B. durch Scannen des EAN-Codes einer Ware Information über diese Ware im Internet abgerufen werden kann. Auch *Points of Interests* können mit Barcodes versehen werden, um eine Verknüpfung zum Internet zu ermöglichen.

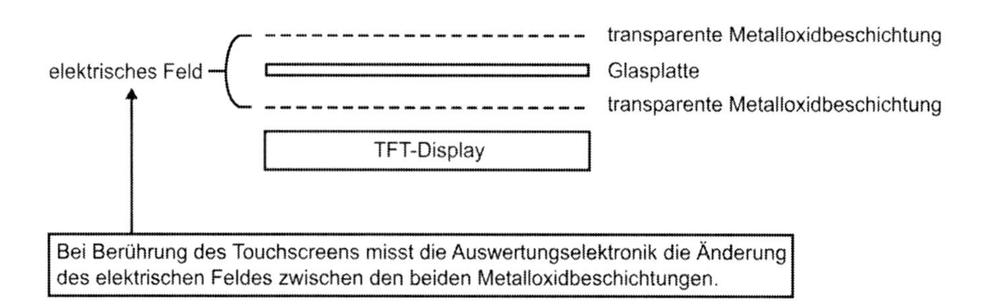

Abb. 3.5-2: Prinzip eines kapazitiven Touchscreen.

Sensoren

Aktuelle mobile Geräte sind heute mit einer Vielzahl an Sensoren ausgestattet, z. B. für

- Lage- und Beschleunigung,
- Temperatur,
- Luftdruck,
- Umgebungslicht,
- Kompass und
- Annäherung.

Lage- und Beschleunigungssensoren können z. B. genutzt werden, um die den Displayinhalt passend auszurichten, aber auch, um z. B. Spiele zu steuern oder bei *Augmented Reality*-Anwendungen die Ortsinformationen weiter zu präzisieren. Es gibt Anwendungen, mit denen zwei an einem Ort anwesende Personen sich Daten quasi »zuwerfen« können, indem sie mit ihrem Telefon eine Wurf- und Fangbewegung ausführen[4]. Manche mobile Anwendungen werten z. B. eine Schüttelbewegung des mobile Gerätes aus, um z. B. Inhalte zu löschen oder zufällige Audiodateien abzurufen *(Shuffle)*.

3.6 Energiequelle *

Jedes mobile Gerät benötigt Energie und damit es diese mobil bekommt, sind effektive Energiequellen nötig. Es gibt verschiedene Kriterien für eine Energiequelle wie Laufzeit, Gewicht, Größe und Preis. Die Entwicklung in dem Bereich der Energiequellen schreitet fort. Derzeit bieteten Lithium-Ionen- bzw. Lithium-Polymer-Akkus den höchsten Energiespeicherwert. Es wird aber bereits an Nachfolgern, wie z. B. der Brennstofftechnik, geforscht.

[4] Siehe z. B. www.hocker.com

Allgemein

Um ein Gerät mobil zu betreiben, ist eine Energiequelle nötig, die das Gerät ausreichend mit Strom versorgt. Diese Energiequelle sollte jedoch auch wieder aufladbar sein, da sonst immer neue Energiequellen angeschafft werden müssten. Momentan sind es meist verschiedene Arten von Akkumulatoren die diese Aufgabe erfüllen. Es gibt viele verschiedene Typen, aber nur wenige sind auch für kleine mobile Geräte geeignet. Technisch ist es möglich einen Akku zu konstruieren, der ein Gerät über eine sehr große Zeitspanne mit Energie versorgt, wenn dieser nur groß genug ist. Es werden also verschiedene Anforderungen an einen Akku gestellt, die je nach Gerätetyp variieren können.

Anforderungen

Laufzeit

Die Laufzeit der Geräte ist von zwei Faktoren abhängig. Zum einen vom Verbrauch der einzelnen Komponenten und zum anderen vom Energielieferanten (Akku). Ziel ist es, beide Faktoren aufeinander abzustimmen, um möglichst lange ohne externe Stromversorgung auszukommen. Daher sollte ein Akku möglichst viel Energie speichern können und das jeweilige Gerät möglichst lange mit Energie versorgen.

Gewicht

Geräte für *Mobile Computing* sollen nicht nur mobil, sondern auch portabel sein. Dafür sollten sie sehr leicht sein, um sie bequem in der Hand halten zu können. Gerade bei Mobiltelefonen oder ähnlichen Geräten ist dies sehr wichtig, da sonst keine ergonomische Bedienung möglich ist. Für den Transport spielt zusätzlich das Gewicht des Gerätes eine große Rolle, damit es noch portabel bleibt. Eine Energiequelle sollte also einen hohen Energiespeicherwert pro kg haben.

Platzbedarf

Nicht nur das Gewicht der Geräte ist zu beachten, sondern auch die Größe. Der Trend geht dahin, dass die Geräte immer kleiner werden, die Funktionsvielfalt aber immer größer. Es werden also auch Energiequellen benötigt, die eine hohe Speicherkapazität haben und dennoch wenig Platz verbrauchen. Es muss also auch das Verhältnis von Energiespeicherung zu Größe beachtet werden.

Preis

Damit sich Produkte am Markt durchsetzen, müssen sie nicht nur technisch hochwertig, sondern für die Kunden auch bezahlbar sein. Dies lässt sich allerdings nicht immer vereinbaren, da einige Lösungen für den Endverbraucher zu teuer sind. Besteht ein Akku z. B. aus ungefährlichen Stoffen, dann ist keine besondere Sicherungsmaßnahme zum Schutz der Akkus notwendig. Manche Typen bestehen aber aus giftigen bzw. hochexplosiven Stoffen. Diese Typen benötigen spezielle Sicherungsmaßnahmen, um Personen oder auch die Geräte selbst, zu schützen. Dies alles schlägt sich natürlich auch im Preis nieder, der oft ausschlaggebend ist für die Akzeptanz einer Technik. Die Kosten müssen also in einem für den Kunden akzeptablen Rahmen bleiben.

Akkutypen

Es gibt viele verschiedene Akku-Typen, aber nur wenige, die auch bei mobilen Geräten eingesetzt werden bzw. wurden.

Nickel-Cadmium (NiCd)

Der NiCd-Akku ist fast vollständig durch den NiMH-Akku ersetzt worden. Der NiCd-Akku besitzt den hochgiftigen Stoff Cadmium, weswegen der Umgang, wie z. B. Lagerung und eine Entsorgung, schwierig war. Ein weiterer Nachteil ist der bei NiCd-Akkus auftretende **Memory-Effekt**.

Nickel-Metallhydrid (NiMH)

Der Nachfolger des NiCd-Akku benutzt anstelle des hochgiftigen Stoffes Cadmium ein Metallhydrid, wodurch die Probleme bei der Entsorgung und Handhabung entfallen. Zudem hat dieser Akku auch eine höhere Kapazität zu bieten (Abb. 3.6-1). Das Problem mit dem Memory-Effekt ist jedoch noch nicht behoben, da auch der NiMH-Akku eine ähnliche Eigenschaft wie den Memory-Effekt besitzt und somit wurde auch dieser Akku-Typ durch Lithium-Ionen-Akkus ersetzt.

Abb. 3.6-1: Handy-Akku für ein Nokia 6110 Navigator.

Lithium-Ionen

Dieser Akku-Typ entspricht dem derzeitigen Stand der Technik. Fast alle momentan vertriebenen Akkus für mobile Endgeräte sind Lithium-Ionen bzw. Lithium-Polymer-Akkus. Diese können mehr Energie speichern als ihre Vorgänger mit NiCd oder NiMH. Auch der bei den Vorgängern beschriebene Memory-Effekt tritt bei den Lithium-Ionen Akkus nicht auf. Dies ist ein großer Vorteil gegenüber anderen Techniken. Es gibt aber auch Nachteile. Da Lithium explodieren kann, benötigen die Akkus Sicherheitsvorrichtungen um dies zu vermeiden bzw. Mechanismen um den gefährlichen Überdruck kontrolliert abzulassen. Beispiele für explodierende Akkus waren mehrfach in den Medien zu finden. Die Sicherheitsmaßnahmen, um die Akkus sicherer zu machen, erhöhen auch den Preis, wodurch die Lithium-Ionen Akkus teurer sind als ihre Vorgänger (Abb. 3.6-2).

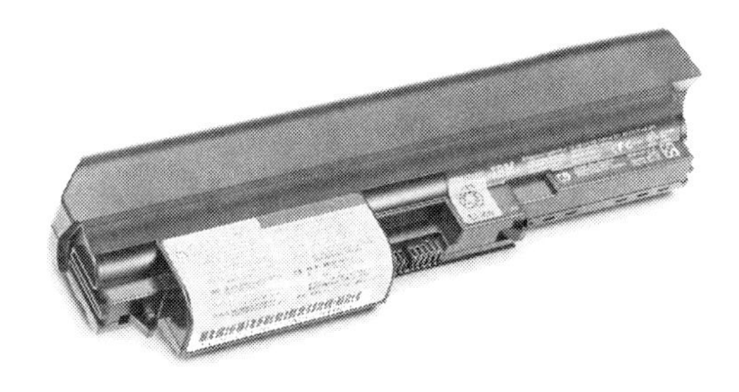

Abb. 3.6-2: Akkupaket für Lenovo Thinkpad Laptops, Quelle: www.lenovo.de.

Lithium-Polymer

Der Lithium-Polymer-Akku entspricht ungefähr dem Lithium-Ionen-Akku, hat aber weitere Vorteile. Es wird keine Flüssigkeit im Inneren benutzt, sondern ein Feststoff. Dies erhöht die Sicherheit, da ein Auslaufen nicht mehr möglich ist. Der größte Vorteil jedoch ist, dass ein Lithium-Polymer-Akku nicht an die üblichen Gehäuseformen gebunden ist und somit bei kleinen Geräten jede unförmige Lücke genutzt werden kann.

Zukunftsaussichten

Die nächste Generation der Energiequellen soll die Brennstoffzelle übernehmen. Diese soll die Laufzeit von Geräten, wie Laptops, enorm erhöhen und somit eine noch größere Unabhängigkeit von externen Energiequellen schaffen. In diesem Bereich wird derzeit von mehreren Firmen geforscht und es werden immer wieder neue Prototypen veröffentlicht. Auch hier gibt es verschiedene Arten von Brennstoffzellen, jedoch wird für den mobilen Bereich hauptsächlich die Direkt-Methanol-Brennstoffzelle erforscht. Erste Prototypen, z. B. von Samsung, versorgen ein Notebook für ca. 10 Stunden mit Strom. Das ist in etwa das Doppelte der derzeitigen Akkuentwicklung.

Funktionsweise einer Brennstoffzelle

Die Funktion einer Brennstoffzelle (Abb. 3.6-3) ist recht einfach, diese allerdings für mobile Geräte nutzbar und effizient zu machen nicht. Es wird ein Reaktionsstoff eingefügt (in diesem Fall Methanol) und dieser wird in einer kontrollierten chemischen Reaktion in Wasser umgewandelt. Durch diesen Vorgang kommt ein Stromfluss zustande, der zurzeit noch maximiert wird, damit sich die Brennstoffzelle als Energieträger durchsetzen kann.

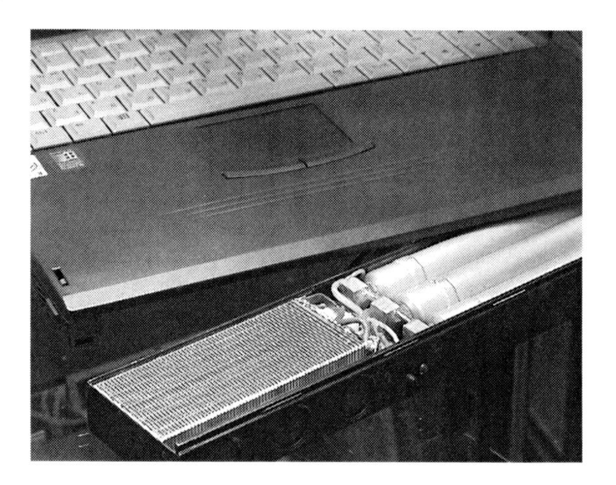

Abb. 3.6-3: Aufbau und Betrieb einer Brennstoffzelle an einem Notebook, Copyright: Fraunhofer ISE.

3.7 Fallbeispiel Hardware *

Linus und Konrad waren in der Vorlesung über Gerätehardware. Sie fragen sich, ob sie als Softwareentwickler die Hardware eines Gerätes überhaupt etwas angeht.

Linus

Hallo, Herr Prof. Marconi. Ihre Einführung in die Gerätehardware fand ich sehr interessant. Aber sind Details zum verwendeten Prozessor für Softwareentwickler relevant?

Prof. Marconi

In der Regel müsst ihr euch um die zugrundeliegende Hardware-Plattform nicht besonders kümmern, da ja das Betriebssystem diese Hardware weitgehend abstrahiert. Aber im Laufe eurer Arbeit werdet ihr immer wieder in Situationen kommen, wo Hardware-Details durchaus eine Rolle spielen. Wenn ihr z. B. einen bestimmten Algorithmus in eurer Software optimieren müsst, weil er zuviel Rechenzeit verbraucht, solltet ihr genauer über den verwendeten Prozessor Bescheid wissen, um z. B. bestimmte Routinen in Assembler zu programmieren. Die von euch bevorzugten Plattformen verwenden alle einen ARM-Prozessor, das bringt für euch nebenbei den Vorteil, dass er ein RISC Prozessor ist und damit der verwendete Maschinencode weniger komplex ist. RISC steht eben für »*Reduced Instruction Set Computing*«. Im Hinblick auf den zur Verfügung stehenden Speicher unterscheiden sich die Plattformen schon eher: Während Symbian- und Android-Geräte alle Steckplätze zur Erweiterung der Speicherkapazität zur Verfügung stellen, muss das iPhone immer mit dem eingebauten Speicher zurecht kommen. Für Softwareentwickler vereinfacht dies die Sache allerdings erheblich: Ihr müsst euch nicht darum sorgen, wo welche Daten abgespeichert werden sollen und ob eine Speicherkarte gerade vorhanden ist.

Konrad

Dass das iPhone mit einem kapazitiven *Touchscreen* ausgestattet ist, fand ich immer gut. Es fühlt sich einfach schöner an und reagiert meines Erachtens besser auf Eingaben als diese weichen, resistiven *Touchscreens*. Aber für unsere Klinikanwendung ist es ja möglicherweise ungeeignet, weil die Stifteingabe nicht möglich ist und ein Arzt damit z. B. nicht rechtsverbindlich unterschreiben kann.

Prof. Marconi

Das stimmt. Aber ich glaube, dass Unterschriften als Mittel der Authentifizierung langsam ausgedient haben. Wenn ich vom Paketboten ein Paket zugestellt bekomme und den Empfang auf dessen Handheld mit Touchscreen bestätigen muss, kann ich ja in der Regel meine eigene Unterschrift nicht erkennen. Es gibt dazu heute viel sicherere Verfahren, angefangen von einfacher PIN- oder Passworteingabe bis hin zu Chip- oder RFID-Karten. Aber da kommen wir später noch genauer drauf zu sprechen.

Linus Spannend finde ich die Sache mit der Grafikbeschleunigung. Stimmt es, dass alle Smartphones heute mit einem 3D-Grafikchip ausgestattet sind?

Prof. Marconi Alle sicher nicht. Aber das iPhone, alle Android-Geräte und die neueren Symbian-Geräte besitzen einen. Ihr könnt also auch richtig heftig Spiele darauf entwickeln. Wenn ihr das nutzen wollt, müsst ihr euch aber genauer mit OpenGL befassen. Fast alle PC-basierten Spiele nutzen DirectX, aber auf mobilen Geräten ist OpenGL Standard. Dies ist nicht nur für Spiele interessant, auch Benutzeroberflächen nutzen immer mehr 3D-Animationen und Effekte. Wenn es also richtig schick werden soll schaut euch OpenGL mal genauer an.

Linus Bei der Stromversorgung liegt ja noch einiges im Argen. Mein Android-Gerät muss im Moment jeden zweiten Tag an die Steckdose. Dagegen hielten meine früheren Nokia-Geräte oft 2 Wochen durch.

Konrad Mein iPhone hält aber länger, haha!

Prof. Marconi Das Problem ist, dass die Geräte immer kompakter werden, und dadurch immer weniger Platz für die Batterie da ist. Gleichzeitig steigt die Leistungsfähigkeit und Taktfrequenz der Geräte, das geht natürlich zu Lasten der Laufzeit. Es gibt aber noch einen weiteren Aspekt: Multitasking! Wenn ich viele Applikationen gleichzeitig laufen lassen kann, hat der Prozessor immer weniger Ruhepausen und verbraucht dadurch mehr Strom. Viele Benutzer merken gar nicht, dass sie noch diverse Applikationen im Hintergrund laufen haben, und wundern sich, dass die Batterie so schnell leer ist. Das ist auch ein Grund, warum Apple im iPhone das Multitasking bis Betriebssystemversion 3 nicht ermöglicht hat.

Linus Echt? Unter dem Aspekt habe ich das noch gar nicht betrachtet. Aber noch was anderes: Glauben Sie wirklich, dass in Zukunft Telefone mit Brennstoffzellen ausgestattet werden?

Prof. Marconi Tja, da bin ich selber unsicher. In Laptops mag das ja noch sinnvoll sein, aber ob man die Zellen so klein machen kann, dass sie in Telefone passen? Und ob man mit einem solchen Geräte dann ein Flugzeug besteigen darf? Ich glaube eher, dass die Batterietechnik in Zukunft noch erhebliche Fortschritte machen wird, auch angetrieben durch die Entwicklungen im Automobilbereich.

4 Drahtlose Kommunikation **

Für Benutzer von mobilen Geräten ist es selbstverständlich, dass diese drahtlos kommunizieren können. Die Benutzer erwarten, dass drahtlose Netze den Zugriff von unterschiedlichen Orten ermöglichen, da erst dadurch mobiles Arbeiten ermöglicht wird. Daher ist die drahtlose Kommunikation ein Grundpfeiler des Gebiets *Mobile Computing*. In den folgenden Kapiteln werden unterschiedliche drahtlose Kommunikationsmöglichkeiten betrachtet und deren Unterschiede bzgl. der Datenrate, Reichweite, Anwendung und Netze aufgeführt:

4.1 GSM **

Das GSM-Netz ist das erste digitale Mobilfunknetz, das für mobile Telefonie entwickelt wurde. Es ist in mehreren Zellen aufgebaut, die in Deutschland auf den Frequenzen 900 und 1800 MHz arbeiten. GSM ist verbindungsorientiert und bietet für Datenübertragungen nur eine sehr geringe Geschwindigkeit (9,6 KBit/s). Deshalb gibt es verschiedene Techniken, um die Datenübertragung zu beschleunigen. HSCSD benutzt mehrere GSM-Kanäle gleichzeitig, um Daten zu übertragen. Auch dieses Verfahren ist verbindungsorientiert. Eine Änderung des Übermittlungsverfahrens kam mit GPRS. Dies benutzt verschiedene Kodierungen und auch mehrere Kanäle. Da GPRS aber paketorientiert ist, können die Kanäle dynamisch zugewiesen werden und es kann auch eine dauerhafte Verbindung bestehen, ohne während der gesamten Zeit Ressourcen zu belegen. Die Übertragungsgeschwindigkeit kann noch weiter durch EDGE erhöht werden. EDGE kann mit GPRS zusammen (EGPRS) die Übertragungsgeschwindigkeit fast verdreifachen.

Allgemein

GSM *(Global System For Mobile Communication)* wurde für den europäischen Markt entwickelt. Es gehört zur zweiten Generation (2G) der mobilen Kommunikation, da es die digitale Signalübertragung nutzt. Die Geräte der ersten Generation (1G) arbeiteten mit analoger Technik. GSM wird inzwischen in mehr als 3/4 des Weltmarktes eingesetzt, was die Möglichkeit der einfachen weltweiten Vernetzung bietet. Da GSM hauptsächlich für die Sprachübertragung entwickelt wurde und nur selten für Datenübertragungen genutzt werden konnte, wurde dieser Standard durch verschiedene Techniken, wie z. B. GPRS, erweitert, wodurch die Technik auch zur Datenübertragung nutzbar wurde und man es als Generation 2.5 (2.5G) bezeichnete. Erst mit diesen Erweiterungen ist das GSM Netz für mobile Computer geeignet, da die Geschwindigkeiten und Kosten in einem besseren Verhältnis stehen. Inzwischen gibt es die dritte Generation von mobiler Kommunikation (3G). Diese wird in Europa durch die Technik UMTS realisiert. Große Netzbetreiber in Deutschland sind:

- T-Mobile
- Vodafone
- E-Plus
- O_2

GSM-Technik

Beschreibung

Die GSM-Technik wird in mehreren verschiedenen Frequenzen benutzt. In Deutschland sind dafür die Frequenzen um 900 MHz (D-Netz) und 1800 MHz (E-Netz) reserviert, während in Amerika auch die Frequenzen um 1900 MHz für GSM benutzt werden. Derzeitige Mobiltelefone in Deutschland unterstützen zumindest die zwei erst genannten Frequenzbänder (Dualband), einige sogar alle (Triband). Damit die Technik vom Endverbraucher auch genutzt werden kann, richten Mobilfunk-Netzbetreiber möglichst flächendeckend Sende- und Empfangsanlagen ein, die jeweils in einer »Zelle« für die Verbindung zuständig sind. Die Aufteilung des Gesamtnetzes in kleine Zellen hat den Vorteil, dass die Frequenzen nicht so schnell ausgeschöpft sind, denn sie können in der übernächsten Zelle wieder verwendet werden. Auch die Sendeleistung der mobilen Geräte kann geringer sein, da die nächste Funkstation, sofern vorhanden, immer in der Nähe ist. Anwender sind mit ihren mobilen Geräten auch oft in Bewegung, weswegen das Netz Wechsel zwischen einzelnen Zellen ermöglicht (»Handover«). Diese Zellen sind je nach Bedarf (sehr viele Nutzer, oder sehr viele Störquellen) mal größer oder mal kleiner ausgelegt. Da die GSM-Technik für Gespräche und kleine Datenmengen ausgelegt wurde, ist diese Technik **verbindungsorientiert**. Dementsprechend wird auch von den Mobilfunkgesellschaften nach Zeit abgerechnet.

Geschwindigkeit

Mit GSM sind Datenübertragungen in einer Geschwindigkeit von bis zu 9,6 KBit/s möglich. Für die Übertragung von Kurznachrichten, so genannten **SMS**, ist diese Geschwindigkeit ausreichend, jedoch für reinen Datenverkehr, wie er beim Surfen im Internet entsteht, zu langsam. Um die Nutzung von Datendiensten über das GSM-Netz angenehmer zu gestalten, musste die Geschwindigkeit erhöht werden. Inzwischen werden bei GSM Datenraten von 14,4 KBit/s angeboten und da GSM verbindungsorientiert ist, steht diese Bandbreite konstant zur Verfügung.

HSCSD

Beschreibung

HSCSD *(High Speed Circuit Switched Data)* dient zur schnelleren Datenübertragung, denn die gegebenen 14,4 KBit/s bei GSM reichen für große Datenmengen wie Bilder und große Textdokumente nicht aus. Der erste Ansatz, um dieses Problem zu beheben ist HSCSD, welche auf der GSM-Technik aufsetzt. Ohne die Art der Verbindung zu verändern, können mehrere GSM-Kanäle gebündelt und so die Geschwindigkeit erhöht werden. Diese Technik wird nicht von allen Mobiltelefonen und allen Mobilfunkanbietern unterstützt, da sich kurze Zeit später GPRS durchgesetzt hat. Da HSCSD nur GSM-Kanäle bündelt, ist auch diese Technik verbindungsorientiert und wird dementsprechend abgerechnet.

Geschwindigkeit

Es lassen sich bis zu vier GSM-Kanäle bei deutschen Anbietern bündeln. Nur E-Plus und Vodafone bieten HSCSD-Support und beide bieten unterschiedliche Geschwindigkeiten an. E-Plus z. B. gibt Übertragungsgeschwindigkeiten von bis zu 57,6 Kbit/s (4xGSM 14,4 KBit/s) an, während Vodafone mit Datenübertragungsraten von bis zu 38,4 KBit/s (4x GSM 9,6 KBit/s) wirbt.

GPRS

Beschreibung

GPRS *(General Packet Radio Service)* setzt genau wie HSCSD auf der GSM-Technik auf. Auch GPRS nutzt die Bündelungstechnik von GSM-Kanälen und kann somit den Datendurchsatz erhöhen, es ist jedoch nicht wie GSM oder HSCSD verbindungsorientiert, sondern **paketorientiert**. Das hat den großen Vorteil, dass die GSM-Kanäle dynamisch reserviert werden können. Allerdings werden nur bei geringer Netzauslastung mehrere Kanäle gebündelt und somit die höhere Geschwindigkeit erreicht. Alle Mobilfunkanbieter in Deutschland unterstützen inzwischen GPRS. Das paketorientierte Verfahren hat den Vorteil, dass eine dauerhafte Verbindung bestehen kann, aber nur nach übertragenem Volumen (Paketen) abgerechnet wird und nicht nach der Dauer der Verbindung.

Klassifizierung

GPRS ist in unterschiedliche Klassen eingeteilt, die ein Gerät unterstützen kann. Es gibt zwei verschiedene Einteilungen um die Fähigkeiten eines GPRS Gerätes zu unterteilen. In der ersten Unterteilung geht darum, ob ein Gerät GSM und GPRS zeitgleich nutzen kann (Tab. 4.1-1).

Klasse	**Beschreibung**
Klasse A	Gerät kann GPRS und GSM gleichzeitig nutzen.
Klasse B	Gerät unterstützt beides, kann aber nur eines zu einer Zeit benutzen. GPRS Verbindungen werden für GSM-Dienste, wie Anruf oder SMS, kurz unterbrochen und danach automatisch wieder aufgenommen.
Klasse C	Gerät unterstützt beides, kann aber nur eines zu einer Zeit benutzen. Welche Verbindung genutzt wird, muss von Hand eingestellt werden.

Tab. 4.1-1: GPRS-Klassifizierung (1).

Die zweite Unterteilung beschreibt, wie viele Kanäle ein Gerät nutzen kann und wie diese genutzt werden (senden, empfangen) (Tab. 4.1-2).

Klassenbeispiel

Nokia beschreibt die GPRS-Spezifikation, z. B. beim Nokia 7380 Handy, mit: `GPRS: Klasse B, Multislot-Klasse 10`. Es kann nur eine Verbindung gleichzeitig geöffnet sein (GSM oder GPRS). Das Gerät nimmt aber die GPRS-Verbindung automatisch wieder auf, wenn sie durch Nutzung eines GSM-Dienstes unterbrochen wurde. Des Weiteren besagt die Multislot-Klasse, dass das Handy vier Kanäle zum Empfang und zwei Kanäle zum Daten senden bündeln kann, jedoch nur maximal fünf Kanäle gleichzeitig nutzt. Wie viele Kanäle tatsächlich gebündelt werden können, hängt jedoch auch vom Netzbetreiber ab.

Multislot Klasse	Empfangs-Kanäle	Sende-kanäle	Zeitgleich aktive Kanäle
1	1	1	2
2	2	1	3
3	2	2	3
4	3	1	4
5	2	2	4
6	3	2	4
7	3	3	4
8	4	1	5
9	3	2	5
10	4	2	5
11	4	3	5
12	4	4	5

Tab. 4.1-2: GPRS-Klassifizierung (2).

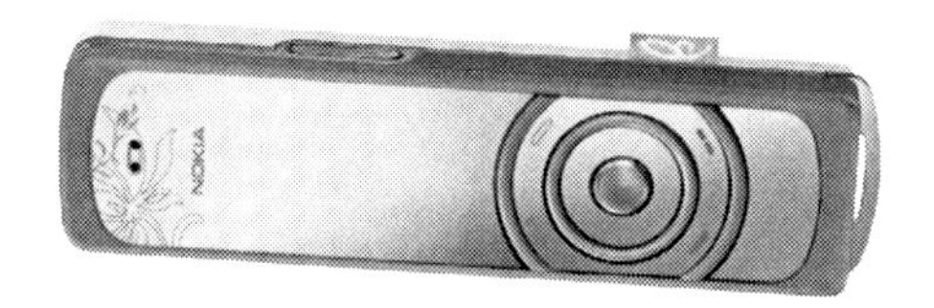

Abb. 4.1-1: Nokia 7380 Quelle: http://www.nokia.de.

Geschwindigkeit

Durch die Bündelung der Kanäle und die paketorientierte Datenübertragung kann theoretisch eine Datenübertragungsrate von 171,2 KBit/s erreicht werden. Dieser Wert ist jedoch nur rein theoretisch zu sehen, denn die meisten Netzanbieter geben eine Geschwindigkeit von maximal 53,6 KBit/s an, was einer Bündelung von vier Kanälen anstelle der maximal möglichen acht entspricht.

Die Geschwindigkeiten berechnen sich mit vier Kodierungsschemata die unterschiedliche Geschwindigkeit pro eingesetzten Kanal besitzen (Tab. 4.1-3).

Kodierung	Datenrate (KBit/s)	Max. Datenrate (KBit/s) mit 8 Kanälen
CS-1	9,05	72,4
CS-2	13,4	107,2
CS-3	15,6	124,8
CS-4	21,4	171,2

Tab. 4.1-3: GPRS-Kodierungsschemata.

Die von den Netzbetreibern angegebene Geschwindigkeit bezieht sich also auf (vier) Kanäle mit 13,4 Kbit/s. Welches Kodierungsschema Anwendung findet hängt, auch von der Signalqualität ab, da die Übertragungssicherheit mit höherer Kodierstufe abnimmt.

EDGE

Beschreibung

EDGE *(Enhanced Data Rates For GSM Evolution)* ist eine Weiterentwicklung von GPRS. Es erlaubt noch höhere Übertragungsgeschwindigkeiten oder aber dreimal mehr Benutzer als noch bei GPRS möglich waren. Dieser Vorteil wird durch eine verbesserte Modulation erreicht, wodurch EDGE weiterhin zu GSM kompatibel bleibt. Es ist also ohne Probleme möglich, beide Techniken parallel zu nutzen und in den meisten Fällen ist nur ein Softwareupdate der Basisstationen nötig. Derzeit wird EDGE zur UMTS-Ergänzung genutzt, um z. B. höhere Geschwindigkeiten in Gegenden ohne UMTS-Netzabdeckung zu ermöglichen.

Geschwindigkeit

EDGE bietet im Gegensatz zu GPRS, mit dem es meist zusammen genutzt wird, neun Kodierungsschemata. Die Geschwindigkeit der höchsten Kodierungsstufe ist fast dreimal schneller als die maximale Geschwindigkeit von GPRS. EDGE nutzt auch zwei verschiedene Modulationsverfahren, wodurch die Anzahl der unterschiedlichen Schemata auf neun ansteigt (Tab. 4.1-4).

Kodierung	Datenrate (KBit/s)	Max. Datenrate (KBit/s) mit 8 Kanälen
MCS-1	8,8	70,4
MCS-2	11,2	89,6
MCS-3	14,8	118,4
MCS-4	17,6	140,8
MCS-5	22,4	179,2
MCS-6	29,6	236,8
MCS-7	44,8	358,4
MCS-8	54,4	435,2
MCS-9	59,2	473,6

Tab. 4.1-4: Beispiel von EDGE mit GPRS (EGPRS).

Hinweis

Wie auch bei GPRS sind die maximalen Werte nur rein theoretisch zu erreichen.

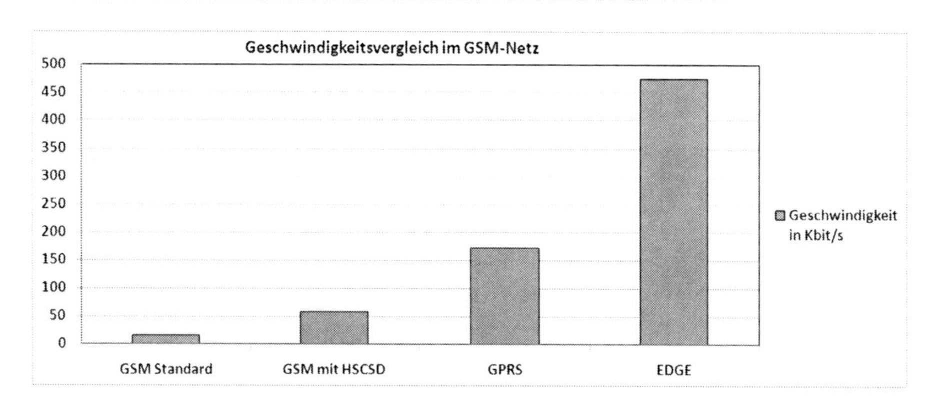

Abb. 4.1-2: Diese Grafik beruht auf den theoretisch zu erreichenden Geschwindigkeiten und zeigt die Entwicklung der drahtlosen Übertragung.

Nutzung

Die Technik wurde für Mobiltelefone entwickelt und ist auch in diesem Bereich hauptsächlich anzutreffen, denn fast jedes Mobiltelefon nutzt GSM und das nicht nur zur Sprachübertragung (Abb. 4.1-2). Viele Netzbetreiber bieten Portale an, in denen man sich z. B. neue Klingeltöne oder Spiele herunter laden kann.

Die in den Mobilfunkgeräten integrierten Modems können von anderen Geräten zum Verbindungsaufbau genutzt werden. So können auch andere Geräte das GSM-Netz nutzen, ohne es selbst zu unterstützen. Dieses Verfahren, *Tethering* genannt, wird jedoch vielfach auf Druck der Netzbetreiber abgeschaltet, da diese spezielle Datentarife, z. B. für Laptops, verkaufen wollen. Dazu sind Erweiterungskarten oder USB-Sticks, die die benötigte SIM-Karte aufnehmen und dann eine Verbindung zum GSM-Netz herstellen, auf dem Markt erhältlich.

Literatur [Cell06], [Eric03], [GSMA06], [Voda06], [Noki06]

4.2 UMTS **

Als Nachfolger für das GSM-Netz wurde eine Technik gesucht, welche deutlich höhere Datenübertragungsraten hat und international genutzt werden kann. Es wurde der Standard IMT-2000 verabschiedet, bei dem ein Teil die Technik UMTS (W-CDMA) ist. UMTS *(Universal Mobile Telecommunications System)* arbeitet mit Frequenzen um die 2000 MHz und mit verschieden großen Zellen. Als Spitzengeschwindigkeit wird eine Übertragung von 2 MBit/s angegeben, wobei im Normalfall höchstens 384 KBit/s zu erreichen sind. Um diese Übertragungsgeschwindigkeiten noch weiter zu erhöhen, gibt es bereits Nachfolgetechniken. Für eine bis zu 14,4 MBit/s schnelle Empfangsgeschwindigkeit sorgt HSDPA und für die höhere Sendegeschwindigkeit HSUPA. Beide Techniken werden zusammen dann als HSPA bezeichnet. Diese neuen Techniken ermöglichen erst echte Breitbandverbindungen auf mobilen Geräten.

Allgemein Als Nachfolger für den inzwischen »veralteten« GSM-Standard wurde ein neuer gesucht, der international genutzt wird und die Möglichkeit zur schnellen Datenübertragung liefert. Es wurde also ein Mobilfunkstandard der dritten Generation gesucht (3G). Die **ITU** verabschiedete den Standard **IMT-2000**, der die Verfahren für die dritte Generation der Mobilfunk-Technik beschreibt. In Deutschland wird für die dritte Mobilfunk-Generation UMTS eingesetzt, welches für seine hohe Übertragungsgeschwindigkeit bekannt ist. In Deutschland ist die Technik den meisten Personen bekannt, da die Versteigerung der benötigten Frequenzen und deren Kosten von fast 100 Milliarden DM (ca. 50 Milliarden Euro) in allen Medien zu finden war.

Technik

Zellen

Auch UMTS arbeitet, wie GSM, mit mehreren benachbarten Zellen, die in verschiedenen Größen gestaffelt sind (World, Makro, Mikro, Piko). Durch den Zellentyp wird die mögliche Übertragungsgeschwindigkeit und die Ausdehnung der Zelle angegeben, wobei die Worldzelle mit Satelliten-Verbindung realisiert werden soll (noch nicht vorhanden) und damit auch die entlegensten Gebiete erreicht werden können. Makrozellen können zur Flächendeckung benutzt werden, wohingegen Mikrozellen für Ballungszentren geeignet sind. Pikozellen sind nur für so genannte »Hotspots«, wie z. B. Bahnhöfen oder Flughäfen gedacht, an denen die hohe Geschwindigkeit gebraucht wird. Die kleineren Zellen können auch komplett in einer größeren Zelle enthalten sein, um so ein Gebiet mit einer schnelleren Verbindung zu versorgen, wobei die umgebene größere Zelle bei zu schwacher Signalqualität als Auffanglösung genutzt werden kann. Auch die Geschwindigkeit in der man sich innerhalb einer Zelle bewegen kann, ist begrenzt und ist auch vom Zellentyp abhängig (Abb. 4.2-1).

Frequenz

Das Netz arbeitet mit Frequenzen um die 2000 MHz, wobei die benötigten Frequenzbereiche an Mobilfunkanbieter versteigert wurden, die mindestens zwei Frequenzblöcke, zum einen zum Senden von Daten und zum anderen zum Empfangen, für UMTS benötigen. Aus den Bereichen zwischen 1920 und 1980 MHz für die Sendefrequenzen und 2110 bis 2170 MHz für die Empfangsfrequenzen wurden jeweils 2 x 5MHz Pakete an die Mobilfunkbetreiber versteigert. Als Technik für UMTS wird W-CDMA genutzt, welches ein Frequenzmultiplex-Verfahren beschreibt. Wenn also von **W-CDMA** gesprochen wird, ist meist UMTS gemeint.

Geschwindigkeit

Die maximalen Übertragungsgeschwindigkeiten bei UMTS sind vom jeweiligen Zellentyp abhängig. Aufgrund der Tatsache, dass die Worldzelle noch nicht realisiert ist und das Verfahren damit auch noch nicht feststeht, sind auch

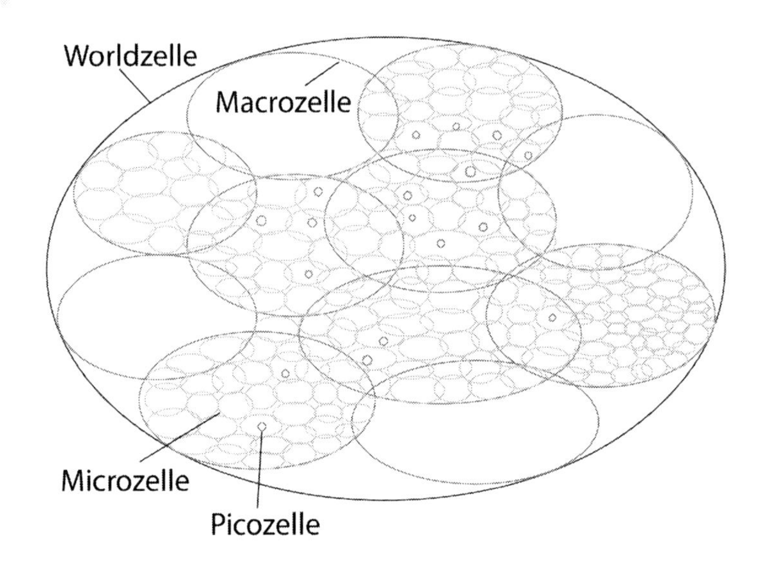

Abb. 4.2-1: Die verschiedenen Zellengrößen und deren Verteilung.

die maximal erreichbaren Geschwindigkeiten nicht bekannt. Die Geschwindigkeiten der anderen Zellentypen sind in Tab. 4.2-1 aufgeführt.

Zellentyp	**Max. Übertragungs-geschwindigkeit**	**Zellen-ausdehnung**	**Angenommene max. Bewegungsge-schwindigkeit**
Worldzelle	Ca. 9,6 KBit/s	Unbekannt	Unbekannt
Makrozelle	144 KBit/s	Ca. 2 Km	500 km/h
Mikrozelle	384 KBit/s	Ca. 1 Km	120 km/h
Pikozelle	2 MBit/s	Ca. 60 m (1 Gebäude)	10 km/h

Tab. 4.2-1: UMTS-Übertragungsgeschwindigkeiten.

HSPA

Beschreibung

Die Geschwindigkeit von UMTS ist zwar bereits ein großer Fortschritt zur GSM-Technik, jedoch ist das noch nicht für alle Anwendungszwecke ausreichend. Es kommen immer neue Anwendungsgebiete auf den Markt für die sehr hohe

Übertragungsgeschwindigkeiten gebraucht werden und somit werden bereits Erweiterungen für das UMTS-Netz gebraucht. Als Erweiterung für UMTS gibt es bereits HSDPA *(High Speed Downlink Packet Access)*, welche für eine Erhöhung der Datenempfangsgeschwindigkeit nutzbar ist. Dies wird z. B. für viele multimediale Internet-Lösungen benötigt. Für die Erhöhung der Sendegeschwindigkeit zur Basisstation gibt es HSUPA *(High Speed Uplink Packet Access)*. Die Kombination aus Empfang- und Sendebeschleunigung wird dann HSPA *(High Speed Packet Access)* genannt, ohne den Zusatz für *Uplink* (U) oder *Downlink* (D).

Ähnlich wie beim Übergang von GPRS auf EDGE ist zur Umrüstung eines Mobilfunknetzes auf HSPA in der Regel lediglich ein Softwareupdate der Basisstation notwendig.

Geschwindigkeit

Zur Erhöhung der Datenrate setzt HSPA gegenüber UMTS auf effizientere Kodierverfahren (16-QAM statt QPSK) sowie eine geringere Vorwärtsfehlerkorrektur (FEC, *Forward Error Correction*). Dadurch erhöht sich naturgemäss die Fehleranfälligkeit, so dass die maximal mögliche Übertragungsgeschwindigkeit in Empfangsrichtung von 14,4 MBit/s in der Praxis selten erreicht wird. Übliche Datenraten von HSDPA-fähigen Empfängern sind heute 3,6MBit/s oder 7,2MBit/s.

Zukunft

Die nächste Entwicklungsstufe und damit die vierte Generation (4G) der Mobilfunknetze wird LTE *(Long Term Evolution)* sein. Durch andere Modulationsverfahren (OFDM, *Orthogonal Frequency Division Multiplex* und 64-QAM) sowie andere Frequenzbänder verspricht diese Technik Übertragungsraten von bis zu 100MBit/s im *Downlink*. Außerdem werden die Latenzzeiten verringert, d. h. die Zeit bis zum Eintreffen der ersten Bits eines angeforderten Datenstroms. Dies ist insbesondere für interaktive Anwendungen wie Multiplayer-Games wichtig.

Damit ist mobiler Datenfunk mit neuesten drahtgebundenen Techniken wie VDSL ebenbürtig oder ihnen sogar überlegen.

Nutzung

Die Einführung von UMTS hat den Zweck der höheren Datenübertragungsgeschwindigkeit, mit der sich neue Einsatzgebiete erschließen lassen, indem mobile Geräte mehr mit Online-Inhalten interagieren. Mobile Geräte, die bisher das GSM-Netz zur Anbindung an das Internet genutzt haben, können somit schneller im Internet surfen oder Daten übertragen. Außerdem können Geräte wie Mobiltelefone mit der neuen Netzgeneration Dienste wie Videotelefonie anbieten, da die Übertragungsgeschwindigkeit ausreicht. Die schnelle Anbindung ans Internet oder ins Unternehmensnetzwerk sind für alle mobilen Geräte verfügbar, indem sie das UMTS-Netz selbst unterstützen oder ein UMTS-Gerät als Modem benutzen. PC-Karten oder USB-Sticks für Notebooks die eine UMTS-Verbindung herstellen, über die man dann im Internet surfen kann, sind bereits weit verbreitet. Man ist also fast unabhängig von lokal gebundenen Zugangstechniken, wie WLAN (siehe »WLAN«, S. 118). Da das UMTS-Netz noch nicht flächendeckend realisiert ist, unterstützen momentane Mobiltelefone beide Techniken (UMTS, GSM).

Literatur [Börs06], [ITU06], [Moto06]

4.3 Wireless Local Area Network **

Das WLAN *(Wireless Local Area Network)* wird genutzt, um das für mobile Anwendung störende Kupferkabel bei Ethernet-Netzwerken zu ersetzen. In Deutschland sind momentan die Standards IEEE 802.11b+g+n im Einsatz, die theoretisch eine maximale Geschwindigkeit von bis zu 100 MBit/s erreichen. Die Standard IEEE 802.11b und IEEE 802.11g arbeiten auf einer Frequenz von 2,4 GHz, während der IEEE 802.11n Standard zusätzlich auf einer Frequenz von 5 GHz arbeitet. Die verschiedenen Modi wie Infrastruktur und Ad-Hoc ermöglichen die Nutzung eines fest eingerichtetes Netzwerks, oder die Nutzung eines variierenden Netzwerks mit mobilen Nutzern. Die WLAN-Technik setzt sich immer weiter durch, da die Integration in immer kleinere Geräte möglich ist und somit sind WLAN-Unterstützungen nicht nur bei Notebooks zu finden, sondern inzwischen auch bei Smartphones.

Allgemein Für die Vernetzung von Desktop-PCs hat sich bereits das Ethernet durchgesetzt. Da dieses jedoch mit Kupferkabeln realisiert wird, ist an eine mobile Nutzung nicht zu denken, da man an einen Anschluss gebunden ist. Um den Übertragungsweg des Kabels zu ersetzen, wurde eine Spezifikation mit der Bezeichnung IEEE 802.11 verabschiedet, das so genannte WLAN. Erst mit der erweiterten Spezifikation IEEE 802.11b setzte sich das WLAN im Endkundenbereich durch, wobei inzwischen auch der Begriff Wi-Fi *(Wireless Fidelity)* benutzt wird, der einen gemeinsamen Standard verdeutlichen soll, denn alle Wi-Fi zertifizierten Geräte können zusammen benutzt werden. Es gibt auch weitere Spezifikationen, die Unterschiede auf der technischen Seite aufweisen und somit auch in der Geschwindigkeit, wobei der Buchstabe hinter der Spezifikation den gemeinten Standard angibt (IEEE 802.11x). Der momentan aktuell genutzte Standard ist IEEE 802.11g, der abwärtskompatibel zum weit verbreiteten IEEE 802.11b ist.

Technik

Frequenzen

Die in Deutschland stark verbreiteten WLAN-Typen IEEE 802.11b+g arbeiten auf einer Frequenz von 2,4 GHz, wo hingegen der Typ IEEE 802.11n auf einer Frequenz von 5 GHz arbeitet. Damit unterschiedliche WLANs in unmittelbarer Nähe sich nicht gegenseitig stören, wird das freigegebene Frequenzband in mehrere Kanäle aufgeteilt. Wie groß dieses Frequenzband ist und wie viele Kanäle somit in jedem Land freigegeben sind, ist verschieden. In Deutschland sind die Frequenzen von 2400 MHz bis 2483,5 MHz allgemein freigegeben und dürfen genutzt werden, sind jedoch nicht speziell für WLAN reserviert. Somit können Störungen im Betrieb durch andere Geräte, wie z. B. Bluetooth (2402 MHz bis 2480 MHz) oder auch die Mikrowelle (2455 MHz), auftreten. In Europa können 13 verschiedene Kanäle benutzt werden, wobei sich jedoch diese Kanäle überschneiden. Damit sich verschiedene WLANs nicht untereinander stören, sollten zwischen 2 genutzten Kanälen immer 4 Kanäle (25 MHz) freigelassen werden. Meist werden die Kanäle 1, 6 und 11 genutzt (Abb. 4.3-1).

Das 5 GHz Band bietet den Vorteil, dass es noch weniger genutzt wird und damit ein störungsfreierer Betrieb möglich ist. Allerdings unterstützen nicht alle WLAN-Geräte dieses Band.

Betriebsart

Der Betrieb eines WLAN-Netzes ist auf zwei verschiedene Arten möglich, »Ad-Hoc«- und »Infrastruktur«-Modus.

- Der Infrastruktur-Modus funktioniert mit einer Basisstation *(Access Point)* zu dem sich die einzelnen Clients verbinden und somit der komplette Datenverkehr über

Abb. 4.3-1: Nutzung der überlappungsfreien Frequenzen 1, 6 und 11.

diesen *Access Point* läuft. Auf diese Art lässt sich das Funknetz zentral steuern und auch eine Anbindung an ein anderes Netzwerk, z. B. drahtgebundenes Ethernet, ist möglich (Abb. 4.3-2).

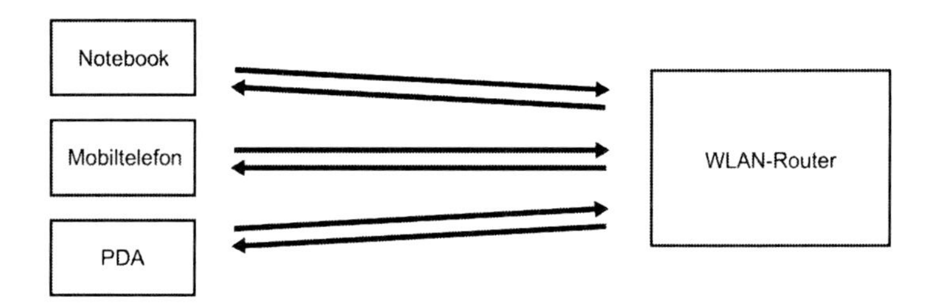

Abb. 4.3-2: Prinzip einer Verbindung im Infrastruktur-Modus.

- Der Ad-Hoc-Modus, oder auch Peer-to-Peer-Modus genannt, ist gut geeignet für schnell zu erstellende Netzwerke. Sollen z. B. zwei Geräte nur kurz miteinander verbunden werden, um Daten zu tauschen, muss nicht gleich eine Infrastruktur aufgebaut werden. Es kann eine direkte Verbindung zwischen zwei oder mehreren Geräten aufgebaut werden, was Zeit und Kosten spart (Abb. 4.3-3).

Abb. 4.3-3: Prinzip einer Verbindung im Ad-Hoc-Modus.

Geschwindigkeit

Die Geschwindigkeit hängt stark vom genutzten Standard und der erreichten Signalqualität ab.

Die maximalen Geschwindigkeiten in den heute gebräuchlichen Standards listet Tab. 4.3-1.

Standard	**Frequenz**	**Max. Geschwindigkeit**
IEEE 802.11a	5 GHz	54 MBit/s
IEEE 802.11b	2.4 GHz	11 MBit/s
IEEE 802.11g	2.4 GHz	54 MBit/s
IEEE 802.11n	2.4 GHz und 5 GHz	100 MBit/s

Tab. 4.3-1: WLAN-Geschwindigkeiten.

Die angegebenen Geschwindigkeiten sind rein theoretisch zu sehen und spiegeln nicht die wirklich zu erreichenden Transferraten wider, die meist bei höchstens 50 % der angegebenen Geschwindigkeit liegen. Die maximal zu erreichende Geschwindigkeit sinkt noch weiter wenn mehrere Personen das WLAN nutzen, denn das Medium »Luft« wird natürlich auf alle Benutzer aufgeteilt.

Anwendung

Das kabelgebundene Ethernet ist weit verbreitet und wird für die meisten lokalen Netzwerke eingesetzt. Da viele Geräte heute mehr für den mobilen Einsatz entwickelt wurden, sollte auch das lokale Netzwerk den mobilen Gegebenheiten angepasst werden. Das WLAN wurde anfangs hauptsächlich im privaten Umfeld eingesetzt und gab dem Anwender die Möglichkeit sein Notebook oder seinen Computer kabellos zu vernetzen und somit auch kabellos ins Internet zu gehen. Inzwischen wird das WLAN auch immer öfter im Firmenumfeld eingesetzt, denn auch die kleinen mobilen Geräte sind inzwischen immer öfter mit WLAN-Unterstützung ausgestattet. Da die Technik immer kleiner wird und somit in jedem mobilen Gerät eingesetzt werden kann, wird die WLAN-Unterstützung in PDAs und Mobiltelefonen bald zum Standard gehören und in jedem Gerät zu finden sei, so wie es bei Notebooks bereits der Fall ist.

Anwendung im Alltag sind z. B.:

- Internetanbindung unabhängig vom Standort (Büro, zu Hause, unterwegs usw.).
- Datenaustausch bei einem *Meeting* durch ein Ad-Hoc-Netzwerk.
- Leicht wartbares Firmennetzwerk bei variierenden Mitarbeitern.

Literatur [Bund06], [Piet06], [Wifi06]

4.4 Bluetooth **

Die Bluetooth-Technik wurde entwickelt, um über kurze Entfernungen verschiedene Geräte miteinander kommunizieren zu lassen. Das Ziel ist es, eine preiswerte, robuste und energieschonende Technik zu haben, die in jedem mobilen Computer eingesetzt werden kann. Sie organisiert sich über sogenannte Piconets und bildet somit ein persönliches Netzwerk mit anderen Geräten. Damit sich die Geräte untereinander verständigen können, welche Daten übertragen werden sollen, sind die Anwendungsgebiete in so genannte Profile unterteilt. Es gibt eine Vielzahl verschiedener Profile, die ein Gerät unterstützen kann, um somit eine bestimmte Datenübertragung zu unterstützen. Dies zeigt auch die große Vielfältigkeit von Bluetooth. Inzwischen ist diese Technik in die meisten Mobiltelefone integriert.

Allgemein **Bluetooth** wurde entwickelt, um die Kommunikation über kurze Strecken ohne Kabel zu ermöglichen. Es soll robust, preiswert und energiesparend sein, um verschiedene Geräte miteinander zu verbinden. Aufgrund der begrenzten Reichweite können Verbindungen nur in einem kleinen Bereich aufgebaut werden, der als »persönlicher Bereich« bezeichnet werden kann. Im Gegensatz zum WLAN, der für größere Reichweiten und Geschwindigkeiten entwickelt wurde, wird Bluetooth für so genannte PAN *(Personal Area Network)* genutzt, also ein Netzwerk, das die Grenzen der eigenen Geräte nicht überschreitet. Doch nicht nur Netzwerke zur Datenkommunikation können aufgebaut werden. Sehr oft findet die Technik Einsatz für die Sprachübertragung, wie z. B. bei *Headsets*. Der große Einsatzspielraum bei Bluetooth ermöglicht es somit die meisten Kabelverbindungen durch die Funk-Technik zu ersetzen und mehr Mobilität zu erreichen.

Technik

Beschreibung

Bluetooth ist in so genannten **Piconets** organisiert. Dabei übernimmt ein Gerät die Rolle des »Masters« und ist somit auch für die Synchronisation aller anderen Geräte (»**Slaves**«) eines Piconets zuständig (Abb. 4.4-1). Geräte können auch in mehreren Piconets vertreten sein, allerdings nicht gleichzeitig als Master in mehreren Piconets agieren. Sind zwei oder mehr Piconets miteinander verbunden, bezeichnet man das Netz als »Scatternet«. Bluetooth nutzt wie WLAN das Frequenzband bei 2,4 GHz (2402 MHz bis 2480 MHz) und arbeitet somit in einem freien Frequenzband, das auch von anderen Techniken genutzt wird und auch hier hilft wie bei WLAN das Frequenzsprungverfahren, bei dem die Frequenz mehrfach pro Sekunde gewechselt wird. Die derzeit aktuellen Versionen von Bluetooth sind die Version 1.2 (am weitesten verbreitet) und die neue Version 2+ mit EDR *(Enhanced Data Rate)*.

Profile

Die vielen Anwendungsmöglichkeiten von Bluetooth werden ermöglicht durch die Einteilung in Profile. Allerdings muss ein Gerät die benutzten Profile verstehen können, da diese die zu nutzende Kommunikationsweisen angeben. Die möglichen Profile sind in Tab. 4.4-1 dargestellt.

Reichweite

Es sind drei Leistungsklassen definiert, die die Sendestärke und somit die zu erreichende Reichweite spezifizieren (Tab. 4.4-2).

Geschwindigkeit

Die maximale Datenübertragungsleistung ist von der jeweiligen Bluetooth-Spezifikation abhängig. Meist sind Geräte mit Bluetooth 1.2 auf dem Markt, obwohl der Nachfolger Bluetooth 2.0+ EDR bis zu dreimal schneller ist (Tab. 4.4-3).

Anwendung

Der Nutzungsspielraum von Bluetooth ist relativ groß (siehe Profile) und jeder mobile Computer kann mit Bluetooth ausgestattet werden, da der Platzbedarf gering ist und die Kosten inzwischen in einem guten Verhältnis zum Nutzen stehen. In den meisten mobilen Geräten, wie Notebooks, Mobiltelefonen und PDAs ist Bluetooth inzwischen integriert.

Es lässt sich aber auch bei Notebooks über einen USB-Anschluss nachrüsten.

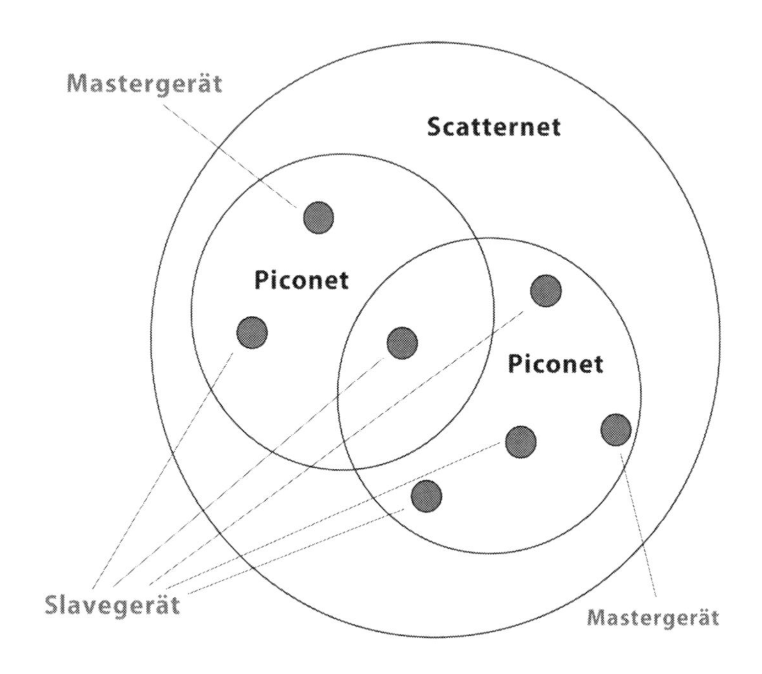

Abb. 4.4-1: Darstellung von Bluetooth-Geräten in Piconets, verbunden zu einem Scatternet.

Anwendungsbeispiele

- Schnurlose Verbindung eines *Headset* mit einem Mobiltelefon.
- Terminabgleich zwischen PDA und Notebook.
- Digitale Übertragung von Photos einer Digitalkamera auf einen Computer.
- Automatische Verbindung einer Freisprecheinrichtung mit einem Mobiltelefon ohne Benutzerinteraktion.
- Drahtlose Übertragung von Musikdateien zu einer Musikanlage.

Abk.	Bezeichnung	Beschreibung
A2DP	*Advanced Audio Distribution Profile*	Wird zur Übertragung von Audiosignalen benutzt.
AVRCP	*Audio/Video Remote Control Profile*	Wird zur Benutzung als Fernbedienung für Audio/Video-Komponenten genutzt.
BIP	*Basic Imaging Profile*	Wird zur Steuerung und Datenübertragung mit unterschiedlichen Bildgeräten genutzt, z. B. einer Digitalkamera.
CTP	*Cordless Telephony Profile*	Schnurlose Telefonie über eine Bluetooth-Verbindung.
DUN	*Dial-up Networking Profile*	Einwahlverbindung über Bluetooth, z. B. mit einem Laptop über ein Handy, ins Internet.
FTP	*File Transfer Profile*	Übertragen von Datei- und Verzeichnislisten, sowie von Dateien vom Server zum Client.
GAP	*Generic Access Profile*	Basis für alle anderen Profile.
GOEP	*Generic Object Exchange Profile*	Datenaustausch zwischen zwei Geräten.
HFP	*Hands-Free Profile*	Ein- und Ausgabe von Audiodaten über externe Geräte, z. B. eine Freisprechanlage.
HSP	*Headset Profile*	Profil für die Anbindung eines Headsets.
HID	*Human Interface Device Profile*	Profil zur Anbindung von HID, z. B. Tastatur
OPP	*Object Push Profile*	Datensendedienst, z. B. für Visitenkarten
PAN	*Personal Area Networking Profile*	Profil für den Netzwerkaufbau, z. B. Ad-Hoc Netz.
SDAP	*Service Discovery Application Profile*	Nach einem Verbindungsaufbau kann damit erfragt werden welche Dienste angeboten werden.
rSAP	*Remote SIM Access Profile*	Gestattet Zugriff auf die SIM-Karte, so dass auch andere Geräte diese nutzen können, z. B. Handy und Autotelefon.
SPP	*Serial Port Profile*	Es emuliert den seriellen Port und bietet somit z. B. die Basis für DUN, FAX, HSP.

Tab. 4.4-1: Bluetooth-Profile (Auswahl).

Klasse	Sendeleistung	Max. Reichweite
Klasse 1	100 mW	100 m
Klasse 2	2,5 mW	40 m
Klasse 3	1 mW	10 m

Tab. 4.4-2: Bluetooth-Leistungsklassen.

Spezifikation	Max Geschwindigkeit
1.2	1 MBit/s
2.0 EDR	3 MBit/s

Tab. 4.4-3: Bluetooth-Geschwindigkeiten.

Literatur [Blue06], [IDG06]

4.5 IrDA **

IrDA nutzt infrarotes Licht, um eine Verbindung von mobilen Geräten aufzubauen und spezifiert eine Verbindung mit mehrschichtigen Protokollen. Es kann eine maximale Datenübertragung von 16 MBit/s realisiert werden, die meist auch annähernd genutzt werden können, denn es ist kaum störanfällig. Der größte Unterschied zwischen IrDA und der Funktechnik Bluetooth ist, dass IrDA direkten Sichtkontakt zur Kommunikation braucht und nicht über längere Distanzen aufgebaut werden kann. Mittlerweile ist IrDA aber weitgehend von Funktechniken abgelöst worden.

Allgemein

Infrarotstrahlungen haben im Allgemeinen die gleichen Ausbreitungsbedingungen wie sichtbares Licht. Mit optischen Mitteln, z. B. einer Sammellinse, kann das Signal gebündelt und zur Datenübertragung verwendet werden. Diese Technologie verbreitete sich in den 1980er Jahren schnell und ein einheitlicher Standard, um die Kompatibilität von verschiedenen Geräten zu gewährleisten, wurde gefordert. Daher schlossen sich 1993 über 30 Firmen zur IrDA *(Infrared Data Association)* zusammen, um gemeinsam in einer nicht kommerziellen Organisation die Entwicklung eines Standards zu initiieren. Heute ist IrDA in vielen Mobiltelefonen implementiert und wird von diesen für die Kopplung peripherer Geräte, z. B. Headsets, Computern und Druckern, genutzt. Eine Infrarot-Verbindung kann auch genutzt werden, um ein PAN *(Personal Area Network)* aufzubauen, hat jedoch im Gegensatz zu Bluetooth den Nachteil, dass nur zwei Geräte miteinander verbunden werden können und ein Sichtkontakt bestehen muss.

Technik

Beschreibung

Zur Datenübertragung wird infrarotes Licht benutzt, das laut Spezifikation Entfernungen von ca. 1m überbrückt. Auf dieser Hardwarelösung sind verschiedene Protokolle realisiert, die jeweils aufeinander zugreifen. Auf höchster Ebene sind die Kommunikationsdienste, wie IrOBEX (IrDA *Object Exchange*) oder IrComm (IrDA *Communications*) zu finden. Die Infrarot-Technik ist in Bezug auf Abhörsicherheit sehr zuverlässig, da ein direkter Sichtkontakt bestehen muss und mögliche Angreifer, z. B. nicht aus einem Nebenraum, interagieren können. Auch gegen Störeinflüsse ist Infrarot gut geschützt, es sei denn es ist zu viel infrarotes Licht in der Umgebung. Das ist auch der Grund, warum Kommunikation jeweils nur in eine Richtung stattfinden kann, denn sobald ein Gerät sendet, wäre der Empfänger des eigenen Geräts von zu viel infrarotem Licht geblendet.

Optionale Protokolle

- IrComm: Emuliert die COM-Schnittstellen (seriell und parallel) z. B. für Drucker und Modem.
- IrObex: Dient dem Objekt-Austausch und damit der Datenübertragung.
- IrMC: Informationsaustausch zwischen mobilen Kommunikationsgeräten, z. B. Kalender, oder Telefonbuch bei einem mobilen Telefon.
- IrLan: Anbindung an ein LAN.
- IrTran-P: Übertragung von Bilddaten, z. B. von Digitalkameras oder Scannern.

Geschwindigkeit

Es sind unterschiedliche Geschwindigkeiten (inzwischen bis zu 16 MBit/s) über Infrarot möglich (Tab. 4.5-1).

Da durch die Infrarotverbindung kaum Störungen entstehen und das Übertragungsmedium fast ausschließlich für eine Verbindung genutzt wird, kann auch meist die maximale Geschwindigkeit genutzt werden. Tab. 4.5-2 listet die Vor- und

Nachteile einer Infrarotverbindung gegenüber Funkverbindungen auf.

Kategorie	Max Geschwindigkeit
SIR (Short-Infrared)	115,2 KBit/s
MIR (Mid-Infrared)	1,152 MBit/s
FIR (Fast-Infrared)	4 MBit/s
VFIR (Very-Fast-Infrared)	16 MBit/s

Tab. 4.5-1: Infrarot-Geschwindigkeiten.

Vorteile	Nachteile
Gute Abhörsicherheit, weil Geräte einen direkten Sichtkontakt brauchen.	Nur für geringe Distanzen geeignet, weil Geräte einen direkten Sichtkontakt brauchen.
Es ist eine kostengünstige Lösung.	Die Geschwindigkeit ist relativ langsam.
Es ist störungsunanfällig gegenüber Funkwellen.	Es ist kein Senden und Empfangen gleichzeitig (Full-Duplex) möglich.
IrDA ist einfach zu handhaben.	IrDA ist in immer wenigeren Geräten zu finden, da es von Bluetooth abgelöst wird.

Tab. 4.5-2: Vor- und Nachteile gegenüber Funk.

Da die Übertragung ohne direkten Sichtkontakt inzwischen einen großen Vorteil bietet und Bluetooth auch inzwischen preiswert zu haben ist, wird Bluetooth diesen Anwendungsbereich immer weiter dominieren.

Anwendung

Um zwei Geräte auf einfache Weise miteinander zu verbinden ohne eine Kabelverbindung einzurichten, ist infrarotes Licht geeignet. Infrarotsender können kostengünstiger, als Bluetooth in Geräte integriert werden. Da eine Bluetoothverbindung jedoch über längere Distanzen und ohne Sichtkontakt aufgebaut werden kann, wird IrDA nur noch selten verwendet. Das Problem, immer das richtige Kabel zu benötigen, fällt somit weg.

Anwendungsbeispiele

- Verbinden eines Mobiltelefon als Modem mit einem Notebook oder PDA.

- Synchronisieren von Adress- und Kalenderdaten.
- Übertragung von Bildern einer Digitalkamera zu einem Notebook.
- *Multiplayer-Games* zwischen zwei Mobiltelefonen.
- Senden von Druckaufträgen eines PDAs zu einem Drucker.

Literatur

[DAW06], [IrDA06]

4.6 Fallbeispiel Kommunikation **

Linus und Konrad werden langsam hibbelig. Sie wollen sich an die Programmierung machen und nicht weiter die Grundlagen büffeln. Daher fragen sie bei Prof. Marconi nach, inwieweit sie das Thema Kommunikation bei der Softwareentwicklung überhaupt berührt. Prof. Marconi rät ihnen jedoch, auch diese Aspekte genau zu berücksichtigen. Der Benutzer soll möglichst wenig mit Details der Kommunikation belästigt werden, aber dafür muss eben genau der Softwareentwickler sorgen.

Linus

Herr Prof. Marconi, wie schon bei der Hardware frage ich mich, ob das Thema Übertragungstechniken für uns als Programmierer eigentlich so wichtig ist? Idealerweise sollte uns doch egal sein, über welchen Kanal meine Daten transportiert werden.

Prof. Marconi

Das ist ein ganz entscheidender Punkt: Der Benutzer sollte sich eigentlich mit der Frage des Übertragungskanals nicht auseinandersetzen müssen. Und ihr als Entwickler müsst aber dafür sorgen, dass er das nicht muss. Dafür müsst ihr natürlich wissen, in welchem Fall welche Technik am besten genutzt wird, denn jede hat ihren spezifischen Anwendungsbereich und ihre Vor- und Nachteile. Schauen wir uns das nochmal im Detail an:

GSM/UMTS

Diese Techniken sind nahezu flächendeckend verfügbar und ermöglichen hohe Datenraten. Allerdings ist die Datenübertragung hier in der Regel mit Kosten verbunden, insbesondere im Ausland sind die durch *Roaming* entstehenden Gebühren oft immer noch atemberaubend. Das ist z. B. bei Navigationslösungen zu beachten, wenn Kartenmaterial nachträglich heruntergeladen werden muss. Google Maps z. B. ist dadurch im Ausland über GSM/UMTS kaum nutzbar. Ihr müsst also in eurer Software darauf achten, dass GSM/UMTS-Verbindungen immer nur da genutzt werden, wo keine günstigere Alternative vorhanden ist. Außerdem müsst ihr den Nutzer darauf hinweisen, wenn durch die Nutzung eurer Software Datenübertragungskosten entstehen. Vielfach nimmt euch aber auch das Betriebssystem diese Arbeit bereits ab.

Ein weiterer Aspekt den ihr berücksichtigen solltet: In manchen Umgebungen ist die Nutzung von GSM/UMTS aus Sicherheitsgründen nicht erlaubt, weil durch die verhältnismässig hohe Sendeleistung und die Modulationstechnik empfindliche Geräte beeinflusst werden könnten. Ich denke hier insbesondere an eure Krankenhaus-Anwendung.

WLAN

WLAN ist natürlich immer am schönsten, weil die Nutzung meist nichts kostet und es hohe Datenraten verspricht. Aber der Nutzer ist damit immer auf Dateninseln beschränkt und wenn er sich bewegt kümmert sich kein Netzwerk automatisch darum, dass seine Verbindung bestehen bleibt. WLAN ist also nur für einen stationären Nutzer des *Mobile Computing* nutzbar. Allerdings kann natürlich in einem großen Gebäude, wie einem Krankenhaus, ein komplexes WLAN-Netz installiert werden, indem man sich bewegen kann, ohne dass die Datenverbindung abreißt. Die Sendeleistungen sind auch geringer, so dass die Nutzung in kritischen Umgebungen ungefährlicher ist.

Bluetooth

Diese Technik ist nur im Nahbereich, also in bis zu 10m Entfernung hilfreich. Interessant ist dies z. B. als Kabelersatz, wenn es darum geht, ein *Headset* an ein Mobiltelefon anzukoppeln oder bei Ad-Hoc-Verbindungen, um mal eben per Handy Visitenkarten auszutauschen oder ein Multiplayer-Game mit mehreren Personen mit einem Mobilgerät zu spielen. Dafür wäre zwar auch ein WLAN-Ad-Hoc-Netzwerk geeignet, aber die Einrichtung eines solchen Netzwerkes ist häufig komplexer als bei Bluetooth. Außerdem ist Bluetooth stromsparender als WLAN.

Mobiltelefone werden häufig als Brücken zwischen den Funktechniken genutzt: So kann ich beispielsweise meinen Laptop per Bluetooth mit meinem Telefon koppeln und damit dann über UMTS surfen. Allerdings ist dabei bei meinem Handy mit Bluetooth nach Standard 2.0 und EDR die Datenrate auf 2,1 MBit/s begrenzt, mein Telefon kann mit HSDPA aber 7,2 MBit/s. Besser wäre also, die beiden Geräte mit WLAN zu koppeln. Auch dafür gibt es für manche Geräte nachinstallierbare Software, die ein Telefon zu einem mobilen WLAN-Hotspot machen kann.

Konrad: Okay, got it. Wir müssen also dafür sorgen, immer die günstigste und schnellste Datenverbindung zu nutzen und den Benutzer möglichst wenig zu nerven.

Prof. Marconi: Ganz genau. Der Benutzer sollte sich möglichst gar nicht mit solch niederen Details auseinander setzen müssen. Er möchte einfach online sein.

Linus: Und wann kommen wir jetzt endlich zu wirklich interessanten Themen wie der Programmierung?

Prof. Marconi: Gemach! In der nächsten Vorlesung kümmern wir uns erstmal um das Thema Sicherheit bei mobilen Endgeräten. Das dürft ihr nämlich auch nicht vernachlässigen, gerade wenn es um so sensible Dinge wie Krankenakten geht!

Linus: Na gut. Da müssen wir wohl durch. Bis nächste Woche dann!

5 Sicherheit für mobile Geräte und mobile Kommunikation *

Unter Sicherheit sind alle technischen und organisatorischen Maßnahmen zu verstehen, die Daten eines Benutzers vor fremdem, nicht gewolltem Zugriff schützen. Hierbei lassen sich vier verschiedene Problemfelder der Sicherheit von mobilen Endgeräten unterscheiden:

- Die Integrität von mobilen Endgeräten wird durch Viren beeinträchtigt. Diese können, analog zu PC-Viren, Daten zerstören oder unkontrollierten Datenverkehr auslösen. Gerade bei Mobilfunkgeräten kann dies u. U. hohe Kosten verurachen. Motivation für Handyviren sind daher z. B. Vandalismus oder die Generierung von Datenverkehr, um damit verursachte Gebühren abzuschöpfen.
- Mobile Geräte können leicht gestohlen werden und darauf gespeicherte Informationen ausgelesen werden.
- Ein Mobiltelefon wird von seinem Benutzer in der Regel ständig mitgeführt. Manipulierte mobile Geräte sind daher ein ideales Werkzeug zur Beschattung oder Spionage.
- Der Sprach- oder Datenverkehr kann abgehört und entschlüsselt werden. Gerade drahtlose Kommunikationsnetze sind im Gegensatz zu traditionellen drahtgebundenen Netzen relativ ungeschützt, da sie zum Übertragen von Nachrichten Funkwellen nutzen, die nicht gezielt an bestimmte Systeme geschickt werden können. Daher kann nicht kontrolliert werden, wer den Datenverkehr mit liest. Aus diesem Grund sind in allen Funktechniken Sicherheitsmechanismen integriert, die die Sicherheit des Datenverkehrs gewährleisten sollen. Da die genutzten Verschlüsselungen teilweise optional sind, ist es wichtig einen Überblick über die verschiedenen Verschlüsselungsarten zu bekommen.

In den folgenden Kapiteln werden zunächst Analysemethoden vorgestellt, um Datenmanipulation oder -Beschädigung festzustellen. Weiterhin werden die Methoden zur Sicherung der Funkübertragung der verschiedenen Funktechniken erläutert.

5.1 Analysetechniken *

Viele persönliche bzw. firmeninterne und damit vertrauliche Daten werden auf mobilen Endgeräten gespeichert. Da ein fremder Zugriff auf diese Daten umfangreiche Folgen haben kann, muss die Sicherheit gewährleistet sein. Jedoch gibt es insbesondere bei mobilen Geräten Besonderheiten. Ein kleines mobiles Gerät lässt sich leicht entwenden und kann somit komplett analysiert werden. Doch nicht nur ein Entwenden der Geräte stellt eine Gefahr dar, sondern jedes mobile Gerät verfügt auch mindestens über eine drahtlose Kommunikationsschnittstelle und damit über einen weiteren Angriffspunkt. Um so wichtiger ist es, dass die Gerätesoftware auf dem aktuellen Stand ist, Sicherheitsmechanismen integriert sind und nicht benötigte Kommunikationstechniken abgeschaltet werden.

Angreifbarkeit

Persönliche und vertrauliche Daten sind auf mobilen Geräten wie Mobiltelefonen, deren Verbreitung und Funktionalität immer weiter zunimmt, zu finden. Durch die Erweiterung der Fähigkeiten steigen aber auch die Zahl der potenziellen Schwachstellen. Diese können genutzt werden, um an persönliche Informationen zu kommen. Das Ausnutzen von diesen Schwachstellen ist meist einfacher, als bei Server- und Desktop-Systemen, da das Sicherheitsbewusstsein bei den relativ neuen mobilen Geräten noch nicht sehr ausgeprägt ist. Mit der Verbreitung von Sicherheitsmechanismen bei Desktop-Computern in Form von z. B. selbstsuchenden Updates, ist es schwerer geworden auf diese Computer unberechtigt zuzugreifen. Bei mobilen Geräten wird jedoch das Installieren von Updates meist vernachlässigt. Somit bleiben vorhandene Sicherheitslücken unbeachtet und ein Zugriff durch Unbefugte ist nicht auszuschließen. Auch Viren und Trojaner sind für mobile Geräte zu finden, nicht nur die weit verbreiteten Windows-Viren auf Notebooks oder Tablet-PCs, sondern auch Viren für die kleinen Geräte, wie Mobiltelefone, sind immer öfter anzutreffen (Abb. 5.1-1).

Beispiel

Zum Beispiel sind die Viren Cabir und Commwarrior 2 Mobiltelefonviren, die Bluetooth bzw. MMS als Verbreitungsmethode verwenden.

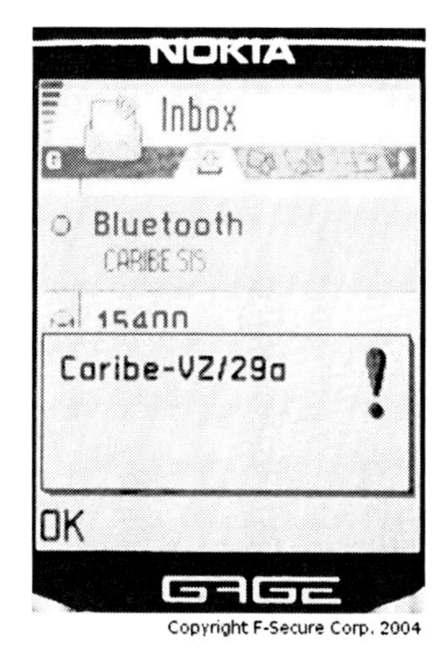

Abb. 5.1-1: Einer der ersten Bluetooth Handy Viren, Quelle: www.f-secure.com.

Probleme

- Immer mehr mobile Endgeräte wie Smartphones werden heute mit standardisierten Betriebssystemen ausgestattet. Das Gefährdungspotenzial steigt mit dem Marktanteil des verwendeten Betriebssystems. Ein beliebtes Ziel für Angreifer sind daher derzeit Geräte mit dem Betriebssystem Symbian OS, aber auch Android oder das iPhone OS werden über kurz oder lang gefährdet sein.
- Alle mobilen Geräte verfügen über mindestens eine Kommunikationsschnittstelle, welche ein Sicherheitsrisiko darstellen kann.
- Mobile Geräte haben keine feste Infrastruktur. Dadurch wird eine Analyse sehr erschwert bzw. verhindert, denn es können kaum zentrale Dateien gespeichert werden.
- Mobile Endgeräte können aufgrund ihrer geringen Größe meist sehr leicht von unberechtigten Personen entwendet werden. Sind die gespeicherten Daten nicht verschlüsselt, was derzeit selten der Fall ist, können Unberechtigte diese lesen.
- Da ein Benutzer ein Mobiltelefon in der Regel ständig mit sich führt, ist es das ideale Werkzeug, um es mittels manipulierter Systemsoftware zu Spionagezwecken einzusetzen.
- Um ein Gerät nach einem unberechtigtem Zugriff zu analysieren, muss der Zustand des Speichers unverändert

bleiben. Alle Geräte müssen vollkommen abgeschirmt von Funkstrahlung (GSM, WLAN, Bluetooth) gehalten werden, bis der Speicherzustand ausgelesen wurde. Außerdem darf das Gerät nicht abgeschaltet werden.

Analyse-Werkzeuge

Für Geräte, die auf Desktop-Betriebssystemen basieren, werden meist bestehende log-Dateien und laufende Dienste untersucht. Anders sieht es bei PDAs aus, da diese Geräte meist einen flüchtigen Speicher besitzen und dieser erst einmal ausgelesen werden muss. Dafür existieren z. B. Analyse-Programme von Paraben Corporation:

- Pdd
- PDA Seizure
- Cell Seizure

Inzwischen sind diese Werkzeuge in einer Software zusammen gefasst mit dem Namen »Device Seizure« (Abb. 5.1-2).

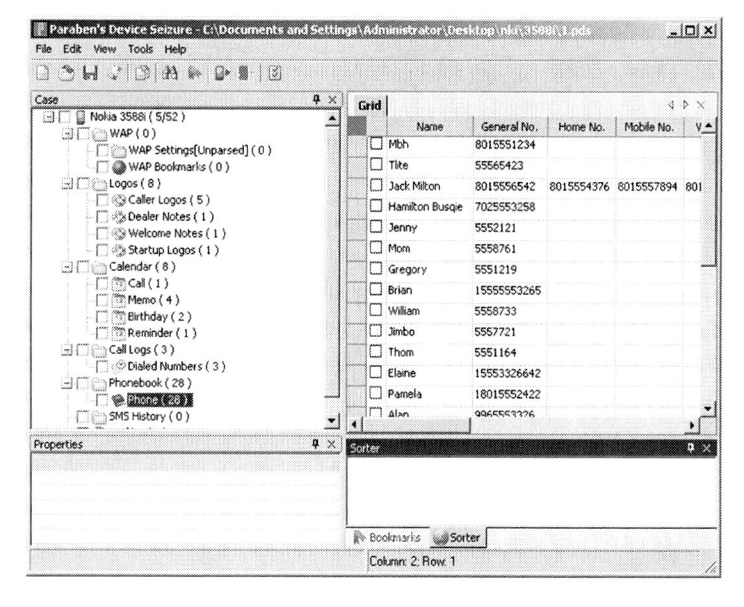

Abb. 5.1-2: Beispiel der Software »Paraben Device Seizure«, Quelle: www.paraben-forensics.com.

Mithilfe dieser Software kann der Speicher der Geräte gelesen werden und als Image gespeichert werden. Auch die Datenbanken der Geräte werden gespeichert und je nach Werkzeug auch untersucht. Durch die inzwischen immer häufiger vorkommenden Viren und Trojaner für alle Geräteklassen, bieten viele Antiviren-Hersteller auch schon Lösungen für die kleineren mobilen Endgeräte an, wie z. B. »Kaspersky Security«.

Vermeiden von Sicherheitslücken

- Alle nicht benötigten Kommunikationsschnittstellen sollten abgeschaltet und nur bei Bedarf wieder aktiviert werden, wie z. B. Bluetooth und WLAN.
- Grundsätzlich sollten alle Geräte mit einem Passwort bzw. PIN gesichert werden. Bei Mobiltelefonen ist es meistens der PIN-Code, der als alleinige Sicherung genutzt wird, dieser sichert allerdings nur die SIM-Karte und nicht die Daten auf dem Gerät selbst. Dafür können manche Geräte mit einer Geräte-PIN zusätzlich gesichert werden.
- Die Sicherheit eines Gerätes kann durch die Installation von Anti-Viren-Software verbessert werden. Diese ist im Bereich Desktop-PCs zu einem Standard geworden. Es gibt bereits zahlreiche Virenscanner für das Symbian Betriebssystem.
- Sensible Daten sollten auf einem mobilen Gerät nicht oder nur verschlüsselt abgespeichert werden. Dies gilt insbesondere für Daten, die auf Speicherkarten gespeichert werden. Für alle gängigen mobilen Betriebssysteme gibt es mittlerweile Verschlüsselungssoftware. Bei Blackberry-Geräten ist eine Verschlüsselung nach dem AES-256 Standard bereits im Betriebssystem integriert.
- E-Mails oder SMS mit sensiblem Inhalt sollten unverzüglich gelöscht werden, sobald sie nicht mehr benötigt werden.
- Für manche mobile Geräte gibt es nachinstallierbare Software, die es erlaubt, im Falle eines Verlustes die Daten fernzulöschen. Das Blackberry-System bietet diese Möglichkeit von Haus aus.

Literatur

[Para06]

5.2 Verschlüsselung **

Da für die mobile Kommunikation fast immer Funkwellen zur Übertragung eingesetzt werden, entsteht in diesem Bereich eine Sicherheitslücke im Gegensatz zu drahtgebundenen Netzwerken. Jede Person, die in Reichweite des Senders ist, kann den Datenverkehr mitlesen und somit auch an persönliche Daten kommen. Aus diesem Grund ist es nötig Sicherheitsmechanismen zu integrieren, die dieses »einfache« Abhören verhindern. Für die verschiedenen Techniken gibt es verschiedene Ansätze, die mehr oder weniger die Sicherheit gewährleisten:

- »WLAN«, S. 118
- »Bluetooth«, S. 124
- »GSM/UMTS«, S. 127

5.2.1 WLAN **

WLAN bietet zur Verschlüsselung der Übertragung den Standard WEP *(Wired Equivalent Privacy)*, der allerdings nicht mehr als sicher gilt, sowie den Standard IEEE802.11i, auch WPA2 *(WI-FI Protected Access)* genannt, der viele der bekannten Sicherheitslücken aus WEP beseitigt.

Der Standard 802.11 definiert Sicherheitsmechanismen, die auch für die weiteren Standards 802.11a+b+g+h gelten. Andere Sicherheitsmechanismen sind proprietär und gehören somit nicht zum Standard.

SSID *(Service Set Identity)*

Die SSID ist eine Möglichkeit, dem Netzwerk einen Namen zu geben. Durch die Namensgebung ist es möglich, bestimmte Funk-Anlagen zu identifizieren und sich zu diesen zu verbinden. Somit erhält man auch ein bestimmtes Maß an Sicherheit. Man muss den Namen des Netzwerkes kennen, um sich zu diesem zu verbinden, welcher im Normalfall im Klartext übertragen wird. Daher wird nur durch eine Unterdrückung der Übertragung ein geringes Maß an Sicherheit erreicht, welche allerdings nicht im Standard definiert ist. Dieses Hindernis ist allerdings leicht zu überwinden, da es Werkzeuge gibt, die benutzte SSIDs aus dem Funkverkehr herausfiltern können (Abb. 5.2-1).

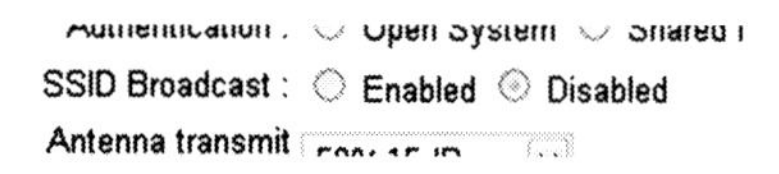

Abb. 5.2-1: Deaktivierte SSID-Übertragung.

MAC-Adresse *(Media Access Control-Adresse)*

Jedes Gerät in einem Netzwerk besitzt eine individuelle Adresse, welche als MAC-Adresse bezeichnet wird. Diese wird für die Datenübertragung benötigt und kann als Sicherheitsmethode genutzt werden, indem die MAC-Adresse gefiltert wird, um nur bestimmten Geräten Zugriff zu gestatten. Andere Geräte haben somit keine Möglichkeit sich unerlaubt an dem gefilterten Netzwerk anzumelden. Da jedoch eine MAC-Adresse manuell geändert werden kann, können nicht berechtigte Benutzer durch das Ändern auf ein berechtigte MAC-Adresse diese Sperre umgehen (Abb. 5.2-2).

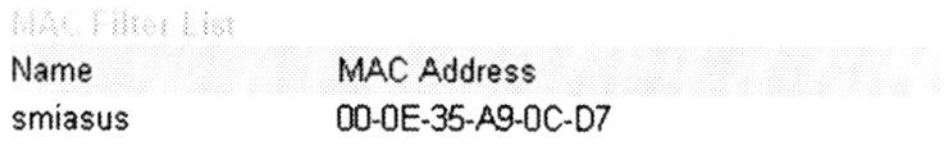

MAC Filter List

Name	MAC Address
smiasus	00-0E-35-A9-0C-D7

Abb. 5.2-2: Eine MAC-Filter-Liste, die den Zugriff eingrenzt.

WEP *(Wired Equivalent Privacy)*

Beschreibung

Zur Sicherung der drahtlosen Verbindungen definiert der Standard 802.11 das WEP-Protokoll, das die Sicherheit im Funknetzwerk dem des drahtgebundenen Netzwerkes angleichen soll. Es ist also zur Sicherung aller übertragenden Daten zuständig und schützt diese vor unbefugtem Mitlesen. Hierzu werden die zu übertragenden Daten mit dem RC4-Verfahren verschlüsselt: Hierzu wird eine Zeichenkette (Schlüssel) benötigt, die vom Administrator des Funk-Netzwerks vergeben wird und an jedem Gerät eingestellt werden muss. Zusätzlich zu dem geheimen Schlüssel wird vor jedem Paket unverschlüsselt ein Initialisierungs-Vektor (IV) gesetzt, welcher zur Verschlüsselung benötigt wird. Aus dem IV und dem selbst gewählten Schlüssel, kann nun mit dem RC4-Verfahren eine Zahl generiert werden, mit der das eigentliche Datenpaket mittels XOR verknüpft wird. Der Empfänger kann dieses verschlüsselte Paket mittels des übertragenden IV und des gewählten Schlüssels wieder herstellen. Dem Datenpaket wird noch eine Prüfsumme hinzugefügt, die zusammen mit den eigentlichen Daten verschlüsselt wird. Zusätzlich kann eine Authentifizierung genutzt werden (»Shared Key Modus«), bei der sich ein Client gegenüber dem *Access Point* (AP) ausweisen muss. Hierzu muss ein

Client die zufällige Zeichenkette, die vom AP gesendet wird, verschlüsseln und dieses Paket an den AP zurück schicken. Kann der AP dieses Paket wieder erfolgreich entschlüsseln, ist die Authentifizierung abgeschlossen, jedoch kann die Authentifizierung mit dem *Open Modus* abgeschaltet werden. Die Nutzung von WEP hat folgende Aufgaben:

- Vertraulichkeit (Daten werden nicht im Klartext übertragen und können somit nur schwer mitgelesen werden).
- Integrität (stimmt die Prüfsumme des Datenpakets nicht mit der übertragenden Prüfsumme überein, wird das Paket verworfen).
- Authentisierung (Clients müssen sich gegenüber dem *Access Point* ausweisen).

Probleme

Das WEP-Protokoll ist allerdings auch problembehaftet. Das größte Problem daran ist der benötigte Schlüssel, denn dieser muss bei allen Geräten im Netzwerk von Hand eingerichtet werden, was einen ziemlich hohen Verwaltungsaufwand erfordert und Änderungen des Schlüssels schwierig macht. Erhalten nicht berechtigte Personen den Schlüssel, ist das Netzwerk nicht mehr sicher und Daten sowie deren Prüfsummen können von diesen verändert werden. Neben der Möglichkeit ein Gerät zu entwenden, auf dem der Schlüssel zu finden ist, gibt es noch andere Möglichkeiten relativ leicht an den Schlüssel zu kommen, oder auch den reibungslosen Ablauf des Funk-Verkehrs zu stören. Der Schlüssel sollte also zur Erhöhung der Sicherheit in bestimmten Zeitintervallen ausgetauscht werden.

Länge des Schlüssels

Die minimale Länge des Schlüssels ist mit nur 40 Bit zu kurz, denn Werkzeuge können mitgelesene Datenpakete mit allen möglichen Schlüsseln versuchsweise entschlüsseln und jeweils die versuchsweise entschlüsselten Daten auf Sinnhaftigkeit untersuchen. Der Zeitaufwand, um alle Schlüssel zu testen, ist bei einer Schlüssellänge von 40 Bit auch auf einem normalen Heim-PC zu bewältigen. Die mögliche Schlüssellänge von 104 Bit sollte jedoch für diesen Fall ausreichen, da der Zeitaufwand zu hoch wäre den Schlüssel mittels einfachem Testen heraus zu bekommen. Die Schlüssellängen werden meist mit 64 und 124 Bit angegeben was sich durch die Addition von Schlüssel und IV ergibt (Abb. 5.2-3).

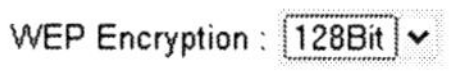

WEP Encryption : 128Bit

Abb. 5.2-3: Bei Verwendung der WEP-Verschlüsselung sollte die Schlüssellänge mindestens auf 128 Bit gestellt werden.

Länge des IV

Der zur Verschlüsselung benötigte IV ist nur 24 Bit lang. Es existieren also 16,8 Millionen Möglichkeiten. Werden zwei Datenpakete mit der gleichen Kombination aus Schlüssel und IV verschlüsselt, können diese Datenpakete gegeneinander wieder entschlüsselt werden. Da der IV unverschlüsselt übertragen wird, ist es nur nötig den Datenverkehr so lange mitzulesen, bis sich der IV wiederholt. Aufgrund des Aufwands wird der Schlüssel wird meist nicht gewechselt. Bei einer Wiederholung des IVs liegen dem Mithörer die Daten offen.

Authentisierung nur einseitig

Aufgrund der Tatsache, dass nur die Clients sich dem AP gegenüber authentifizieren müssen, entsteht auch hier eine Lücke. Wird die Authentifizierung eines anderen Clients mitgehört, kann die errechnete Zahl für die Verschlüsselung rekonstruiert werden und somit ist es einem Unbefugtem auch möglich sich zu authentifizieren ohne den Schlüssel zu kennen.

Schwäche des RC4

Es wurden inzwischen Schwächen im RC4-Verfahren gefunden. Bei Paketen, die mit geeigneten IVs und Schlüssel verschlüsselt wurden, ist es manchen Werkzeugen möglich den kompletten Schlüssel zu rekonstruieren. Momentan wird von Schätzungen von 4–6 Millionen benötigten Paketen ausgegangen. Der Zeitaufwand ist neben der Paketanzahl auch von der Paketgröße und der Übertragungsmenge des AP abhängig.

Schwache Datenintegrität

Um die Datenintegrität zu gewährleisten, wird eine Prüfsumme mittels CRC-32 gebildet und WEP verschlüsselt im Paket abgelegt. Diese bezieht sich nur auf die unverschlüsselten Nutzdaten und ist mit relativ geringem Aufwand zu manipulieren. Eine verlässliche Datenintegrität ist nicht gegeben.

IEEE802.11i, WPA *(Wi-Fi Protected Access)*, WPA2

Beschreibung

Aufgrund der vielen Probleme, die WEP aufweist, musste eine neue Sicherungstechnik eingesetzt werden, die diese Probleme beseitigt. Inzwischen existiert eine Erweiterung mit dem Standard IEEE802.11i. Die neuen Standards (WPA, IEEE802.11i (WPA2)) reichen derzeit noch aus, um ausreichende Sicherheit zu erreichen.

WPA

Der neue Standard IEEE802.11i wurde erst im Jahr 2004 ratifiziert, wodurch eine Zwischenlösung mindestens bis zu diesem Zeitpunkt von Nöten war. Da inzwischen bereits sehr viele Geräte mit den bisherigen Sicherheitsmechanismen im Umlauf waren, sollte der Nachfolger mit der Bezeichnung WPA auch auf diesen funktionieren, ohne das Änderungen an der Hardware vorgenommen werden müssen. Dies bezieht sich hauptsächlich auf den Verschlüsselungsalgorithmus RC4, da dieser zur Beschleunigung der Verschlüsselungs- und Entschlüsselungs-Prozedur meistens mit Hardware realisiert wird. WPA basiert also auf dem WEP und nimmt einige Sicherungstechniken des Standards IEEE802.11i vorweg. Um dennoch eine höhere Sicherheit zu gewährleisten, wurde ein neues Verschlüsselungsprotokoll eingeführt, das TKIP *(Temporal Key Integrity Protocol)* genannt wird. Folgende Maßnahmen sollen die Schwachstellen von WEP beseitigen:

- Länge der temporären Schlüssel auf 128 Bit anheben.
- Länge des IV auf 48 Bit anheben.
- Authentisierung mittels Pre-Shared-Key (PSK) oder IEEE802.1x.
- RC4 bleibt erhalten, jedoch gibt es temporäre und dadurch wechselnde Schlüssel (TKIP).
- Erhöhung der Datenintegrität mittels der »Michael« genannten Hashfunktion.

TKIP benutzt temporäre Schlüssel für die Kommunikation und erhöht somit die Sicherheit, da ein Angreifer (sollte er den aktuellen Schlüssel in Erfahrung bringen) diesen nicht mehr anwenden kann, sobald der temporäre Schlüssel gewechselt wurde (Abb. 5.2-4).

IEEE802.11i

Als neuer Standard für die WLAN-Technik soll der im Jahr 2004 ratifizierte Standard IEEE802.11i dienen, der die Schwachstellen von WEP beseitigen soll und wieder eine ausreichende Sicherheit gewährleistet. Die Kompatibilität zu älteren WEP-Geräten muss hierbei nicht mehr gewährleistet sein, wodurch auch der Verschlüsselungsalgorithmus gewechselt werden konnte. Anstelle des RC4-Algorithmus be-

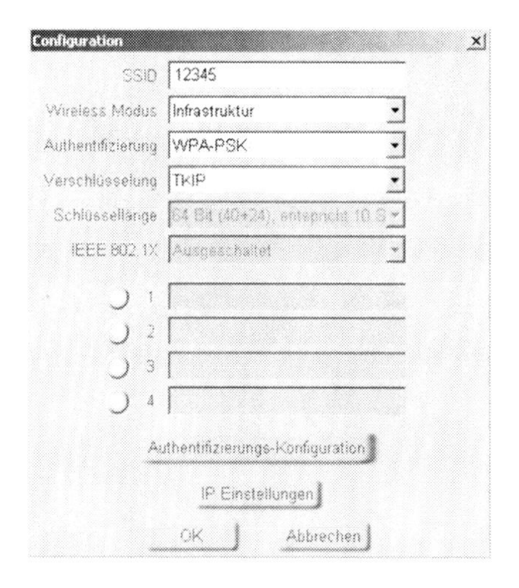

Abb. 5.2-4: Konfigurationseinstellung für WPA Verschlüsselung mit PSK *(Pre Shared Key)* Quelle: www.sdt.net .

nutzt IEEE802.11i den AES *(Advanced Encryption Standard)* und das CCMP (*Counter Mode – Cipher Block Chaining* (CBC) – *Message Authentication Code* (MAC) – *Protocol*), hierdurch wird eine wesentlich höhere Sicherheit im Zusammenspiel mit AES erreicht. Bei IEEE802.11i werden die Schwachstellen von WEP durch folgende Mittel behoben:

- Länge der temporären Schlüssel auf 128 Bit hoch gesetzt.
- Länge des IV auf 48 Bit angehoben.
- Authentisierung mittels Pre-Shared-Key (PSK) oder IEEE802.1x.
- AES als Verschlüsselungsalgorithmus und temporäre wechselnde Schlüssel mittels (CCMP).
- Die Datenintegrität wird mittels CBC-MAC-Algorithmus gesichert.

WPA2

WPA2 ist der Nachfolger von WPA und somit auch ein von der Wi-Fi-Allianz erstelltes Produkt. WPA2 basiert im Wesentlichen auf dem IEEE802.11i Standard und wurde nur für die eigenen Bedürfnisse der Wi-Fi-Allianz angepasst, somit ist WPA2 auch noch kompatibel mit WPA, was eine Infrastrukturumstellung erleichtert. WPA2 gibt es in zwei verschiedenen Versionen die sich hauptsächlich in der Authentifizierung unterscheiden:

- WPA2-Personal (Abb. 5.2-5)
  - Es werden PSKs (Pre-Shared-Keys) benutzt.
  - Hauptsächlich für den Einsatz im Homeoffice-Bereich entwickelt.
- WPA2-Enterprise
  - Es wird ein Authentifizierungsserver im Netzwerk benutzt, z. B. RADIUS.
  - Diese Variante bietet mehr Flexibilität als die PSK und auch höhere Sicherheit, ist aber nur für den Unternehmenseinsatz entwickelt, da ansonsten keine Authentifizierungsserver im Netzwerk betrieben werden.

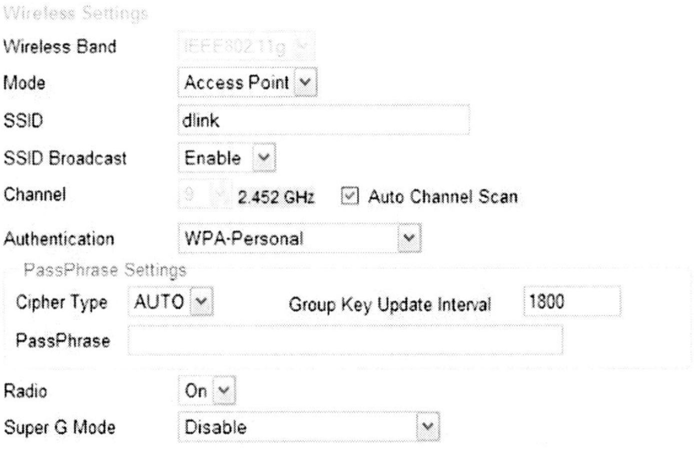

Wireless Settings
Wireless Band: IEEE802.11g
Mode: Access Point
SSID: dlink
SSID Broadcast: Enable
Channel: 9 2.452 GHz ☑ Auto Channel Scan
Authentication: WPA-Personal
PassPhrase Settings
Cipher Type: AUTO Group Key Update Interval: 1800
PassPhrase:
Radio: On
Super G Mode: Disable

Abb. 5.2-5: Konfiguration eines D-Link Routers für WPA-Personal, Quelle: www.dlink.de.

5.2.2 Bluetooth **

Bluetooth bietet drei verschiedene Sicherheitsmodi, um unterschiedlichen Sicherheitsanforderungen gerecht zu werden. Die Sicherheitskonzepte beziehen sich auf die Gerätesuche, die Authentifizierung und die Verschlüsselung der Datenübertragung.

Beschreibung

Auch wenn die Reichweite von Bluetooth im Gegensatz zu WLAN wesentlich geringer ist, müssen trotzdem Sicherheitskonzepte implementiert werden, da mit der richtigen Technik Zugriff auf die Kommunikation aus größerer Entfernung möglich ist. Aus diesem Grund sind im Bluetooth-Standard bereits Möglichkeiten zur Authentifizierung und Verschlüsselung implementiert. Es werden drei Betriebsmodi definiert:

- Modus 1: Keine Sicherheitsvorkehrungen.
- Modus 2: Sicherheitsvorkehrungen je nach angefordertem Dienst.
- Modus 3: Authentisierung erforderlich und Verschlüsselung bezieht sich auf die gesamte Verbindung.

Gerätesuche

Es gibt die Möglichkeit, über die so genannte Inquiry-Prozedur die Geräteadressen aller in Sendereichweite befindlichen Geräte in Erfahrung zu bringen und somit eine Verbindung zu diesen herzustellen. Da die erhaltene Geräteadresse fest in der Hardware vorliegt und eindeutig ist, können Bewegungsprofile angefertigt werden. Um diese Gefahr auszuschließen, kann ein Bluetooth-Gerät angewiesen werden auf die Inquiry-Prozedur nicht zu antworten und somit die Geräteadresse nicht preiszugeben *(Non Discoverable Mode)*.

Verbindungsaufbau

Damit zwei Bluetooth-Geräte untereinander kommunizieren können, benötigen diese einen Verbindungsschlüssel (Link-Key). Der Standard erlaubt drei verschiedene Arten von Verbindungsschlüsseln:

- Kombinationsschlüssel *(Combination Key)*
  - Schlüssel nur für diese Verbindung (Punkt zu Punkt).
  - Wird in den Geräten gespeichert.
  - Kommt am häufigsten zum Einsatz.
- Geräteschlüssel *(Unit Keys)*
  - Jedes Bluetooth-Gerät besitzt einen Geräteschlüssel. Der Schlüssel eines der beiden an der Kommunikation beteiligten Geräte wird verwendet.
  - Findet Anwendung bei Geräten mit ungenügend Speicher für sämtliche Schlüssel.
  - Unsicher, da ein drittes Gerät, welches ebenfalls den Geräteschlüssel des ersten Gerätes zur Kommunikation nutzt, u. U. den Datenverkehr mit dem zweiten Gerät entschlüsseln kann. Daher nicht mehr Bestandteil der Bluetooth-Spezifikation 1.2.
- Master-Schlüssel *(Master Keys)*
  - Wird vom *Master* an die *Slaves* übertragen.
  - Nur nutzbar für Punkt zu Mehrpunkt-Verbindungen.

Für die Erzeugung des Kombinationsschlüssels werden die jeweiligen Geräteadressen und von beiden Geräten je eine Zufallszahl benötigt. Damit die Zufallszahlen bei der Übertragung nicht mitgehört werden können, wird ein Initialisierungsschlüssel erzeugt, der den Datenaustausch absichert. Dieser Initialisierungsschlüssel wird aus einer öffentlichen Zufallszahl, einer Geräteadresse und einer PIN gebildet. Die PIN ist in diesem Fall der einzige manuell einzugebende Schlüssel, wodurch sich die Sicherheit der Verbindung maßgeblich auf diese stützt. Nach dem Verbindungsaufbau sind die Geräte in ihren Rollen in *Master* und *Slave* unterteilt (Abb. 5.2-6).

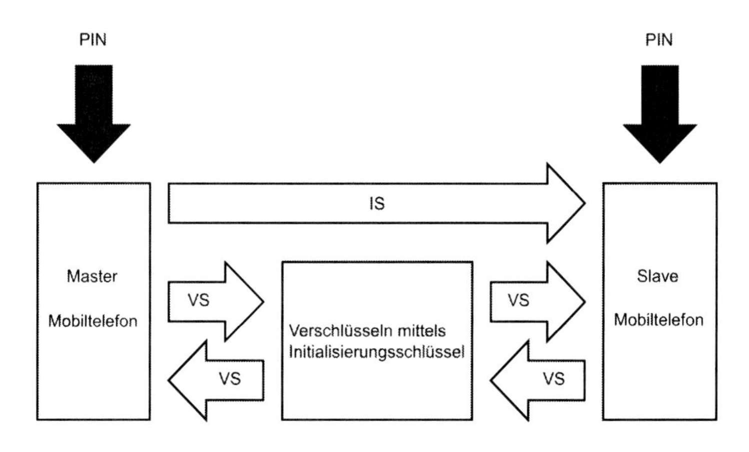

Abb. 5.2-6: Schlüsselaustausch-Prinzip bis zum Verbindungsschlüssel.

Authentifizierung

Bluetooth-Geräte besitzen die Möglichkeit sich gegenseitig zu authentifizieren. Hierzu werden die jeweilige Geräteadresse, eine Zufallszahl und der für die Verbindung generierte Link Key benutzt. Das Gerät, das die Authentifizierung anfordert *(Verifier)* schickt eine Zufallszahl an das Gerät, das sich authentifizieren soll *(Claimant)*. Der *Claimant* berechnet aus den drei Werten (Adresse, Zufallszahl, *Link Key*) eine Antwort, die an den *Verifier* zurück geschickt wird. Dieser führt die Prozedur selbst auch durch und vergleicht die beiden Werte. Als Weiteres kommt bei der Berechnung auch ein *Authenticated Cipher Offset* (ACO) heraus, das zur späteren Verschlüsselung dienlich sein kann. Eine Authentifizierung passiert hier immer nur in eine Richtung und muss ein weiteres Mal anders herum durchgeführt werden, wenn sich beide Geräte gegenseitig Authentifizieren wollen.

Verschlüsselung

Die Verschlüsselung bei Bluetooth ist nicht zwingend vorgeschrieben, wird aber benutzt sobald ein Gerät dieses wünscht. Da es zwei verschiedene Möglichkeiten gibt Verbindungen aufzubauen (Punkt-zu-Punkt/Punkt-zu-Mehrpunkt) gibt es bei der Verschlüsselung auch zwei verschiedene Eingaben.

Bei einer Punkt-zu-Punkt-Verschlüsselung fließen folgende Werte in die Verschlüsselung ein:

- Zufallszahl vom Master
- ACO aus der Authentifizierung
- Verbindungsschlüssel *(Link Key)*

Bei einer Punkt-zu-Mehrpunkt-Verschlüsselung werden folgende Werte benutzt:

- Zufallszahl vom Master
- Geräteadresse vom Master
- Verbindungsschlüssel *(Link Key)*

Aus diesen Eingaben wird ein neuer *Encryption*-Schlüssel berechnet, der zur Verschlüsselung genutzt wird. Für die eigentliche Verschlüsselung wird eine Stromchiffre benutzt, die mit E0 bezeichnet wird. Als Initialisierungsvektor wird hier für jedes neue Paket ein neuer Wert berechnet aus der Geräteadresse und dem aktuellen Zeittakt. Als Schlüssel wird der Encryption-Schlüssel genutzt und die Datenpakete werden dann mittels XOR verknüpft. Insgesamt ähnelt diese Verschlüsselung der WLAN-Verschlüsselung.

5.2.3 GSM/UMTS **

Die Verschlüsselung im GSM-Netz dient neben der Sicherung der Sprach- und Datenübertragung auch der Sicherung des Netzbetreibers vor unbefugter und kostenloser Nutzung der Netzwerkinfrastruktur. Allerdings stammen die Sicherungskonzepte aus den 1980er-Jahren und gelten heute als sehr löchrig. Erst mit UMTS ist sichere Sprach- und Datenübertragung möglich.

Authentifizierung

Die Authentifizierung erfolgt bei GSM vom mobilen Gerät gegenüber dem Mobilfunkbetreiber. Der Mobilfunkbetreiber möchte sicherstellen, dass ein bestimmtes Gerät dazu berechtigt ist ihren Dienst zu nutzen. Hierfür bekommt jeder Mobilfunkteilnehmer auf seiner SIM-Karte eine eindeutige Identifikationsnummer, die so genannte IMSI *(International Mobile Subscriber Identity)*. Für die Authentifizierung wird die IMSI, ein geheimer Schlüssel und der so genannte A3-Algorithmus benötigt. Dies stellt der Mobilfunkbetreiber mit seiner SIM-Karte zur Verfügung. Die einseitige Authentifizierung hat einen großen Nachteil, denn das mobile Gerät prüft in diesem Fall nicht, ob die Mobilfunkstation auch wirklich die ist, zu der man sich verbinden will. Diese Authentifizierungslücke macht eine *Man in the middle*-Attacke möglich, bei der eine gefälschte Mobilfunkstation, ein sogenannter »IMSI-Catcher«, betrieben wird, zu der sich mobile Geräte verbinden. Wird diese Attacke ausgeführt, kann die Verschlüsselung ausgehebelt werden und die Daten können frei mitprotokolliert werden bzw. der Angreifer kann an Daten der SIM-Karte kommen.

Verschlüsselung

Die Verschlüsselungen im GSM-Netz funktionieren mittels Algorithmen mit den Bezeichnungen A3, A5 und A8, außerdem werden noch die zwei Schlüssel Ki (Authentifikation) und Kc (Kommunikationsverschlüsselung) benutzt. Die Algorithmen A3 und A8 kommen zusammen mit der SIM-Karte vom Mobilfunkbetreiber, der somit auch die benutzten Algorithmen bestimmt. Diese werden nicht offen gelegt. Der A5-Algorithmus wird im mobilen Gerät selbst implementiert, doch wird auch dieser nicht offen gelegt. Die Datenverschlüsselung geschieht auf folgende Weise:

- Mobiles Gerät bekommt Zufallszahl vom Mobilfunkbetreiber (RAND).
- Erstellung des Schlüssels Kc durch den Algorithmus A8 und den Eingaben Zufallszahl und dem geheimen Schlüssel Ki.
- Schlüssel Kc als Eingabe für den Algorithmus A5.
- Daten mit dem Ergebnis vom Algorithmus A5 verschlüsseln.

Um noch weitere Sicherheit im Bereich Anonymität zu gewährleisten, wird beim Verbindungsaufbau mit dem Mobilfunkbetreiber eine temporäre IMSI erzeugt, die so genannte TMSI *(Temporary Mobile Subscriber Identity)*. Sollte ein Angreifer die momentan benutzte TMSI in Erfahrung bringen, ist diesem kein Rückschluss auf den wahren Benutzer möglich.

Kritik

Das Sicherheitsmodell steht u. a. wegen folgender Schwächen in der Kritik:

- Die konkreten Algorithmen der Verschlüsselungs- und Authentifizierungs-Funktionen sind im GSM-Standard nicht öffentlich zugänglich. Unter Experten hat sich aber mittlerweile die Überzeugung durchgesetzt, dass sich Sicherheit nicht durch Geheimhaltung der Verfahren erreichen lässt (»*Security by obscurity*«). Ein wirklich sicheres Verfahren ist auch bei veröffentlichten Algorithmen sicher.
- Der Kommunikationsschlüssel Kc ist mit 64 Bit relativ kurz und kann mit modernen Computern mittels eines *BruteForce*-Angriffs ermittelt werden.
- Ein *Man in the middle*-Angriff mittels IMSI-Catcher ist möglich. IMSI-Catcher werden in Deutschland von Strafverfolgungsbehörden eingesetzt.

Alternativen

Da die GSM-Verschlüsselung als unsicher angesehen werden muss, und diese Sicherheitslücken ja teilweise von Strafverfolgungsbehörden bewusst gefordert wurden, gibt es alternative Methoden, um sensible Sprachübertragungen zusätzlich abzusichern. Lösungen, z. B. von SecuSmart[1] (Abb. 5.2-7) und Rohde&Schwartz[2], setzen auf eine Ende-Zu-Ende-Verschlüsselung der Sprachübertragung mithilfe spezieller Telefone oder auf einer SD-Karte gespeicherter Verschlüsselungsalgorithmen. Hierbei findet nicht nur eine Verschlüsselung mit längerer Schlüssellänge statt, sondern auch eine Authentifizierung, die gegen *Man-in-the-middle*-Angriffe schützen soll. Allerdings sind solche verschlüsselten Gespräche immer nur zwischen gleichartigen Geräten möglich, da es sich um proprietäre Entwicklungen handelt und kein gemeinsamer Standard existiert.

[1] www.secusmart.com
[2] www.rohde-schwarz.de

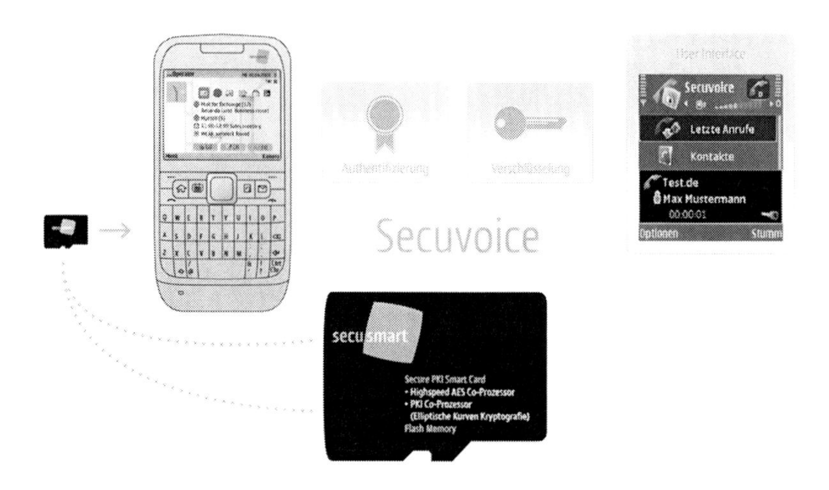

Abb. 5.2-7: Verschlüsselte Gesprächsübertragung (SecuVoice), Quelle: www.secusmart.com.

UMTS

Das UMTS-Sicherheitskonzept basiert auf dem von GSM, jedoch wurden einige Schwachpunkte der GSM-Spezifikation verbessert:

- Der fehlende Authentifizierungsmechanismus des Netzwerkes wurde ergänzt.
- Die Schlüssellänge des Kc wurde auf 128 Bit erhöht. Darüber hinaus wird dieser während der Übertragung ständig gewechselt.
- Das Sicherheitskonzept ist erweiterbar. Alle Spezifikationen sind diesmal öffentlich. Sollten Schwachpunkte in den Algorithmen aufgedeckt werden, können diese durch ergänzende Maßnahmen behoben werden.

Bisher gilt das UMTS-Konzept als sicher. Der Einsatz eines IMSI-Catchers ist aber auch weiterhin durch einen Trick möglich: Da alle UMTS-Telefone auch GSM unterstützen, kann das Netz durch einen starken UMTS-Störsender gezwungen werden, auf GSM zurück zu schalten.

Literatur

[BSI06], [Micr04], [Micr05], [Wifi06], [Roth05]

5.3 Fallbeispiel Sicherheit **

Linus

Mannomann, das hätte ich ja nicht gedacht, dass das Sicherheitskonzept von GSM derartig löcherig ist.

Prof. Marconi

Das stimmt. Man muss natürlich auch berücksichtigen, dass die Spezifikation von GSM in den 1980er-Jahren entwickelt wurde. Da hat sich im Bereich der Verschlüsselung in der Zwischenzeit vieles getan. Und natürlich hinsichtlich der Rechenleistung. Heute stellt ein 64-Bit-Schlüssel eben keine große Hürde mehr dar. Umgekehrt sind natürlich auch die mobilen Geräte leistungsfähiger, so dass man eine stärkere Verschlüsselung einsetzen kann.

Viele Sicherheitslücken wurden aber auch bewusst in Kauf genommen bzw. Hintertüren wie der IMSI-Catcher wurden von der Politik gefordert. Aber eigentlich, denke ich, ist das Quatsch. Solange es andere Möglichkeiten gibt, sicher zu kommunizieren, werden Finsterlinge das natürlich eher nutzen. Am Flughafen latscht ja auch keiner mit einer Bombe durch den Security-Check.

Letztlich ist die Verschlüsselung immer ein Wettlauf mit den Hackern. Da die einem aber natürlich nicht verraten, wo sie gerade stehen, kann man immer nur hoffen, ihnen noch voraus zu sein. Die Offenlegung der Spezifikationen in UMTS ist auf jeden Fall der richtige Schritt, da Spezialisten unabhängig prüfen können, ob die Verschlüsselungstechnik noch State-of-the-Art ist.

Linus

Aber wenn man das Telefon zwingen kann, auf den GSM-Fallback-Modus zurück zu schalten, nützt ja die ganze schöne UMTS-Sicherheitsarchitektur nix.

Prof. Marconi

Schon, aber das kann man ja dann auch an dem GSM-Symbol im Display sehen, wenn man entsprechend paranoid ist. Wichtig ist das aber ja letztlich auch nur für Geheimnisträger oder solche, die sich dafür halten. In eurem Fall ist es viel wichtiger, dass ihr die Daten auf dem Gerät selbst vor unerlaubtem Zugriff schützt.

Konrad

Jo, und ich habe immer gedacht, wenn ich mein Handy mit einer PIN sichere, ist alles in Butter.

Prof. Marconi

Das glauben die meisten. Aber die PIN schützt ja in der Regel nur die SIM-Karte. Wenn jemand eine andere Karte einlegt, kann er das einfach umgehen. Dann kann er zwar nicht mehr auf eure Kosten telefonieren, aber an eure Daten kommt er trotzdem ran. Die meisten Geräte erlauben aber die Einrichtung einer Sicherheitsabfrage, wenn die SIM gewechselt wird. Das solltet ihr auf jeden Fall einschalten.

Aber selbst dann, das hilft alles nur gegen Amateure. Die echten Profis kommen an eure Daten auch so ran. Wichtig also: Sensible Daten immer nur verschlüsselt auf dem Gerät ablegen und übertragen. Gerade im Gesundheitssektor gibt es da wahrscheinlich sogar genaue gesetzliche Auflagen, über die ihr euch informieren solltet.

Und am besten holt ihr euch zu gegebener Zeit jemanden ins Boot, der sich wirklich damit auskennt und euer System auf Sicherheitslücken hin abklopft. Auch richtig große Firmen haben schon eine Menge Geld versenkt, weil sie mit dem Thema Sicherheit zu lax umgegangen sind. Ich denke da z. B. an Microsoft und die XBox. Diese war ursprünglich gegen die Installation von Linux gesichert, aber Microsoft hatte dabei eine ganze Reihe von Fehlern gemacht, die es Hackern erlaubten, diese Sperre zu umgehen.

Konrad

Das kann ich mir vorstellen. Aber wird das Thema nicht auch ein bisschen übertrieben? Wer interessiert sich schon für meine blöden Daten?

Prof. Marconi

Ja und nein. Für viele Hacker ist das eine sportliche Herausforderung. Die interessieren gar nicht die Daten selber, sondern der Erfolg, den Schutz geknackt zu haben. Auf einer XBox Linux zu installieren ist jetzt sicher keine so große Errungenschaft, aber Microsofts Schutz ausgehebelt zu haben ist einfach ein Riesen-Ding. Und wenn ihr wichtige Patientendaten auf euren Geräten abspeichert, solltet ihr absolut sicher sein, dass da kein Unbefugter drankommt.

In anderem Zusammenhang gebe ich dir aber Recht: Das Thema Viren auf mobilen Geräten, sieht man einmal von Laptops ab, ist nach meiner Ansicht noch kein echtes Problem. Da der Markt noch recht fragmentiert ist macht das Viren-Schreiben für Telefone noch keinen rechten Spaß. Da gibt es halt noch keine so anfällige Monokultur wie bei PCs. Aber man kann nie wissen, plötzlich taucht der erste gefährliche Handy-Virus auf und dann ist es zu spät.

6 Programmierung für mobile Endgeräte **

Für die Entwicklung von Anwendungen für mobile Endgeräte stehen verschiedene Techniken und Werkzeuge zur Verfügung. Diese werden zunächst vorgestellt, wie auch auf die Besonderheiten von mobilen Geräten näher eingegangen wird. Es folgt eine Einführung in die Entwicklung von Applikationen für Android:

6.1 Programmiertechniken für mobile Geräte *

Für die Entwicklung von Anwendungen für mobile Endgeräte stehen native Programmiersprachen, Java sowie Web-basierte Techniken zur Verfügung. Diese unterscheiden sich im Wesentlichen hinsichtlich ihrer Performanz, Funktionalität und Portierbarkeit.

Nativ

Nativ für eine Plattform zu entwickeln bedeutet, dass Applikationen in einer übersetzten Programmiersprache entwickelt werden, d. h. der geschriebene Code wird durch einen Compiler vor der Auslieferung an den Benutzer in Maschinencode übersetzt. Hierin unterscheidet er sich von interpretierten Programmiersprachen, die durch einen Interpreter erst zur Laufzeit in Maschinencode übersetzt werden.

Bezogen auf mobile Plattformen bedeutet native Softwareentwicklung, dass Applikationen oft in der selben Programmiersprache entwickelt werden, in denen bereits das Betriebssystem dieser Plattform geschrieben wurde, und sie daher auch die selbe Performance und Zugriffsmöglichkeiten wie vorinstallierte Applikationen haben.

Die verwendeten Sprachen wie C, C++ oder Objective-C bieten dem Programmierer mehr Möglichkeiten der Optimierung als z. B. Java. Die Applikationen haben weitreichende Zugriffsmöglichen auf Betriebssystemfunktionen, soweit diese nicht bewusst durch Schutzmechanismen eingeschränkt werden.

Applikationen sind sehr spezifisch auf eine bestimmte Plattform zugeschnitten und nur unter großem Aufwand portabel. Dies wird zwar durch die zunehmende Verwendung von Standard-Bibliotheken erleichtert (z. B. POSIX), es ist aber immer ein erheblicher manueller Aufwand von Nöten, um eine Applikation auf eine neue Plattform zu übertragen.

Bei fehlerhafter Programmierung können im System Sicherheitslücken entstehen, die durch Angriffe ausgenutzt werden können. Dem versuchen die Hersteller jedoch vorzubeugen, z. B. indem Programme signiert werden müssen, um auf einem Gerät ausgeführt werden zu können.

Vor- und Nachteile

+ Performance
+ Funktionalität
− Schlechte Portabilität
− Risiko von Sicherheitslücken

Plattformen

Mobile Plattformen, für die native Applikationen entwickelt werden können, sind Symbian/S60, Windows-Mobile-Geräte sowie das iPhone.

Java

Die Entwicklung von mobilen Applikationen in Java bietet den Vorteil, dass Java besser portabel auf verschiedene Plattformen ist. Dies gilt insbesondere für die *Java Micro Edition* (Java ME), die speziell für mobile Endgeräte spezifische APIs standardisiert. Trotzdem haben auch Java-Applikationen mit einer starken Fragmentierung des Marktes zu kämpfen. Es gibt eine schier unüberschaubare Anzahl von Java-fähigen mobilen Geräten mit unterschiedlichen technischen Daten und Fähigkeiten. Die Java-Devise »*Write once, run everywhere!*« muss daher hier lauten »*Write once, test everywhere!*«.

Java-Applikationen sind weniger performant als native Applikationen, da sie zur Laufzeit interpretiert werden. Jedoch fällt dieser Nachteil bei modernen leistungsfähigen Plattformen und optimierten Bytecode-Interpretern immer weniger ins Gewicht.

Java-Applikationen laufen innerhalb einer *Java Virtual Machine* und haben keine Möglichkeit, aus dieser *Sandbox* auszubrechen, d. h. z. B. auf fremde Daten zuzugreifen. Aus Sicherheitsgesichtspunkten ist dies ein Vorteil. Nachteilig ist, dass jede Applikation in ihrer eigenen *Virtual Machine* läuft und damit ein erheblicher *Overhead* an Prozessorleistung und Speicherplatz verbunden ist. Auf einfachen Geräten, insbesondere auf denen, die eine J2ME-Plattform bereitstellen, ist daher häufig kein Multitasking möglich, es kann nur jeweils ein Programm gleichzeitig ausgeführt werden.

Vor- und Nachteile

+ Portabilität
+ Sandbox
− Performance
− Sandbox

Plattformen

Mobile Plattformen, für die Java-Applikationen entwickelt werden können, sind Android, Symbian/S60, Blackberry sowie *Feature Phones*.

Browser-basiert

Die einfachste und portabelste Form der Applikationsentwicklung für mobile Geräte ist es, einfach speziell auf verschiedene Display-Größen abgestimmte Web 2.0-Seiten zu entwickeln. Es gibt sogar z. B. für das iPhone Web-Vorlagen, sogenannte »Web Apps«, deren Look&Feel sich von dem einer nativen iPhone-Applikation kaum unterscheidet. Der Einstieg in diese Art der Entwicklung ist für Web-Entwickler ohne weitergehende Programmierkenntnisse sehr einfach. Es ist keine Installation erforderlich und es sind keine Updates der Applikation erforderlich. Allerdings ist für die Nutzung der Applikation immer ein Netzwerkzugang erforderlich, der u. U. mit Kosten verbunden ist oder bisweilen nicht zur Verfügung steht. Komplexe Grafik-Features wie 3D-Grafik stehen nicht zur Verfügung und die Performance hängt im Wesentlichen von der Leistungsfähigkeit des Browsers und der Breitbandverbindung ab.

Vor- und Nachteile

+ Portabilität
+ Keine Installation oder Updates nötig
+ Leichter Einstieg für Web-Entwickler
- Performance
- Online-Zugang nötig

Plattformen

Browser-basierte Applikationen können für alle mobilen Geräte mit einem leistungsfähigen Browser sowie einer Breitbandverbindung entwickelt werden. Dies beinhaltet alle *Smartphones*.

Widgets

Web-Runtime-Applikationen (WRT), auch »Widgets« genannt, sind mit klassischen Web 2.0-Techniken (XHTML, CSS, JavaScript) entwickelt, werden aber auf dem Endgerät installiert. Damit wird die Notwendigkeit einer ständigen Online-Verbindung, wie bei reinen Web-Applikationen, umgangen. Online-Verbindungen werden nur noch für den Datenabgleich benötigt.

Durch vom Hersteller bereitgestellten APIs ist auch der Zugriff auf gerätespezifische Funktionalitäten, wie z. B. die Kamera, möglich.

Widgets werden im Browser ausgeführt, auch wenn dies für den Benutzer nicht unmittelbar ersichtlich ist, da sämtliche Bedienelemente und Rahmen des Browsers ausgeblendet werden.

Die Web-Runtime-Technik bietet sich für kleine Applikationen an, die nur einen einzelnen Zweck erfüllen sollen *(Single Purpose Widgets)*, z. B. Wetterberichte oder Börsenkurse anzuzeigen. Immer mehr Hersteller bieten mittlerweile WRT-SDKs für ihre Plattformen an, für Palms WebOS ist dies sogar die einzige Möglichkeit der Applikationsentwicklung.

Eine Besonderheit stellt das Nokia N97 dar: Es bietet für WRT-Widgets die Möglichkeit, Inhalte, z. B. aus *RSS-Feeds* auf dem *Home Screen* aktiv darzustellen. So kann z. B. ein Wetterbericht-Widget in Abhängigkeit vom Wetter verschiedene Wettersymbole und Temperaturen direkt auf dem *Home Screen* anzeigen (Abb. 6.1-1).

Abb. 6.1-1: WRT-Widget auf dem Nokia N97, Quelle:www.nokia.com.

Hierin liegt überhaupt ein wesentlicher Vorteil von Widgets gegenüber z. B. Java-ME-Applikationen: der Benutzer muss nicht mühselig nach installierten Applikationen suchen, sondern kann sein Gerät individualisieren, indem er häufig benutzte Anwendungen direkt vom *Home Screen* aus zugänglich macht.

Es gibt zwar einen Standard des W3C für WRT-Widgets, aber bislang unterstützt keine der Plattformen diesen Standard vollständig, so dass WRT-Widgets jeweils speziell für eine Plattform entwickelt werden müssen und somit der Markt abermals fragmentiert wird.

Vor- und Nachteile

+ Leichter Einstieg für Web-Entwickler
+ Kein dauerhafter Online-Zugang nötig
– Performance
– Fragmentierung des Marktes

Plattformen

Derzeit unterstützen Symbian/S60 und das WebOS von Palm die Web-Runtime-Technik.

Fazit

Die Entscheidung für eine bestimmte Programmiertechnik hängt immer von den Anforderungen an Performance, Funktionalität, Komplexität der Anwendung und Portierbarkeit ab. Einen Vergleich der Technologien hinsichtlich dieser Aspekte zeigt Tab. 6.1-1.

	Nativ	Java	Web	WRT
Performance	Hoch	Mittel	Niedrig	Niedrig
Funktionalität	Hoch	Mittel	Niedrig	Mittel
Komplexität	Hoch	Mittel	Niedrig	Niedrig
Portierbarkeit	Niedrig	Mittel	Hoch	Mittel

Tab. 6.1-1: Programmiertechniken für mobile Geräte im Vergleich.

6.2 Besonderheiten der Entwicklung auf mobilen Geräten ***

Bei der Softwareentwicklung für mobile Geräte gibt es einige Einschränkungen hinsichtlich Speicherplatz, Performanz und Stromverbrauch. Diese sind durch die fortschreitende Entwicklung von mobilen Geräten mittlerweile zum Teil relativiert. Andere Faktoren, wie Displaygröße und Stabilität sowie Kosten der Datenverbindungen, sind aber grundsätzlicher Natur. Dem gilt es bei der Optimierung der mobilen *User Experience* Rechnung zu tragen.

Speicherplatz

Ein iPhone 3GS besitzt heute einen Arbeitsspeicher von 256 MB und Speicherkapazität für maximal 32 GB. Obwohl sich somit verfügbare Arbeits- und Massenspeicher von mobilen Geräten in den vergangenen Jahren vervielfacht haben, hinkt er dem von stationären Computern im Allgemeinen um den Faktor vier hinterher. Dieser Abstand wird sich vermutlich auch in Zukunft halten, vor allem da mehr Speicher höhere Kosten und einen größeren Stromverbrauch zur Folge hat.

Für das Design von mobilen Anwendungen, insbesondere bei nativen Entwicklungstechniken, bedeutet dies Folgendes:

- Verwendete Medien (Grafiken, Animationen, Medien) müssen in der Größe optimiert werden. Grafiken sollten auf die Zielgröße skaliert werden und unnötige Zusatzinformationen wie EXIF-Metadaten sollten entfernt werden.

- Die Größe des *Stacks* einer Anwendung muss genau angepasst werden. Dies bedeutet auch, dass z. B. extensive Rekursionen zu vermeiden sind, da jede Rekursion Platz auf dem **Stack** für Rücksprungadressen und Programmkontext in Anspruch nimmt.
- Auch der Verbrauch des **Heap** muss optimiert werden. Außerdem muss ein Programm auch darauf vorbereitet sein, dass nicht genügend Arbeitsspeicher zur Verfügung steht und sollte in einer solchen Situation dennoch eine akzeptable *User Experience* ermöglichen.

Performanz

Auch hinsichtlich der Performanz hinken mobile Geräte den stationären Computern um etwa 3–4 Jahre hinterher. Auch dies hat seine Ursache im Wesentlichen im hohen Stromverbrauch sowie den hohen Temperaturen, die ein hoch getakteter Microprozessor verursacht. So wird sogar der Prozessor des iPhone 3GS absichtlich auf 600MHz untertaktet, obwohl er laut Spezifikation eigentlich auf 833MHz ausgelegt ist. Beim Design von performance-kritischen mobilen Applikationen sollte daher beachtet werden, dass

- evtl. vorhandene Hardware z. B. zur Grafikbeschleunigung oder Decodierung ausgenutzt wird, um den Prozessor zu entlasten,
- optimierte Algorithmen verwendet werden und
- häufig verwendete Programmschleifen mithilfe eines *Profilers* analysiert und optimiert werden, evtl. unter Anwendung von Assembler-Code.

Laufzeit

Mobile Geräte sind mitunter über Wochen oder gar Monate im Einsatz ohne ausgeschaltet oder neu gebootet zu werden. Dies bedeutet, dass auch kleinste Speicherlecks über kurz oder lang zu Beeinträchtigungen oder Abstürzen führen. Für native Softwareentwicklung auf mobilen Geräten gilt daher besonders, dass der Code mit Hilfe von Analysetools auf Speicherlecks untersucht werden sollte.

Insbesondere bei der Verwendung von *Exceptions* in C++ werden häufig Speicherlecks verursacht. Scheitert beispielsweise die Initialisierung eines Objekts aufgrund von Speichermangel und wird eine Exception ausgelöst, so ist besonderes darauf zu achten, dass der bisher für dieses Objekt allokierte Speicher wieder freigegeben wird. Symbian-C++ führt hierzu speziell die sogenannte *Two-Phase-Construction* und den *Cleanup-Stack* ein, um solche Situation abzufangen.

Stromverbrauch

Während viele Parameter von mobilen Geräten in den letzten Jahren verbessert wurden, hat sich die Akkulaufzeit dieser Geräte eher verringert. Dies liegt zum einen an höheren Taktfrequenzen und mehr Speicher in den Geräten, zum anderen an verringerten Baugrößen und damit verkleinerten Batteriekapazitäten. Diese Entwicklung konnte durch verbesserte Batterietechniken nur zum Teil ausgeglichen werden. Doch auch mobile Applikationen können zu erhöhtem Stromverbrauch beitragen, indem sie z. B. in Warteschleifen unnötige Berechnungen ausführen und damit verhindern, dass der Prozessor in den Ruhezustand übergeht. Mobile Anwendungen sollten daher daraufhin optimiert werden, dass sie

- keine unnötigen Animationen verwenden, die Prozessorleistung verbrauchen,
- Datenverbindungen nur sparsam nutzen und
- möglichst keine Berechnungen ausführen, wenn sich die Applikation nicht im Vordergrund befindet. Für den Gerätenutzer ist es oft nicht ersichtlich, dass er auf einem multitasking-fähigen Gerät mehrere Anwendungen im Hintergrund laufen hat, die möglicherweise durch Berechnungen Prozessorlast erzeugen und somit Strom verbrauchen. Dies ist auch der Grund, warum Apple auf dem iPhone kein Multitasking zur Verfügung stellt.

Außerdem muss eine mobile Applikation jederzeit darauf vorbereitet sein, dass sich das Gerät wegen geringer Batterieladung abschaltet. Daten sollten daher häufig abgespeichert werden.

Displaygröße

Natürlich ist die Displaygröße und -auflösung gegenüber stationären Rechnern geringer und wird es auch immer bleiben, soweit nicht auf externe Hilfsmittel wie Beamer oder Datenbrillen zurückgriffen wird. Mobile Applikationen sollten daher auf kleine Displaygrößen hin optimiert werden, indem nur wenig Information auf einer Bildschirmseite untergebracht wird und dafür viele Unterseiten verwendet werden. Bestehende stationäre Anwendungen sollten nicht 1:1 auf mobile Geräte übertragen werden, sondern neu für mobile Anwendungen konzipiert werden. *User Experience* auf mobilen Geräten wird gesondert in Kapitel »User Experience«, S. 141, behandelt.

Stabilität der Verbindung

Ein mobiles Gerät muss stets mit unsicherer Verbindungslage zurecht kommen. Durch Lücken im Funknetz und Unterbrechungen, z. B. in der U-Bahn, kann es jederzeit zum Verbindungsabbruch kommen. Mobile Applikationen müssen daher mit einem Verbindungsabbruch zurecht kommen, Daten zwischenspeichern und einen eventuell unterbrochenen *Download* fortsetzen können, sobald die Verbindung wieder steht. All dies sollte ohne Interaktion mit dem Benutzer erfolgen.

Bandbreite und Kosten der Verbindung

Bandbreite ist in UMTS und demnächst in LTE-Netzen weniger ein Problem von mobilen Anwendungen. Auch die Kosten einer Datenverbindung sind in den letzten Jahren stark gesunken. Dennoch sollte berücksichtigt werden, dass Datenverbindungen, insbesondere im Ausland, hohe Kosten verursachen können und deshalb Datenübertragungen auf das Nötigste minimiert werden. Insbesondere Grafiken sollten soweit wie möglich bereits in der Applikation vorgehalten werden.

6.2.1 *User Experience* *

Eine gute *Mobile User Experience* muss die Beschränkungen eines mobilen Systems auffangen und sollte sich daher auf das Wesentliche beschränken. Die vom System zur Verfügung gestellten Hilfsmittel und Vorgaben sollten weitgehend genutzt werden, um eine einheitliche *User Experience* auf dem gesamten Gerät zu ermöglichen.

In den letzten Jahren ist der Begriff *User Experience* schon fast zu einem Modewort geworden. Immer mehr Unternehmen nutzen ihn in ihrer Firmenpräsentation sowie in Stellenanzeigen und geben sich damit einen fortschrittlichen Anstrich. Wie der Begriff bereits andeutet, soll der Fokus auf dem *User* (Benutzer) und dem Erleben/den Erfahrungen *(Experience)* bei der Benutzung ihres Produktes gerichtet werden.

Übersetzt ins Deutsche kann man bei *User Experience* sowohl von »Nutzererfahrung« also auch »Nutzungserlebnis« sprechen. Es geht also um die subjektive Wahrnehmung bei der Benutzung eines Produktes oder Dienstes. Diese ist von subjektiven wie auch objektiven Kriterien beinflusst, wobei die Erwartungshaltung des Benutzers sowie die durch die Benutzung oder den Kauf hervorgerufenen Gefühle eine wesentliche Rolle spielen.

Mobile UX

»Du bekommst keine zweite Chance, einen ersten Eindruck zu hinterlassen« lautet ein bekanntes Sprichwort. Dies gilt insbesondere für mobile Applikationen, die häufig kostenlos oder für weniger als einen Euro heruntergeladen werden können, und daher den Benutzer unmittelbar begeistern müssen, um nicht schnell wieder gelöscht zu werden.

Wie aber kann ein ansprechendes Design auf mobilen Geräten erreicht werden?

Diese Frage ist schon für »normale« Geräte nicht leicht zu beantworten. Im Rahmen dieses Buchs sollen daher nur einige Hinweise für gutes Design von mobilen Applikationen gegeben werden. Diese richten sich in erster Linie an Entwickler, die keinen ausgeprägten Design-Hintergrund haben (wie der Autor dieser Zeilen).

- KISS
  Das KISS-Prinzip »*Keep it simple, stupid!*«, (»Halte es einfach, Blödmann!«) hat auf mobilen Geräten seine besondere Berechtigung. Die Größe des Bildschirms und die Beschränkung der Eingabemöglichkeiten erfordert eine Konzentration auf das Wesentliche. Eine Bildschirmseite sollte möglichst einem einzigen Zweck dienen.
- Wenig Texteingabe
  Auch wenn es mit virtuellen oder echten QWERTZ-Tastaturen einfacher geworden ist, Text auf mobilen Geräten

einzugeben, ist dies immer noch eine Herausforderung. Daher sollte die Eingabe von Text auf ein Minimum reduziert werden. Wo immer möglich sollte der Benutzer aus verschiedenen Vorgaben auswählen können und es sollten die *Auto-Complete*-Funktionen der verschiedenen Plattformen genutzt werden, um Texteingaben zu minimieren.

- Kontext
  Ein mobiles Gerät weiß unter vielen Umständen bereits sehr viel über den aktuellen Kontext seines Benutzers, z. B. den Standort, die Uhrzeit, sein aktuelles Anliegen, Freunde in der Umgebung u. v. m. All dies kann verwendet werden, um die *User Experience* zu verbessern und notwendige Eingaben mit Vorbelegungen zu minimieren.
- *Patterns*
  Für die meisten wiederkehrenden Aufgaben gibt es allgemein verbreitete Muster, *Design Patterns*, wie z. B. für die Eingabe von Benutzernamen und Passwort. Diese *Patterns* sollten so weit wie möglich genutzt werden und nur in begründeten Ausnahmefällen davon abgewichen werden. Jedes Entwicklungs-*Framework* für mobile Geräte bietet verschiedene vorgefertigte Elemente z. B. zur Auswahl von Datum und Uhrzeit an (Abb. 6.2-1). Diese sind auf die *User Experience* des speziellen *Frameworks* abgestimmt und sollten, wenn immer möglich, genutzt werden. Voreingestellte oder empfohlene Schrifttypen und -größen sollten genutzt werden, solange man nicht genau weiß, was man tut.
- Lass den Profi ran
  Insgesamt gilt: Solange man kein echter Design-Profi ist, sollte man sich bei dem Design von mobilen Anwendungen so weit wie möglich zurückhalten und auf ein schlichtes Design setzen oder vorgefertigte Vorlagen benutzen[1]. Aufwändige Grafiken und Layouts sollte man einem Profi überlassen.

Weitergehende Hinweise und Links finden Sie z. B. auf design4mobile (`http://patterns.design4mobile.com`).

[1]Was ja z. B. auch für das Webdesign gilt. Zahlreiche schreiend bunte, typografisch überladene und blinkende Webseiten sind ein Beweis dafür.

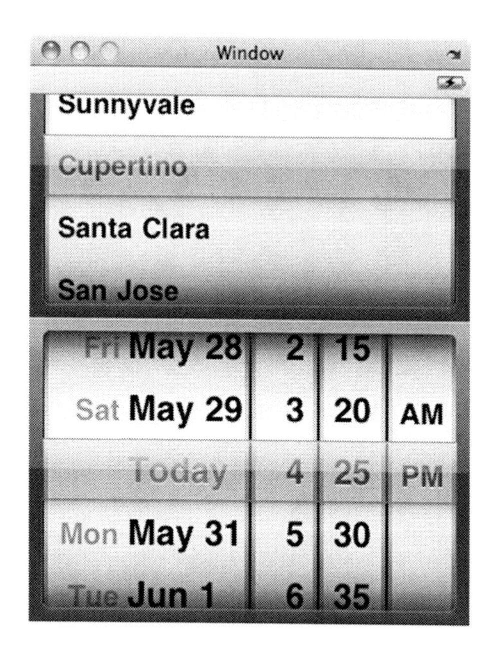

Abb. 6.2-1: Ein »Spinner« zur Auswahl von vorgegebenen Werten und ein »DatePicker« auf dem iPhone.

6.3 Entwicklungswerkzeuge **

Für die Entwicklung von mobilen Applikationen stehen Werkzeuge zur Verfügung, die in vielen Fällen von den Werkzeugen für stationäre Anwendungen abgeleitet wurden. Eine häufig verwendete Entwicklungsumgebung ist Eclipse, eine IDE, die für die Entwicklung von Java-Software konzipiert wurde, sowie die Apple-IDE XCode, die auch für die Softwareentwicklung für die Mac-OS Plattform Verwendung findet. Neben einem Editor sind Debugger, Emulatoren und Simulatoren sowie Profiler wichtige Werkzeuge des mobilen Softwareentwicklers.

Bei der Entwicklung von Software für mobile Geräte handelt es sich um eine sogenannte *Cross-Platform*-Entwicklung, d.h. die Entwicklungsplattform ist eine andere als die Zielplattform, auf der die Software ausgeführt werden soll. Genau dieses macht den besonderen Reiz der Programmierung von mobilen Geräten und von eingebetteten Systemen *(embedded Systems)* allgemein, aus. Jeder, der einmal die Software eines Mobiltelefons, einer Set-Top-Box oder eines Mikrocontrollers programmiert oder auch nur verändert hat, wird nachvollziehen können, welche besondere Magie es ausmacht, in das Innere eines solchen Geräts vordringen zu können, es zu verstehen und sich wirklich »untertan« zu machen.

Die Entwicklungswerkzeuge für die Programmierung von eingebetteten System sind teilweise identisch mit denen der allgemeinen Softwareentwicklung, es kommen aber ein paar neue Werkzeuge hinzu.

IDE

Ein *Integrated Development Environment* (IDE) bezeichnet die Zusammenfassung von Editoren, Debuggern, Compilern und Linkern in ein Softwarepaket. Sie bieten dem Entwickler die Möglichkeit, unter einer Bedienungsoberfläche alle häufig benutzten Programmierfunktionen schnell im Zugriff zu haben und häufig wiederkehrende Abläufe zu automatisieren. Erste IDE kamen in den 1980er-Jahren auf. Zuvor waren Entwicklungswerkzeuge weitgehend Kommandozeilenbasiert, ergänzt durch reine Editoren und Debugger. Auch heute noch bevorzugen viele Entwickler einzelne, spezialisierte Programme sowie Kommandozeilen und Scripts, da moderne IDEs einem starken Wandel unterliegen, eine Unzahl von Funktionen bieten und ständig neue Einarbeitung erfordern. Sind einem die Funktionen eines bestimmten Editors in Fleisch und Blut übergegangen, verzichtet man ungern darauf.

Häufig für die mobile Softwareentwicklung verwendete IDEs sind »Eclipse«, eine ursprünglich aus der Java-Welt stammende Entwicklung, »Carbide«, eine auf Eclipse basierende Erweiterung von Nokia für Symbian/S60, sowie »XCode« von Apple (Abb. 6.3-1) für die Software-Entwicklung für das iPhone.

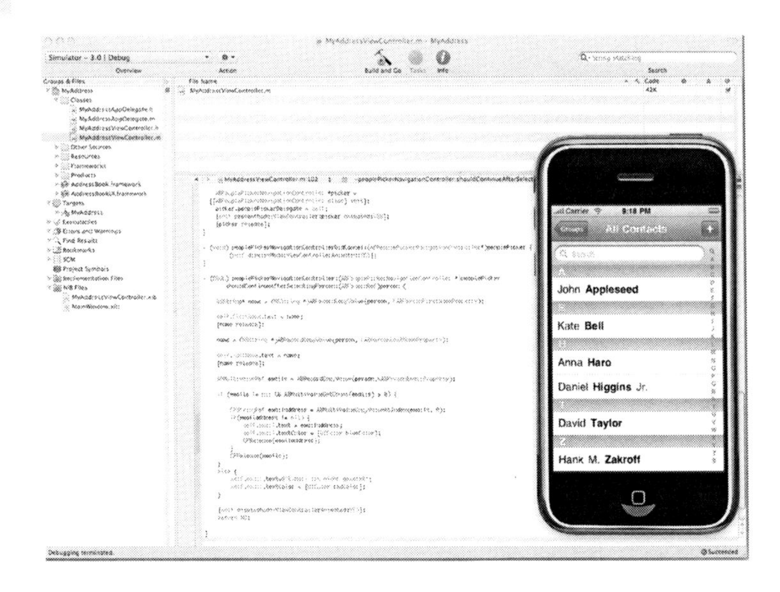

Abb. 6.3-1: Apples IDE XCode und iPhone-Simulator.

UI-Editor

Ein UI-Editor bietet eine grafische Möglichkeit zur Zusammenstellung von Benutzeroberflächen. Dieser ist eng mit dem *UI-Framework* der jeweiligen Plattform verknüpft und ermöglicht so eine mehr oder weniger intuitive Verbindung von UI-Elementen des Frameworks (Schaltflächen, Eingabedialoge, Listen...) mit den entsprechenden Klassen des Framworks.

Der UI-Editor von Apple für das »Cocoa«-Framework für das iPhone nennt sich »Interface Builder« (Abb. 6.3-2) und ist identisch mit der Version, die auch für Mac-OS-Softwareentwicklung verwendet wird. Das Android-SDK stellt keinen UI-Editor zu Verfügung. Hier wird das UI in XML definiert. Es stehen aber externe Werkzeuge zum grafischen Editieren von UIs bereit.

Debugger

Ein *Debugger* ist ein Programm zur schrittweisen Ausführung von Programmen, der Untersuchung von Registern, Variablen und Speicherbereichen und somit zur genauen Un-

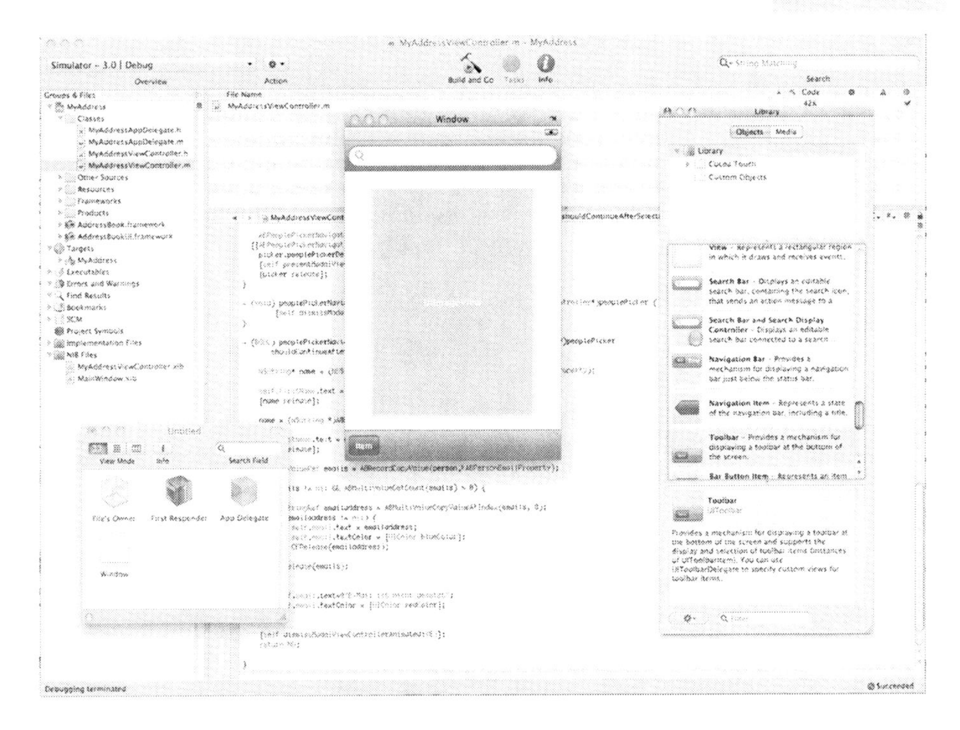

Abb. 6.3-2: Apples InterfaceBuilder.

tersuchung von Programmcode und zur Fehlersuche. An dieser Stelle unterscheidet sich die Entwicklung für eingebettete Systeme erstmals von der Standard-Softwareentwicklung, da ja der Programmcode nicht auf der Entwicklungsmaschine ausgeführt wird. Daher verwendet man *On-Target-Debugger*, bei denen der Code auf dem Zielgerät ausgeführt wird, das wiederum über ein Interface mit der Entwicklungsmaschine verbunden ist und die Programmausführung auf dem Zielgerät unterbrechen kann, um genaue Analysen auf dem Zielgerät durchzuführen.

Es gibt zwei verschiedene Arten von *On-Target-Debuggern* (OTD):

- Software-basierte OTDs bestehen aus einem sogenannten »Stub«, der auf der Zielhardware läuft und die Verbindung zu Entwicklungsplattform herstellt. Diese eignen sich zum Debuggen von Applikationen auf dem Zielgerät. Es ist, bis auf ein Verbindungskabel, keinerlei Hardware erforderlich, wodurch Software-ODTs preiswert sind und zu allen SDK für mobile Plattformen gehören. Da allerdings eine spezielle Software auf dem Zielgerät ausgeführt werden muss, kann es zu Verfälschungen des Verhaltens dieses Gerätes kommen, was die Fehlersuche mitunter erschweren kann[2]. Kommt es durch die zu untersuchende Software zu einem Geräteabsturz ist auch durch den Software-Debugger die Fehlersuche nicht möglich.

- Hardware-basierte Debugger (Abb. 6.3-3) haben durch ein spezielles Interface (z. B. JTAG) Zugriff auf die Prozessorregister und können daher direkt auf die Programmausführung auf dem Zielgerät Einfluss ausüben und diese analysieren. Mit ihnen ist es auch möglich, das Betriebssystem des Zielgeräts selbst zu debuggen, da keine zusätzliche Software auf dem Gerät laufen muss. Dadurch kommt es auch nicht zu Verfälschungen des Programmablaufs. Allerdings wird für einen Hardware-Debugger neben der Interface-Hardware ein modifiziertes Endgerät benötigt, das die Debugging-Schnittstelle offenlegt. Daher werden Hardware-Debugger in der Applikations-Entwicklung selten verwendet.

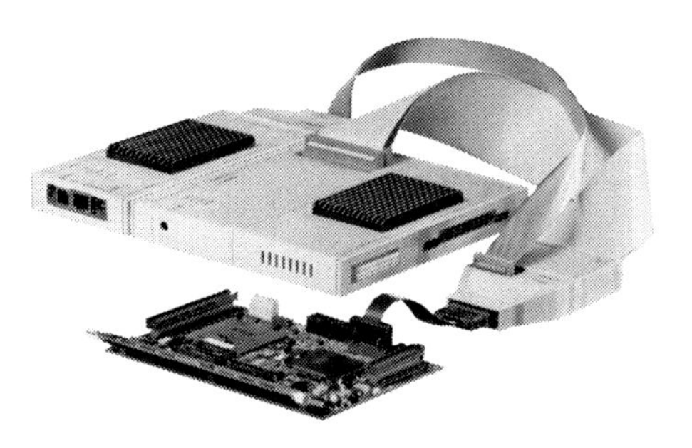

Abb. 6.3-3: Lauterbach-Debugger für ARM Cortex R4, Quelle: www.lauterbach.de.

[2]Softwareentwickler sprechen in Anlehnung an die Heisenberg'sche Unschärferelation manchmal von einem »Heisenbug«, also einem Fehler, der verschwindet, sobald man ihn näher untersuchen möchte.

Emulator

Ein *Emulator* dient dazu, die Zielplattform auf der Entwicklungsplattform nachzubilden, also zu emulieren. Dies erleichtert die Softwareentwicklung für eingebettete Systeme ungemein, da zum Testen der entwickelten Software nicht immer die Software auf die Zielplattform übertragen werden muss. So werden die Zyklen der Programmierung und des Testens beschleunigt und man kommt als Entwickler schneller in einen sogenannten *Flow*, also den tranceartigen Zustand, in dem man in die Softwareentwicklung vertieft ist. Auch stehen im Emulator oft weitergehende *Debugging*-Möglichkeiten zur Verfügung als im *On-Target-Debugger*. Streng genommen handelt es sich bei den für die mobile Applikationsentwicklung meist verwendeten Emulatoren tatsächlich um »Simulatoren«, da sie nicht die Zielplattform nachbilden, sondern eine Applikationsplattform simulieren, die der Zielplattform möglichst ähnlich ist. Der Compiler erzeugt dazu ein *Binary*, das auf der Entwicklungsplattform lauffähig ist und eben nicht auf der Zielplattform. Ein echter Emulator würde auf der Entwicklungsplattform die Hardware der Zielplattform nachbilden und wäre in der Lage, ein *Binary* der Zielplattform auszuführen. Dies erfordert sehr leistungsfähige Hardware und ist nur sinnvoll, wenn Systemsoftware entwickelt werden soll. Dies ist mit einem Simulator nicht möglich, da dieser ja nur die Applikationsebene der Zielplattform nachbildet. In der Praxis funktioniert aber auch ein Simulator recht gut. Man muss allerdings beachten, dass das Laufzeitverhalten von Software auf dem Simulator nicht hundertprozentig der auf der Zielplattform entspricht.

Profiler

Das letzte wichtige Werkzeug der mobilen Applikationsentwicklung ist der *Profiler* (Abb. 6.3-4). Er dient dazu, das Laufzeitverhalten der entwickelten Software genau zu analysieren und optimieren. So kann in einem Profiler z. B. genau untersucht werden, welche Programmschleifen besonders oft aufgerufen werden. I. d. R. lohnt es sich dann, diese Programmteile zu optimieren, um die Gesamtperformance der Software zu verbessern. Auch andere Parameter wie der Speicherverbrauch können sichtbar gemacht, Speicherlecks oder unnötige Speicherallokationen aufgespürt werden.

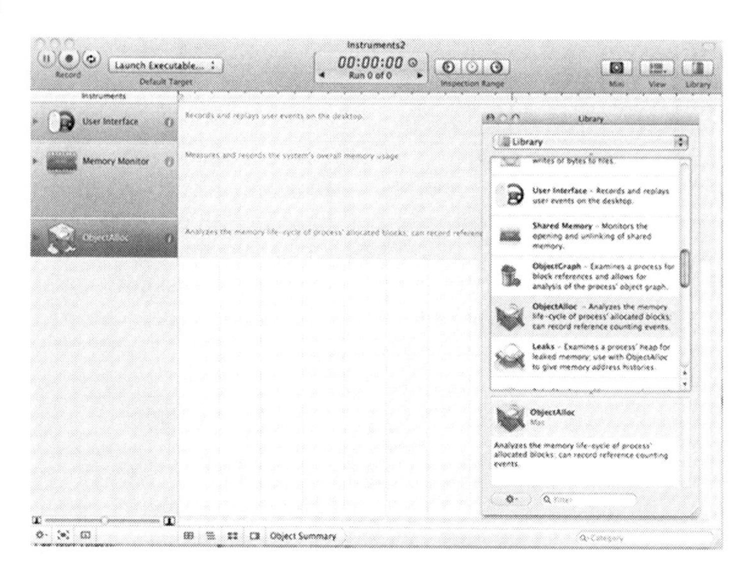

Abb. 6.3-4: Der Apple Profiler »Instruments«.

6.4 Programmierung für Google Android ***

Das folgende Kapitel vermittelt einen Überblick über die Programmierung von Applikationen für die Google-Android-Plattform. Dabei wird auch auf ortsbezogene Dienste eingegangen, die, wie Kapitel »Was ist Mobile Computing?«, S. 1, gezeigt hat, das Besondere an mobilen Applikationen ausmachen. Die folgenden Kapitel erheben nicht den Anspruch, alle Aspekte der Android-Programmierung zu behandeln. Sie sollen anhand eines praktischen Beispiels einen Überblick über die Möglichkeiten des Systems geben und verweisen an vielen Stellen auf weiterführende Information der offiziellen Android-Entwickler-Website [Andr08].

Literatur [Andr08], [Cond09]

6.4.1 Installation des Android SDK **

Das Android SDK ist für die Entwicklungsplattformen Windows, Mac OS X (auf Intel Rechnern!) und Linux kostenlos erhältlich. Im Folgenden wird die Installation des SDK erläutert.

Überblick

Zur Installation des SDK sind vier Schritte erforderlich

1 Die Vorbereitung des Entwicklungsrechners.
2 Das Herunterladen und die Installation des *SDK Starter Packages*.
3 Die Installation der *Android Developer Tools* (ADT).
4 Das Hinzufügen von Android-Plattformen.

Hinweis

Im Folgenden wird die Installation des Android-SDK in der Eclipse-Version 3.5 (Galileo), sowie mit der Android-Plattform 1.5 beschrieben. Die *Screenshots* wurden auf einem Mac OS-System angefertigt. Mit älteren Versionen von Eclipse (z. B. 3.4 (Ganimede)) sowie neueren Android-Plattformen stellt sich der Installationsprozess in Teilen geringfügig anders dar. Auch die folgenden Abbildungen entsprechen dann möglicherweise nicht exakt dem, was Sie auf dem Bildschirm sehen. Im Zweifel finden Sie weitere aktuelle Informationen unter developer.android.com (`http://developer.android.com/sdk/eclipse-adt.html#preparing`).

Vorbereitung

Auf der Entwicklungsmaschine muss das aktuelle *Java Development Kit* (JDK) installiert sein. (Auf Apple Mac-Rechnern ist dies bereits vorinstalliert.) Außerdem empfiehlt sich die Installation der integrierten Entwicklungsumgebung Eclipse, da das Android-SDK sich nahtlos in Eclipse integriert. [Ecli10]

SDK *Starter Package*

Laden Sie das für Ihre Plattform vorgesehene *Starter Package* von den Android-Entwicklerseiten herunter und entpacken dieses in ein gewünschtes Verzeichnis. Anschließend müssen Sie dieses Verzeichnis zu Ihrer PATH Umgebungsvariablen hinzufügen.[3]

Android Developer Tools

Die *Android Developer Tools* (ADT) werden genutzt, um Android-Pakete zu verwalten und virtuelle Android-Gerä-

[3]Unter Mac OS und Linux z. B. durch Editieren der Datei .bash_profile, unter Windows in der Systemsteuerung.

te zu erzeugen oder reale Geräte zum On-Target-Debugging mit der Entwicklungsumgebung zu verbinden. Starten Sie Eclipse. Zur Installation des ADT können Sie nun die Eclipse-Funktion `Help->Install New Software` nutzen. Fügen Sie dazu die Site `https://dl-ssl.google.com/android/eclipse/` hinzu und wählen Sie die *Developer Tools* zum Download aus. Dies installiert die *Android Developer Tools* automatisch in Eclipse (Abb. 6.4-1).

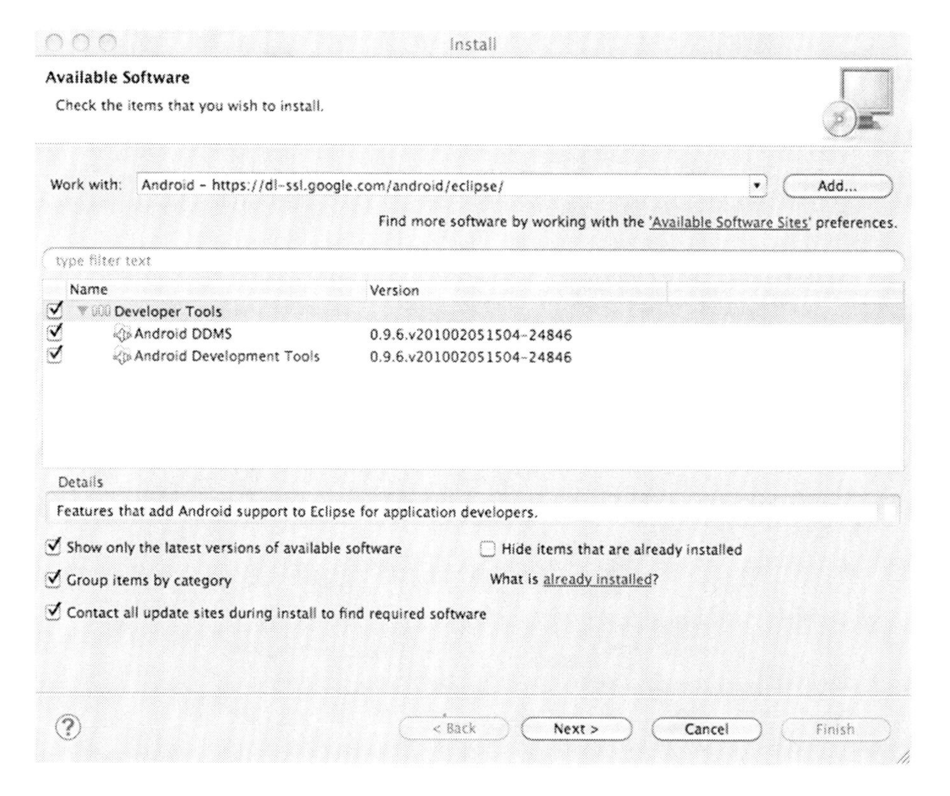

Abb. 6.4-1: Installation der Android Developer Tools in Eclipse.

Android-Plattformen

Bis hierher haben Sie das SDK installiert. Nun müssen noch die benötigten Android-Plattformen installiert werden und virtuelle Android-Geräte für den Emulator generiert werden. Starten Sie hierzu den *Android SDK and AVD Manager*. Unter Windows geschieht dies durch klicken auf `SDK Setup.exe` im Basisverzeichnis des SDK, unter Mac OS und Linux starten

Sie `android` im `tools`-Verzeichnis des SDK[4]. Unter `Available Packages` wählen sie das gewünschte Paket aus. Für die weiteren Beispiele in diesem Buch sollte dies mindestens die Pakete »SDK Platform Android 1.5«, »Google APIs Android API 3« sowie »Android SDK tools« sein. (Abb. 6.4-2)

Abb. 6.4-2: Erzeugen eines Android Virtual Device.

Nach dem Download können Sie unter `Virtual Devices` auch direkt ein virtuelles Android-Gerät für diese Plattform erzeugen. Wählen Sie als *Target* `Google APIs API Level 3`. Ein Druck auf den `Start...`-*Button* startet dieses virtuelle Gerät direkt im Emulator. (Abb. 6.4-3)

[4]Beim ersten Start wird der *Android SDK and AVD Manager* in Eclipse integriert, so dass Sie ihn später unter `Window->SDK and AVD Manager` aufrufen können.

Abb. 6.4-3: Der Android-Emulator.

In einem virtuellen Gerät können Sie ihre entwickelten Applikationen direkt auf dem Entwicklungs-Computer ausprobieren, ohne diese auf ein echtes Android-Gerät übertragen zu müssen. Sie können auch Geräte und Android-Plattformen simulieren, die Sie gar nicht besitzen. Weitere Informationen zu Emulatoren finden Sie im Kapitel »Entwicklungswerkzeuge«, S. 144.

6.4.2 »Hello Android!« ***

Um einen ersten Eindruck in die Android-Plattform und -Entwicklungsumgebung zu bekommen, wird zunächst, wie bei allen Plattformen und Programmiersprachen üblich, eine »Hello World!«-Applikation programmiert. Anhand dieser werden die Android-Konzepte *Activities, Resources, Layouts* sowie das *Android-Manifest* bereits grundlegend erläutert.

Um ein neues Projekt in Eclipse zu erzeugen wählen Sie `File->New->Project`. Es öffnet sich der `New Project Wizzard`. (Abb. 6.4-4)

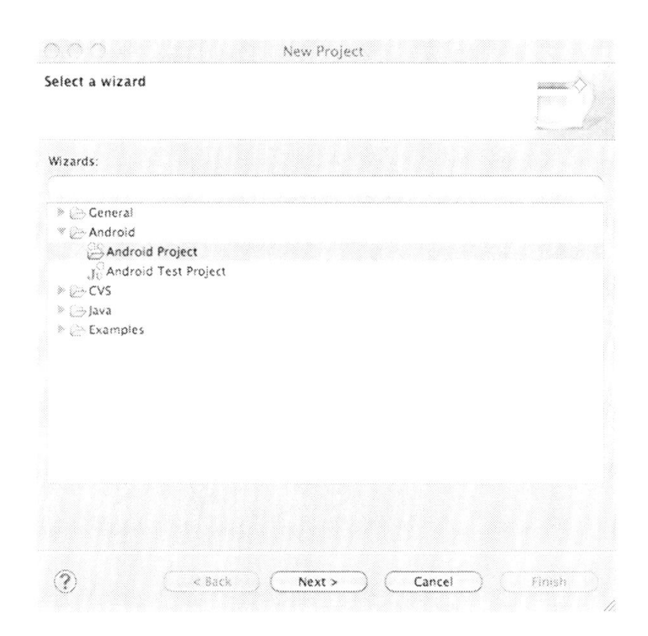

Abb. 6.4-4: Der New Project Wizzard.

Wählen Sie hier `Android Project`. Im nun geöffneten Dialog `New Android Project` (Abb. 6.4-5) müssen Sie einige Angaben machen:

- Den Projektnamen. Darf keine Sonderzeichen enthalten. Der `New Project Wizzard` gibt aber Hinweise, wenn der Projektname nicht den Anforderungen entspricht.
- `Create new project in workspace`. Legt ein neues Android Projekt an. Alternativ können Sie ein neues Projekt aus existierendem Quellcode erzeugen, oder eines der mitgelieferten Beispiele ausprobieren.
- Wählen Sie als *Build Target* `Android 1.5`.
- Geben Sie einen Applikationsnamen an. Dieser kann sich vom Projektnamen unterscheiden und kennzeichnet später die Applikation auf dem Gerät.
- Geben Sie einen `Package Name`. Wie in Java üblich sollte dies ein weltweit einzigartiger Name sein, daher bietet sich die Auswahl Ihrer eigenen Internet-Domain an, gefolgt von dem Projektnamen.

- Wenn Sie die Checkbox `Create Activity` auswählen, erzeugt der Wizzard automatisch die entsprechende Klasse für die »Hello World!«-Ausgabe.
- Geben Sie als `Min SDK Version` 3 (Für API Level 3) an. Dies ist zwar optional, verhindert aber, dass Sie später eine Warnung bekommen.
- Drücken Sie `finish`.

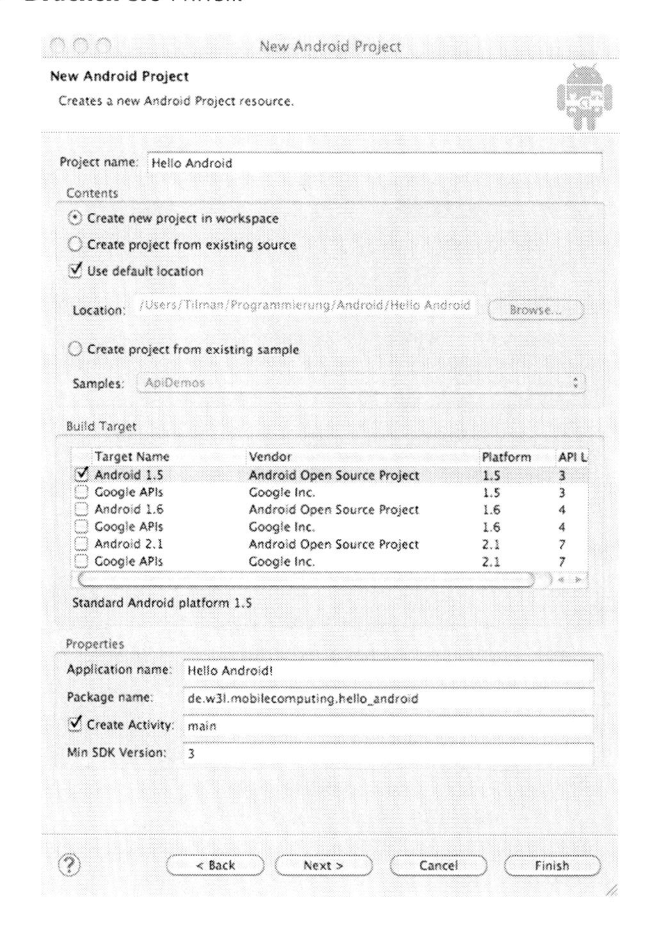

Abb. 6.4-5: Erstellen eines neuen Android-Projekts.

Fertig! (Abb. 6.4-6) Damit haben Sie bereits die komplette »Hello Android!«-Applikation erstellt. Um diese im Emulator ausführen zu können, müssen Sie als nächstes eine *Run Configuration* erstellen. Eine *Run Configuration* verknüpft

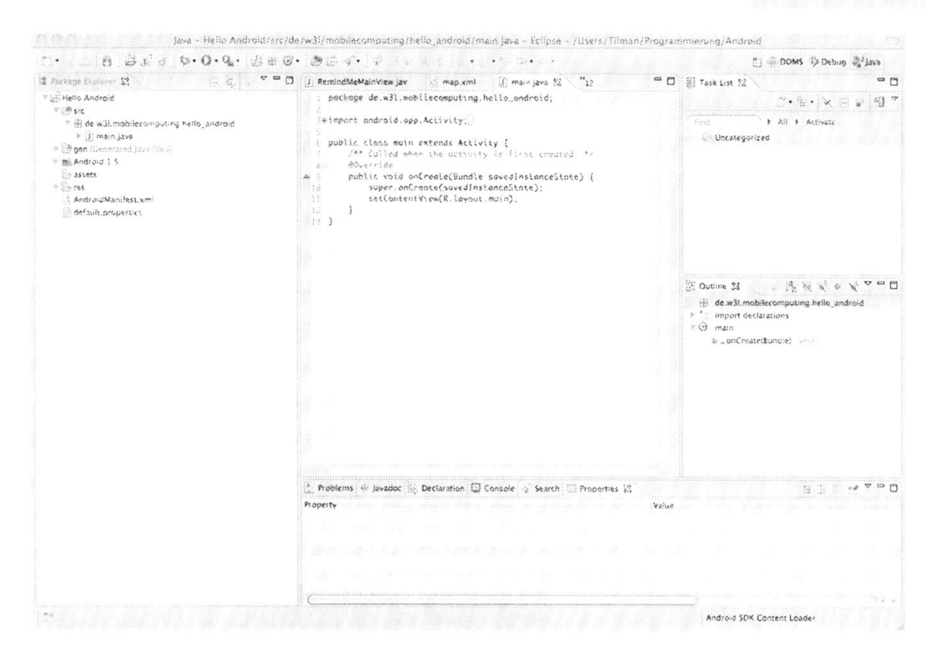

Abb. 6.4-6: Das neue Projekt in Eclipse.

Ihr Projekt mit Voreinstellungen für den bevorzugten Emulator. Wählen Sie `Run-> Run Configurations...` . Im folgenden Dialog (Abb. 6.4-7) geben Sie einen Namen für die Konfiguration an und wählen das Projekt aus. Unter dem Tab `Target` können Sie Ihr bevorzugtes AVD auswählen.

Drücken Sie `Apply` um die Konfiguration zu speichern und `Run` um das Projekt im Emulator zu starten (Abb. 6.4-8).

Mithilfe der Taste »7« auf ihrer Computertastatur wechselt der Emulator in den *Landscape-Mode* und wieder zurück.

Bevor Sie fortfahren, sollten Sie sich die einzelnen Elemente der Applikation genauer ansehen:

main.java

```
package de.w31.mobilecomputing.hello_android;

import android.app.Activity;
import android.os.Bundle;

public class main extends Activity {
    /** Called when the activity is first created. */
    @Override
```

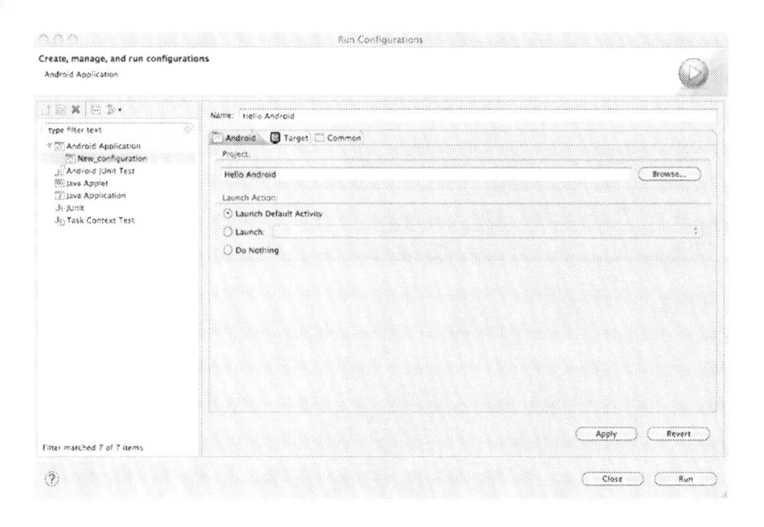

Abb. 6.4-7: Der »Run Configurations«-Dialog.

Abb. 6.4-8: »Hello World!« im Emulator.

```
    public void onCreate(Bundle savedInstanceState) {
        super.onCreate(savedInstanceState);
        setContentView(R.layout.main);
    }
}
```

Activity

Die Klasse main beerbt die Klasse Activity. Eine *Activity* bezeichnet in Android ein *User Interface* für eine einzige Aktivität. Android-Applikationen bestehen in der Regel aus mehreren *Activities*, die sich gegenseitig aufrufen, die aber auch unter Umständen von anderen Applikationen oder Diensten *(Services)* aufgerufen werden können. Mehr zu *Activities* erfahren Sie im Kapitel »Activities und Intents«, S. 167.

onCreate()

Die Klasse main implementiert lediglich die Methode onCreate(). Diese Methode steht am Anfang des Lebenszyklus einer Android-Applikation, der mit onDestroy beendet wird. Mehr zu dem *Android Application Lifecycle* erfahren Sie im Kapitel »Der Lebenszyklus einer Android-Applikation«, S. 171. Das Bundle savedInstanceState beinhaltet den Status der Activity, den diese vor ihrer letzten Beendigung hatte, falls dieser gespeichert wurde. Durch den Aufruf der onCreate-Methode der Superklasse wird dieser wieder hergestellt.

R.java

Die Klasse R.java wird von der Entwicklungsumgebung automatisch generiert. Sie beinhaltet alle Ressourcen der Applikation, also Strings, Layouts und Referenzen auf Grafiken *(Drawables)*.

setContentView

Der Aufruf von setContentView(R.layout.main) stellt nun die Verbindung zum eigentlichen User Interface her. Dieses ist als XML-Datei definiert, welche hier näher betrachtet wird:

main.xml

```
<?xml version="1.0" encoding="utf-8"?>
<LinearLayout xmlns:android=
        "http://schemas.android.com/apk/res/android"
    android:orientation="vertical"
    android:layout_width="fill_parent"
    android:layout_height="fill_parent"
    >
<TextView
    android:layout_width="fill_parent"
    android:layout_height="wrap_content"
    android:text="@string/hello"
    />
</LinearLayout>
```

Die Layout-Definition enthält zwei Elemente:

LinearLayout

Ein LinearLayout, das die darin enthaltenen UI-Elemente nacheinander anzeigt. Dies kann horizontal oder vertikal geschehen, wie in Option android:orientation angegeben. Die Optionen android:layout_width und android:layout_height haben beide den Wert fill_parent, was bedeutet, dass das Element das übergeordnete Element (in diesem Fall den Bildschirm) voll ausfüllt. Alternativ kann wrap_content angegeben werden, wie dies im Element TextView geschehen ist.

TextView

Der TextView ist ein einfaches Element zur Anzeige von Strings, in diesem Fall des Strings Hello World, main!.

strings.xml

```
<?xml version="1.0" encoding="utf-8"?>
<resources>
    <string name="hello">Hello World, main!</string>
    <string name="app_name">Hello Android!</string>
</resources>
```

Genaueres zu Ressourcen erfahren Sie im Kapitel »Basiswissen Android-UI«, S. 161.

Android-Manifest

Als Letztes wird die Datei AndroidManifest.xml genauer untersucht. Jede Android-Applikation besitzt genau eine Datei mit genau diesem Namen. Diese Datei enthält u.A. Informationen, die dem System mitteilen, dass die Applikation überhaupt existiert und aus welchen Komponenten sie besteht:

```
<?xml version="1.0" encoding="utf-8"?>
<manifest xmlns:android=
           "http://schemas.android.com/apk/res/android"
    package="de.w3l.mobilecomputing.hello_android"
    android:versionCode="1"
    android:versionName="1.0">
    <application
           android:icon="@drawable/icon"
           android:label="@string/app_name">
           <activity android:name=".main"
                  android:label="@string/app_name">
              <intent-filter>
                 <action android:name=
                    "android.intent.action.MAIN"/>
                 <category android:name=
                    "android.intent.category.LAUNCHER"/>
              </intent-filter>
           </activity>
    </application>
    <uses-sdk android:minSdkVersion="3"/>
</manifest>
```

Auf die einzelnen Elemente des `AndroidManifest.xml` wird noch genauer eingegangen.

6.4.3 Basiswissen Android-UI ***

In den folgenden Kapiteln lernen Sie, wie Sie in Android ein *User Interface* erstellen und dieses mit der darunterliegenden Applikationslogik verbinden. Sie werden erfahren, wie der Lebenszyklus einer Android-Aktivität aussieht und wie eine Applikation dem Benutzer Mitteilungen schicken kann, auch wenn sie gerade nicht den Fokus besitzt.

Am Ende dieses Kapitels wird Linus seine ersten Programmierversuche in Android unternehmen und das User Interface seiner ortsbasierten Aufgabenliste programmieren:

6.4.3.1 *Layouts* und *Views* *

In einem *Layout* wird in Android das *User Interfaces* einer *Activity* definiert. Dieses *Layout* befindet sich in einer XML-Datei. Leider bieten die *Android Developer Tools* (ADT) nur rudimentäre Hilfestellung bei der Erstellung dieser XML-Dateien. Vielfach ist es daher einfacher, notwendige Anpassungen direkt im XML-Code vorzunehmen. *Layouts* zeigen selber nichts an. Sie geben lediglich vor, wie die in ihnen enthaltenen Elemente, die *Views* angeordnet werden sollen. *Views* müssen in einem *Layout* eingebettet sein. Es gibt in Android eine Vielzahl von *Layouts*.

`LinearLayout`

In einem `LinearLayout` werden die in ihm enthaltenen Elemente sequentiell unter- oder nebeneinander angeordnet, je nachdem, welcher Wert für `android:orientation` angegeben wird. Das heisst auch, dass sich Elemente eines *LinearLayouts* nicht überlappen können.

`RelativeLayout`

In einem `RelativeLayout` werden die Elemente relativ zueinander angeordnet. Das heisst für jedes in diesem Layout enthaltene Element kann angegeben werden, wie es relativ zu übergeordneten Elementen oder zu anderen Elementen angeordnet werden soll. Elemente in einem RelativeLayout können sich auch überlappen.

Es gibt darüber hinaus Layouts für die Anzeige von Tabellen, Rastern, Listen und vieles mehr, welche im Detail auf developer.android.com (http://developer.android.com/guide/topics/ui/layout-objects.html) behandelt werden.

Layouts können auch verschachtelt werden, d. h. in einem RelativeLayout kann z. B. ein LinearLayout enthalten sein. Jedes Layout hat eine id, über die das Layout in der Klasse R.java referenziert werden kann.

View Die eigentlichen grafischen Elemente einer Android-Oberfläche sind *Views*. Am wichtigsten für eine Applikation sind zweifellos Elemente zur Ein- und Ausgabe von Daten sowie Schaltflächen zur Programmsteuerung. Diese werden im Folgenden vorgestellt:

TextView Ein TextView ist das einfachste Element zur Ausgabe von Strings auf dem Bildschirm. In seiner einfachsten Form sieht ein XML-Layout mit einem TextView folgendermaßen aus:

```
<?xml version="1.0" encoding="utf-8"?>
<LinearLayout xmlns:android=
        "http://schemas.android.com/apk/res/android"
    android:orientation="vertical"
    android:layout_width="fill_parent"
    android:layout_height="fill_parent"
    >
<TextView
    android:layout_width="fill_parent"
    android:layout_height="wrap_content"
    android:text="Ich bin ein Text!"
    />
</LinearLayout>
```

Der TextView kann jedoch durch eine Unmenge an Attributen hinsichtlich Ausrichtung und Formatierung angepasst werden. Eine Liste dieser Attribute wird in Eclipse angezeigt, wenn Sie den Layout-Reiter der XML-Anzeige auswählen und eines der Elemente in Outline auf der rechten Seite auswählen (Abb. 6.4-9).

Es kann z. B. konfiguriert werden, wie Links im Text dargestellt werden sollen und ob diese klickbar sind oder nicht.

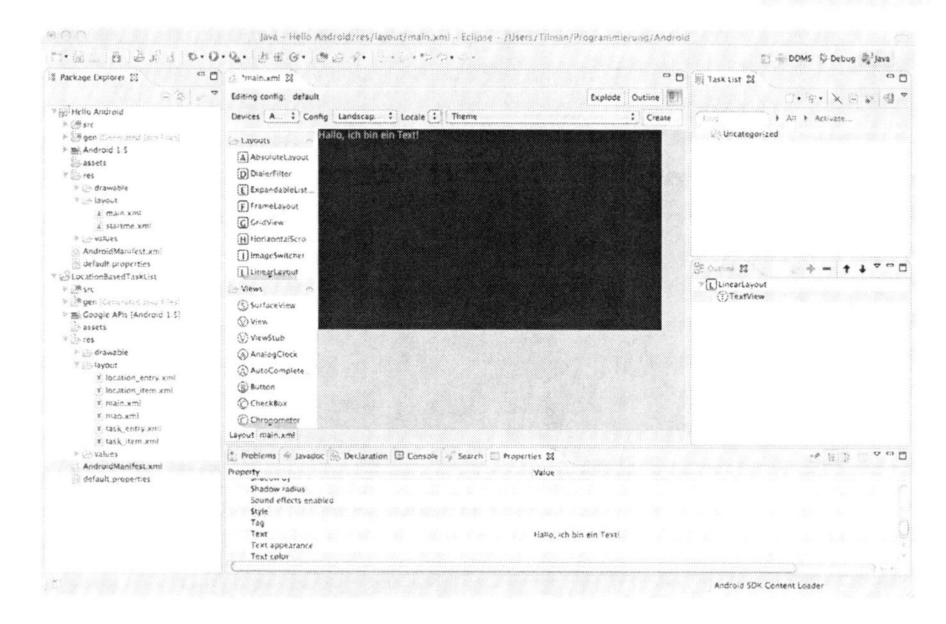

Abb. 6.4-9: Ein `TextView` in den *Android Developer Tools*.

EditText

In `EditText` haben Sie die Möglichkeit, Texte oder Daten einzugeben:

```
<EditText
    android:id="@+id/EditText01"
    android:layout_width="fill_parent"
    android:layout_height="wrap_content"
    android:hint="Hier Text eingeben!" >
</EditText>
```

Das Attribut `android:hint` erzeugt hier einen hinterlegten Text im Textfeld, der beim Eingeben von Daten verschwindet. Verwenden Sie stattdessen das Attribut `android:text` wird das Textfeld mit einem Text vorbelegt, der bei Eingabe von eigenen Daten zunächst gelöscht werden muss.

Spinner

Ein praktisches Element zur Eingabe von Daten ist der `Spinner`. Er stellt eine Auswahlliste dar, aus der der Benutzer aus einer vorgegebenen Liste einen Wert auswählen kann:

```
<Spinner android:id="@+id/Spinner01"
    android:layout_width="wrap_content"
    android:layout_height="wrap_content"
    android:entries="@array/farben">
</Spinner>
```

Die anzuzeigenden Werte sind hierbei in dem String-Array »Farben« hinterlegt (Abb. 6.4-10). Dies wird in der Datei strings.xml definiert:

```
<?xml version="1.0" encoding="utf-8"?>
<resources>
     <string name="app_name">Hello Android!</string>
    <string-array name="farben">
            <item>Rot</item>
            <item>Grün</item>
            <item>Blau</item>
    </string-array>
</resources>
```

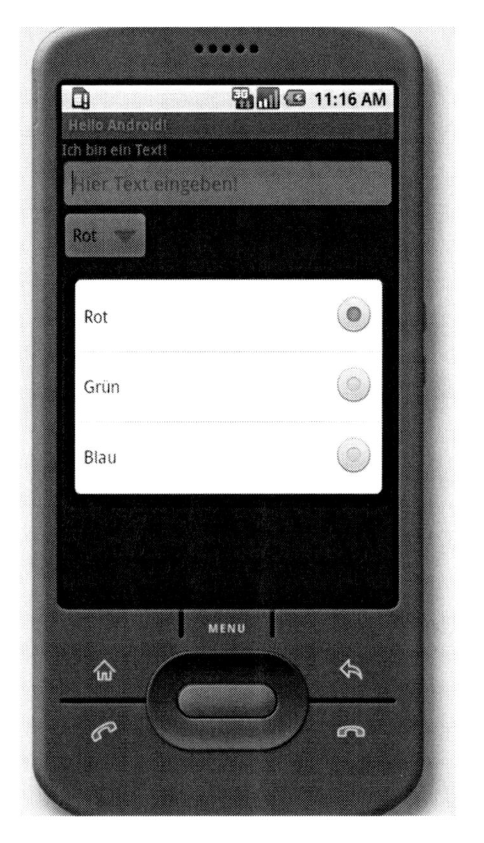

Abb. 6.4-10: Ein *Spinner*.

Button

Zur Steuerung des Programmablaufs sind Schaltflächen natürlich unverzichtbar. Dazu dient das Element `Button`.

```
<Button android:id="@+id/Button01"
    android:layout_width="wrap_content"
    android:layout_height="wrap_content"
    android:text="Drück mich!">
</Button>
```

6.4.3.1.1 Lokalisierung ***

Um Strings lokalisieren zu können, bietet Android einen einfachen Mechanismus an. Es können verschiedene Versionen der Datei `strings.xml` in Ordner mit für verschiedene Sprachversionen vorgegebenen Namen abgelegt werden.

Der Einfachheit halber wurden in den Beispielen in Kapitel »Layouts und Views«, S. 161, die Strings direkt im XML-Element eingegeben:

```
<Button android:layout_height="wrap_content"
    android:layout_width="fill_parent"
    android:id="@+id/ButtonSave"
    android:text="Speichern"></Button>
```

Sie sollten sich jedoch angewöhnen, alle für den Benutzer sichtbaren Strings in `strings.xml` zu definieren:

```
<string name="save">Speichern</string>
```

Im XML-Element können Sie dann auf diese Definition verweisen:

```
<Button android:layout_height="wrap_content"
    android:layout_width="fill_parent"
    android:id="@+id/ButtonSave"
    android:text="@string/save"></Button>
```

Im Java-Code können Sie mit folgender Anweisung auf den String zugreifen:

```
this.getString(R.string.save)
```

Dadurch ist es später problemlos möglich, die Applikation in andere Sprachen zu lokalisieren. Lokalisierung ist in Android sehr einfach. Sie müssen dem Projekt hierzu lediglich weitere, mit einem Suffix versehene Verzeichnisse `/res/values-xy/` hinzufügen und in diesen lokalisierte Versionen von `strings.xml` ablegen. Beispiele für solche Verzeichnisnamen sind

- `/res/values-de/` für deutsche Lokalisierungen,
- `/res/values-fr/` für französische Lokalisierungen,
- `/res/values-es/` für spanische Lokalisierungen.

Hinweis

Das Suffix entspricht jeweils dem ISO 639–1 Standard für Kennungen von Sprachcodes.

Wenn Sie die globale Spracheinstellung Ihres Android-Emulators oder Android-Gerätes auf die jeweilige Sprache ändern, wird die entsprechend lokalisierte Datei ausgewählt. Sie ändern die Spracheinstellung vom *Home*-Bildschirm aus:

1. Drücken Sie die `Menü`-Taste
2. Wählen Sie `Settings -> Locale&text -> Select locale`

Fertig[5].

Natürlich sollten Sie Lokalisierungen in Ihrer Anwendung ausgiebig testen, da sich durch die unterschiedliche Länge der Strings Verschiebungen im Layout ergeben können.

Alternative Ressourcen

Die Möglichkeit, alternative Ressourcen anzugeben, erschöpft sich nicht nur in Lokalisierungen von Strings. Sie können auch alternative Grafiken oder komplette Layouts in Abhängigkeit von der Spracheinstellung, der aktuellen Ausrichtung oder den Gerätemöglichkeiten angeben. So beinhalten z. B. die Verzeichnisse

- `/res/drawable-land/` spezielle Grafiken für den *Landscape*-Modus,
- `/res/values-notouch/` Strings für Geräte ohne *Touchscreen*,
- `/res/drawable-port-92dpi/` Grafiken für den Portrait-Mode bei Geräten mit 92dpi Auflösung (die Kennungen können also auch kombiniert werden).

Eine komplette Liste der Kennungen finden Sie unter developer.android.com (`http://developer.android.com/guide/topics/resources/resources-i18n.html#AlternateResources`). Es können keine selbstdefinierten Kennungen (z. B. `custom`) verwendet werden.

[5] Vorsicht bei Auswahl einer exotischen Sprache, derer Sie nicht mächtig sind. Sie sollten sich die genaue Position der Menüeinträge notieren, um die Spracheinstellungen später wieder zu finden.

6.4.3.2 *Activities* und *Intents* ***

Eine Android-Applikation besteht in der Regel aus einer Sammlung von *Activities*, die jeweils eine bestimmte Aufgabe der Applikation erfüllen sollen. Eine `Activity` kann sogar *Activities* anderer Applikationen aufrufen, um z. B. einen Kontakt aus dem Adressbuch auszuwählen oder eine Landkarte anzuzeigen. *Activities* werden vom System im *Activity Stack* (auch als *Task* bezeichnet) »übereinandergestapelt«, d. h. eine neue `Activity` überlagert die vorhergehende. Wenn der Benutzer den Zurück-Knopf des Android-Telefons drückt, wird die aktuelle `Activity` geschlossen und die aufrufende `Activity` angezeigt.

Um einer Applikation eine neue *Activity* hinzuzufügen sind fünf Schritte erforderlich:

1. Es muss ein *Layout* für diese *Activity* existieren. (Siehe Kapitel »Layouts und Views«, S. 161).
2. Es muss dem Projekt eine von `Activity` abgeleitete Klasse hinzugefügt werden.
3. Die `Activity` muss in `AndroidManifest.xml` eingetragen sein.
4. Es muss ein `Intent` erzeugt werden.
5. Die `Activity` muss gestartet werden.

Klasse hinzufügen

Klassen lassen sich in Eclipse komfortabel durch Rechtsklick auf den Projektnamen und die Auswahl von `New -> Class` hinzufügen. Es erscheint das in Abb. 6.4-11 gezeigte Dialogfeld. Der Klassenname sollte mit einem Großbuchstaben beginnen und die Klasse muss von `Activity` abgeleitet sein.

In der Klasse muss die Methode `onCreate()` implementiert werden, die das zu Klasse gehörende Layout aufruft:

```
/** Called when the activity is first created. */
@Override
public void onCreate(Bundle savedInstanceState) {
        super.onCreate(savedInstanceState);
        setContentView(R.layout.startMe);
}
```

Android Manifest.xml

Damit eine `Activity` vom System aufgerufen werden kann, muss diese im `AndroidManifest.xml` eingetragen sein:

```
<?xml version="1.0" encoding="utf-8"?>
<manifest xmlns:android=
            "http://schemas.android.com/apk/res/android"
```

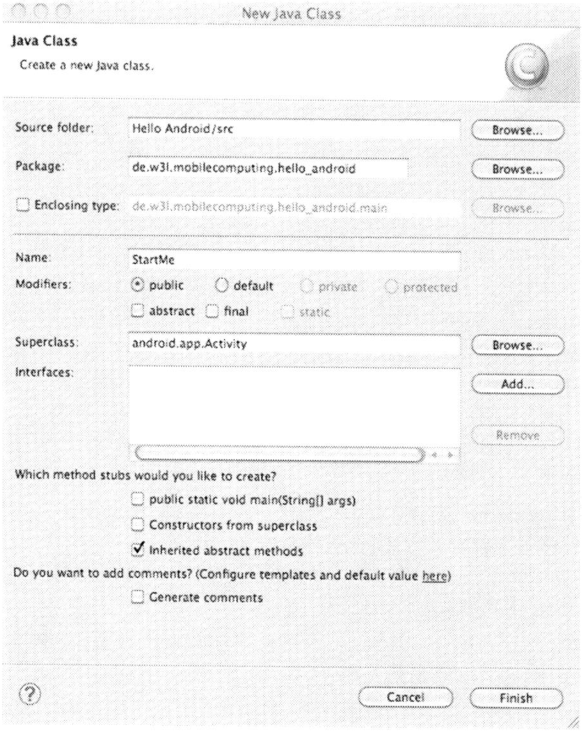

Abb. 6.4-11: Der »New Class«-Dialog.

```
     package="de.w3l.mobilecomputing.hello_android"
     android:versionCode="1"
     android:versionName="1.0">
    <application android:icon="@drawable/icon"
           android:label="@string/app_name">
           <activity android:name=".main"
                 android:label="@string/app_name">
           <intent-filter>
               <action android:name=
                     "android.intent.action.MAIN" />
               <category android:name=
                     "android.intent.category.LAUNCHER" />
           </intent-filter>
       </activity>
    <activity android:name="StartMe"></activity>
</application>
    <uses-sdk android:minSdkVersion="3" />
</manifest>
```

Intent

Ein `Intent`, also übersetzt eine »Absicht« oder ein »Vorhaben«, ist die Beschreibung einer auszuführenden Operation. Im einfachsten Fall gibt der Intent an, wer welche `Activity` aufzurufen gedenkt:

```
// Rufe die Activity (Klasse) StartMe auf:
Intent intent = new Intent(main.this, StartMe.class);
```

In diesem Fall handelt es sich um einen »expliziten `Intent`«, d.h. der `Intent` gibt explizit an, welche `Activity`-Klasse von diesem `Intent` gestartet werden soll. Zusätzlich gibt es auch »implizite `Intents`«, die nicht genau spezifizieren, welche Klasse den Intent behandeln soll, sondern stattdessen einen Bezeichner verwenden, der die Aktion beschreibt, z. B.

```
Intent intent = new Intent(Intent.ACTION_DIAL,
     Uri.parse("tel:(0234)567890"));
```

um eine Telefonnummer zu wählen. Die behandelnde `Activity` hat hierzu zuvor einen »`Intent`-Filter« für diesen Bezeichner im System registriert, der diese Anfrage abfängt und ausführt.

PendingIntent

Eine besondere Form des `Intent` ist der `PendingIntent`. Ein `PendingIntent` ist ein ganz normaler Intent, der jedoch nicht sofort benutzt wird, z.B. durch Aufruf von `startActivity(intent)`, sondern sich zunächst im Wartezustand, in der Schwebe (engl. *pending*) befindet.

Erzeugt wird ein `PendingIntent` u.a. durch den Aufruf der statischen Methode `getActivity`, `getBroadcast()` oder `getService()` eines `PendingIntent`.

Im folgenden Beispiel wird ein `Intent` durch die Angabe einer Activity erzeugt und daraus ein `PendingIntent` abgeleitet.

```
Intent intent = new Intent(main.this, main.class) ;
PendingIntent pendingIntent =
   PendingIntent.getActivity(main.this, 0, intent, 0);
```

Einsatzbereiche von `PendingIntents` werden Sie in den Kapiteln »Dialoge und Benachrichtigungen«, S. 176, und »Ortsbenachrichtigungen«, S. 191, kennenlernen.

startActivity()

Durch Aufruf der Methode `startActivity(Intent intent)` wird die `Activity` schließlich gestartet.

Datenübergabe

Der *Intent* gibt also an, welche `Activity` aufruft und welche aufgerufen werden soll. Darüber hinaus können dem `Intent` auch Daten für die aufgerufene `Activity` übergeben werden,

z. B. Koordinaten, die in einer Karte angezeigt werden sollen. Hierzu nutzt man die Methode `putExtras()` der `Intent`-Klasse:

```
double latitude = 37.422006;
double longitude =  -122.084095;

// Füge die Koordinaten zum Intent hinzu:
intent.putExtra("Breite", latitude);
intent.putExtra("Laenge", longitude);
```

Der angegebene String dient dabei als Schlüssel, um die Daten beim Empfänger wieder zu referenzieren. Die aufgerufene Klasse kann diese Daten mit `getExtras()` wieder extrahieren:

```
Bundle extras = intent.getExtras();

double latitude = extras.getDouble("Breite");
double longitude = extras.getDouble("Laenge");
```

Mit dieser Vorgehensweise können jedoch nur primitive Datentypen übertragen werden. Für die Übertragung von komplexen Datenstrukturen stehen andere Methoden zur Verfügung, die in developer.android.org (http://developer.android.com/guide/appendix/faq/framework.html#3) genauer beschrieben werden.

Datenrückgabe

Soll die gestartete `Activity` der aufrufenden `Activity` Daten zurückliefern, kann dies ebenfalls über die *Extras* des `Intent` erfolgen. Die `Activity` muss dann aber durch den Aufruf `startActivityForResult(Intent intent, int requestCode)` gestartet werden. Diese Methode erwartet zusätzlich zum `Intent` einen `requestCode`, der frei gewählt werden kann, um die Anfrage bei der Datenrückgabe identifizieren zu können.

In der aufrufenden `Activity` muss dann zusätzlich die Methode `onActivityResult()` implementiert werden. Diese wird vom System aufgerufen, wenn die gestartete `Activity` durch die Methode `setResult(RESULT_OK, intent)` signalisiert, dass sie das Ergebnis geliefert hat:

```
protected void onActivityResult(int requestCode,
                   int resultCode, Intent data) {

if (resultCode == RESULT_OK) {

        switch (requestCode) {
            case GET_MAP_COORDINATES:
                Bundle extras = data.getExtras();
```

```
                double latitude =
                                 extras.getDouble("Breite");
                double longitude =
                                 extras.getDouble("Laengé");

           .....
        }
}
```

6.4.3.2.1 Der Lebenszyklus einer Android-Applikation *

Der Lebenszyklus einer Applikation wird in Android vornehmlich vom System vorgegeben, d. h. der Nutzer kann eine Applikation zwar starten, sie aber (normalerweise) nicht wieder beenden. Eine Applikation wird endgültig erst beendet, wenn das System den verwendeten Speicher anderweitig benötigt. Bis dahin durchläuft die Applikation verschiedene Stati, von aktiv über pausiert bis gestoppt.

Bei ihren bisherigen Experimenten mit dem Android-Emulator oder einem Android-Telefon haben Sie sich wahrscheinlich schon gefragt, wie man denn eine gestartete Applikation wieder beendet: Die bestechend schlichte Antwort lautet: gar nicht! Eine Applikation bzw. eine `Activity` wird vom Benutzer gestartet und kann vom Benutzer durch den `Home`-Button in den Hintergrund verschoben werden. Ob und wann die `Activity` jedoch beendet wird, entscheidet das System selber. Eine `Activity` kann sich in drei Zuständen befinden:

1. **Aktiv**
   Die `Activity` befindet sich im Vordergrund und ist im Fokus, d. h. sie befindet sich im *Activity Stack* ganz oben.
2. **Pausiert**
   Die Applikation ist sichtbar, hat aber nicht mehr den Fokus (vielleicht füllt sie nicht den kompletten Bildschirm aus oder die aktive `Activity` ist transparent, so dass Teile dieser `Activity` sichtbar bleiben). Die `Activity` behält all ihre Status- und Variablendaten, kann aber bei extremer Speicherknappheit vom System beendet werden.
3. **Gestoppt**
   Die `Activity` ist nicht mehr sichtbar. Sie behält ihre Sta-

tus- und Variablendaten, wird aber bei längerer Nichtbenutzung früher oder später vom System beendet.

Beim Übergang zwischen diesen Stati werden diese Methoden der *Activity* aufgerufen:

```
void onCreate(Bundle savedInstanceState)
void onStart()
void onRestart()
void onResume()
void onPause()
void onStop()
void onDestroy()
```

Wie Sie bereits gesehen haben, muss jede `Activity` die Methode `onCreate()` implementieren. Häufig wird auch die `onPause`-Methode implementiert, um eventuelle Datenänderungen zu sichern und die Interaktion mit dem Benutzer geordnet zu beenden.

Hinweis

Die Implementierung dieser Methoden sollte immer den Aufruf der übergeordneten Klasse beinhalten, z. B.:

```
protected void onPause() {
    super.onPause();
    . . .
}
```

Insgesamt wird durch diese sieben Methoden der gesamte Lebenszyklus einer `Activity` definiert. Es ergeben sich drei ineinander verschachtelte Schleifen:

- Zwischen `onCreate()` und `onDestroy()` ist die `Activity` **am Leben**.
- Zwischen `onStart()` und `onStop()` ist die `Activity` **sichtbar**.
- Zwischen `onResume()` und `onPause()` ist die `Activity` **im Vordergrund**.

Abb. 6.4-12 veranschaulicht den Übergang zwischen diesen Zuständen.

Detailliertere Informationen erhalten Sie unter developer.android.org (`http://developer.android.com/guide/topics/fundamentals.html#lcycles`).

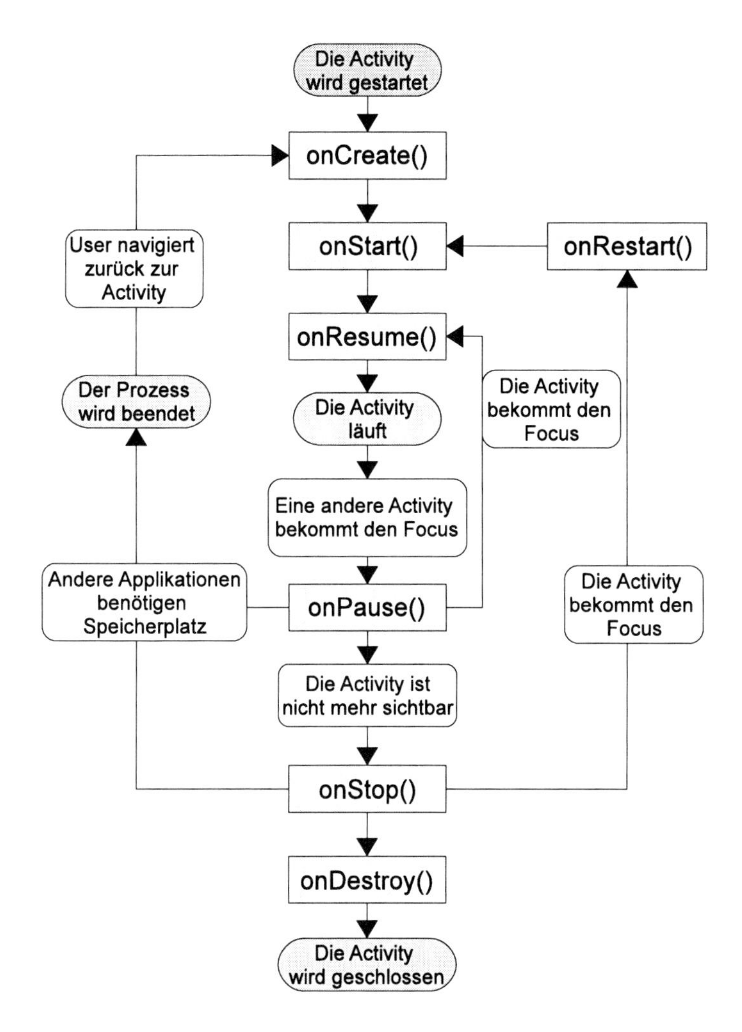

Abb. 6.4-12: Der Activity-Lifecycle in Android.

6.4.3.3 *Activities* und *Layouts* verbinden ***

Über die Methode `findViewById` kann im Java-Code eine Verbindung zwischen dem *Layout* und dem Programmcode hergestellt werden.

Wir haben nun *Activities* und *Layouts* kennen gelernt. Wie kann jedoch im Java-Code auf das *User Interface* zugegriffen werden?

R.java

Wie bereits erwähnt, spielt die Klasse R (für »*Resources*«) hierbei eine zentrale Rolle. Diese wird automatisch erzeugt wenn Ressourcen, also Layouts, Strings oder Grafiken dem Projekt hinzugefügt werden oder diese geändert werden.

Button

Der folgende Code demonstriert, wie der in Kapitel »Layouts und Views«, S. 161, definierte Button in Java referenziert wird und in den Programmablauf eingebunden wird:

```
package de.w3l.mobilecomputing.hello_android;

import android.app.Activity;
import android.os.Bundle;
import android.view.View;
import android.widget.Button;
import android.widget.Toast;
public class main extends Activity {

    /** Called when the activity is first created. */
    @Override
    public void onCreate(Bundle savedInstanceState) {
        super.onCreate(savedInstanceState);
        setContentView(R.layout.main);

        final Button basic_button =
               ( Button) findViewById( R.id.Button01);
        basic_button.setOnClickListener(
                new View.OnClickListener( ) {
                 public void onClick(View v) {
                    Toast.makeText( main.this,
                    "Knopf gedrückt",
                                Toast.LENGTH_SHORT).show();
            }
        });
    }
}
```

Die Methode findViewById() verbindet das UI-Element Button01 mit der Variablen basic_button. Für jeden Button muss ein OnClickListener() definiert werden, der auf Button-*Events* reagiert. In diesem Fall ist dies die einfache Ausgabe des Texts »Knopf gedrück« mithilfe von Toast, der einfachsten Möglichkeit, kurze Benachrichtigungen an den Benutzer auszugeben.

EditText

Die Klasse EditText bietet die Methode getText() um den eingegebenen Text auszulesen. getText() liefert ein Editable zurück, d. h. einen Text, der im Gegensatz zu einem String (*immutable*, unveränderlich) veränderlich ist.

TextView

Ähnlich wie bei der Methode getText() der Klasse EditText können in der Klasse TextView mit setText() Strings gesetzt werden.

Spinner

Etwas komplizierter ist die Lage beim Spinner. Da ein Spinner im Prinzip aus mehreren TextViews besteht, muss zunächst der im Spinner ausgewählte TextView ausgelesen werden, aus dem dann wiederum der Text gelesen werden kann:

```
final Spinner spin = (Spinner)findViewById(R.id.Spinner01);
TextView textSelection = (TextView)spin.getSelectedView();
String selectedText = (String) textSelection.getText();
```

Noch etwas komplizierter ist die Befüllung eines Spinners mit Daten. Bisher wurde der Spinner ja statisch mit Daten vorbelegt. Nun sollen die Einträge im Spinner jedoch dynamisch verändert werden. Da ein Spinner eine von AdapterView abgeleitete Klasse ist, wird er mit Hilfe eines Adapter mit seinen Daten verknüpft (Abb. 6.4-13):

```
final String[] FARBEN =
        {"cyan", "magenta", "yellow", "black"};

ArrayAdapter<String> adapter =
        new ArrayAdapter<String>( this,
           android.R.layout.simple_spinner_item,
           FARBEN);

final Spinner spin =
        (Spinner) findViewById(R.id.Spinner01);
spin.setAdapter(adapter);
```

Über den zweiten Parameter des ArrayAdapter-Konstruktor lässt sich das *Layout* des Adapters zur Laufzeit verändern.

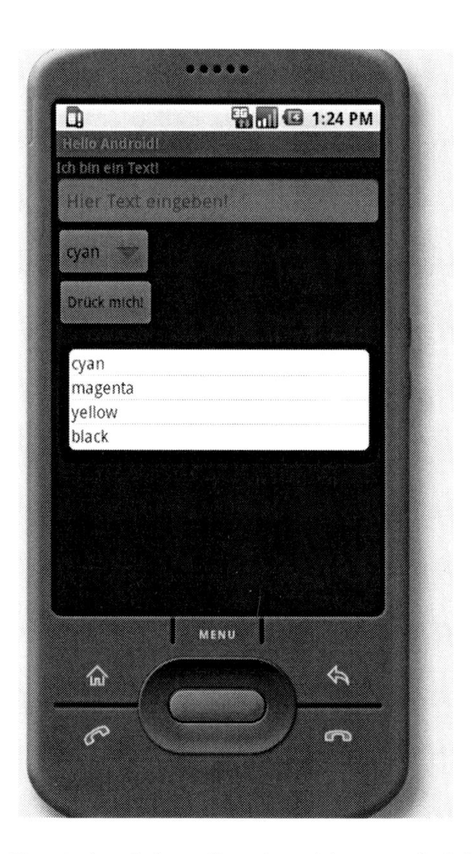

Abb. 6.4-13: Die mit dem *Spinner* über einen Adapter verknüpften Daten.

6.4.3.4 Dialoge und Benachrichtigungen ***

Ein *Mobile Computing*-System muss seinen Benutzer auf eine Vielzahl von Dingen aufmerksam machen, z. B. den Empfang einer E-Mail oder den zu niedrigen Batterieladestatus. Dazu stellt Android u. a. die Mechanismen `Toast`, `AlertDialog` und `Notification` zur Verfügung.

Toast

Die einfachste Form einer Benachrichtigung, den `Toast`, haben Sie bereits in Kapitel »Activities und Layouts verbinden«, S. 173, kennengelernt. Dieser blendet für einen definierbaren Zeitraum ein kleines Textfenster mit einer Nachricht über der aktiven Activity (Abb. 6.4-14) ein.

Abb. 6.4-14: Ein *Toast*.

AlertDialog

Wenn die unbedingte Aufmerksamkeit des Benutzers erforderlich ist und eine Rückmeldung angefordert wird, bietet sich ein `AlertDialog` an (Abb. 6.4-15). Der folgende Code definiert einen `AlertDialog` mit einer Schaltfläche:

```
new AlertDialog.Builder(MeineKlasse.this).setMessage(
     "Und, wie isset?").setPositiveButton(
     "Muss!", new DialogInterface.OnClickListener() {
          public void onClick(DialogInterface dialog,
                              int which) {
               Toast.makeText(LocationEntry.this,
                      "... und selbst?",
                      Toast.LENGTH_SHORT).show();
          }
     }
).show();
```

Abb. 6.4-15: Ein Alert-Dialog.

Der Dialog kann mit den Methoden `setNegativeButton()` und `setNeutralButton()` um weitere Schaltflächen erweitert werden.

Diese Methoden sind hilfreich, wenn die benachrichtigende `Activity` gerade im Vordergrund ist. Wenn sich die `Activity` aber gerade nicht im Vordergrund befindet, müssen andere Methoden verwendet werden.

`Notification Manager`

Dazu bietet Android die Möglichkeit, dem Benutzer über den *StatusBar* Nachrichten zu senden. Der *StatusBar* befindet sich am oberen Bildschirmrand (Abb. 6.4-16) und zeigt in den Standardeinstellungen z. B. Informationen über die Uhrzeit, den Batterieladezustand und den Netzwerkstatus an. Darüber hinaus zeigt er auf der linken Seite Benachrichtigungen über eingegangene E-Mails oder andere *Events* als Symbole an. Durch das Herunterwischen mit dem Finger kann der *StatusBar* vergrössert werden und zeigt dann ausführlichere Informationen an (Abb. 6.4-17). An diesen *StatusBar* können mit Hilfe des `NotificationManager` auch Nachrichten einer Applikation gesendet werden, wenn diese sich aktuell nicht im Vordergrund befindet.

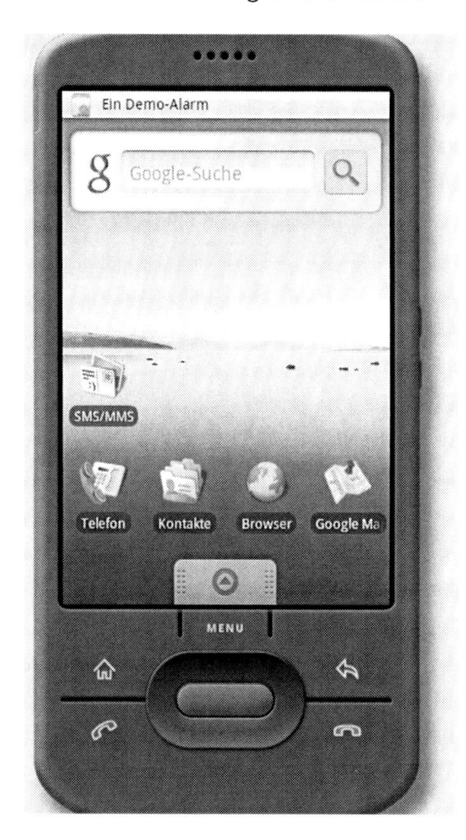

Abb. 6.4-16: Ein Alarm in der Statuszeile.

Dies geschieht folgendermaßen:

Zunächst wird eine Instanz des `NotificationManagers` erzeugt:

```
NotificationManager notificationManager =
        (NotificationManager) getSystemService(
                Context.NOTIFICATION_SERVICE);
```

Abb. 6.4-17: Der aufgeklappte Alarm.

Dann werden die Details, also das anzuzeigende *Icon* und der Text dazu eingetragen:

```
Notification notifyDetails = new Notification(
          R.drawable.icon,"Ein Demo-Alarm",
          System.currentTimeMillis());
```

Als nächstes muss die Information eingetragen werden, die beim Vergrößern der Benachrichtigung angezeigt wird. Dazu wird ein `PendingIntent` benötigt (Näheres zu `PendingIntents` erfahren Sie in Kapitel »Activities und Intents«, S. 167):

```
Intent intent = new Intent(LocationEntry.this,
    LocationEntry.class) ;
PendingIntent pendingIntent =
     PendingIntent.getActivity(LocationEntry.this,
     0, intent, 0);
```

```
notifyDetails.setLatestEventInfo(LocationEntry.this,
    "Hallo! ",
    "Hier kommt noch mehr Text",
 pendingIntent);
```

Die im `PendingIntent` angegebene `Activity` wird aufgerufen, wenn die Benachrichtigung angeklickt wird.

Es folgen noch einige Details, die angeben, dass die Benachrichtigung automatisch gelöscht werden soll, wenn sie geöffnet wurde und dass ein Ton abgespielt werden soll und schließlich mit `notify()` der Aufruf der Benachrichtigung:

```
notifyDetails.flags |= Notification.FLAG_AUTO_CANCEL;
notifyDetails.sound =
  Uri.parse(
    "file:/system/media/audio/ringtones/VeryAlarmed.ogg");
notificationManager.notify(1 /*NotificationID */,
    notifyDetails);
```

Hinweis

Im *Image* des Emulators befinden sich keine Klingeltöne. Der oben angegebene Code wird daher im Emulator stumm bleiben. Sie können Klingeltöne hinzufügen, indem Sie im Emulator eine virtuelle SD-Karte erzeugen (im AVD-Manager) und mit den DDMS eine .ogg-Datei auf diese SD-Karte kopieren. (Markieren Sie hierzu im *File Explorer* des DDMS das Verzeichnis »sdcard« und wählen Sie das Symbol *Push a file onto device* (ein Telefonsymbol mit rotem Pfeil) oben rechts. Mit

```
notifyDetails.sound =
    Uri.parse("file:/sdcard/VeryAlarmed.ogg");
```

können Sie die Ausgabe dann im Emulator testen.

6.4.3.5 Fallbeispiel UI ***

Linus hat genug von grauer Theorie, er will endlich Resultate sehen. Er hat sich das Android-SDK installiert und macht sich daran, als erstes Projekt seine Idee der ortsbasierten Aufgabenliste zu verwirklichen. Zunächst macht er sich ein paar Gedanken zu Idee und Anforderungen der Applikation.

Idee

Die Applikation soll den Benutzer an Dinge erinnern, die er an bestimmten Orten erledigen wollte, also Dinge, die in der Regel nicht dringend sind, die man aber erledigen oder besorgen könnte, wenn man mal wieder in der Gegend ist. Eine Aufgabe könnte also z. B. »Briefmarken kaufen« sein, und der dazu gehörende Ort »Hauptpost«.

Anforderungen

Linus identifiziert die folgenden Anforderungen an seine Applikation:

1 Es muss eine Möglichkeit geben, Orte einzugeben und zu löschen.
2 Orte sind durch Namen und Koordinaten in Länge und Breite definiert.
3 Es muss möglich sein, den aktuellen Standort zu ermitteln und als Ort zu speichern.
4 Optional: Es wäre schön, Orte auch über eine Karte eingeben zu können.
5 Es muss möglich sein, Aufgaben einzugeben und zu löschen.
6 Aufgaben sind durch eine Beschreibung und einen Ort definiert.
7 Sobald der Benutzer sich einem Ort nähert, dem eine Aufgabe zugewiesen ist, soll der Benutzer ein Ton- und Vibrationssignal erhalten.

3 Activities

Aus diesen Anforderungen ergibt sich, dass Linus' Applikation drei Bildschirme und damit drei *Activities* braucht (Abb. 6.4-18):

1 Eine Hauptanzeige, die nach dem Start angezeigt wird und die eine Liste der eingetragenen Aufgaben sowie zwei Schaltflächen enthält, eine um Aufgaben hinzuzufügen und eine um Orte hinzuzufügen.
2 Ein Bildschirm, um Orte hinzuzufügen. Dieser muss ein `EditText`-Feld enthalten, um den Ortsnamen einzutragen, sowie eine Schaltfläche, um die aktuelle Position per GPS zu erfragen. Wenn die Koordinaten verfügbar sind, sollen sie in einem `TextView` angezeigt werden. Ferner wird eine Schaltfläche zum Speichern des Ortes benötigt.
3 Ein Bildschirm, um Aufgaben einzutragen. Dazu soll ein `EditText`-Feld vorhanden sein, um die Beschreibung einzutragen, sowie ein `Spinner`, der die vorhandenen Orte zur Auswahl bereitstellt.

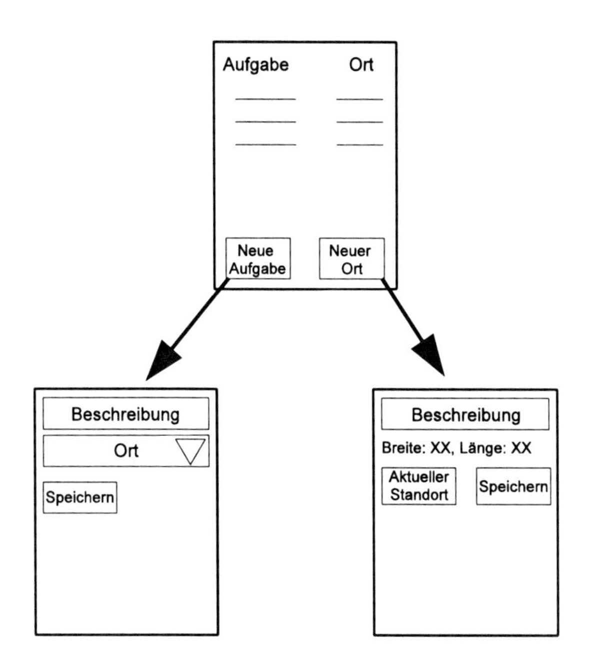

Abb. 6.4-18: Die drei Views von Linus' Applikation.

Linus erzeugt ein frisches Android-Projekt in Eclipse und macht sich daran, zunächst die Layout-Dateien für diese Anzeigen zu implementieren.

Main

Laut seiner Skizze sieht das nach einem horizontalen `LinearLayout` aus, in dem wiederum ein vertikaler `LinearLayout` mit den Überschriften eingebettet ist. Dem folgt ein `ListView` mit den Einträgen und ein weiterer `LinearLayout` mit den Schaltflächen. Nach einigem Probieren und Fluchen entscheidet sich Linus jedoch für ein `RelativeLayout`, da er die beiden Schaltflächen am unteren Bildschirmrand positionieren möchte (Abb. 6.4-19).

Etwas einfacher gestaltet sich das Layout für die Ortseinträge (Abb. 6.4-20) und die Aufgabeneinträge (Abb. 6.4-21), die er komplett als `LinearLayout` implementieren kann.

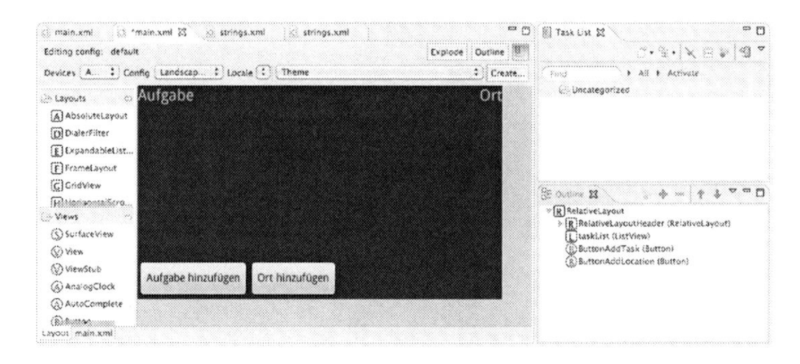

Abb. 6.4-19: Der *MainView* im XML-Editor.

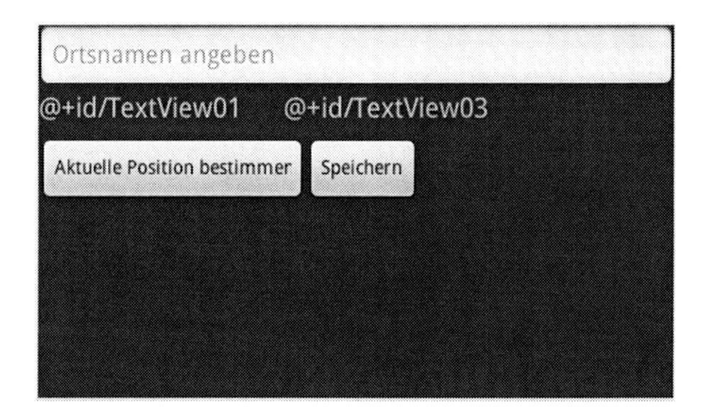

Abb. 6.4-20: Der *LocationEntry*-View.

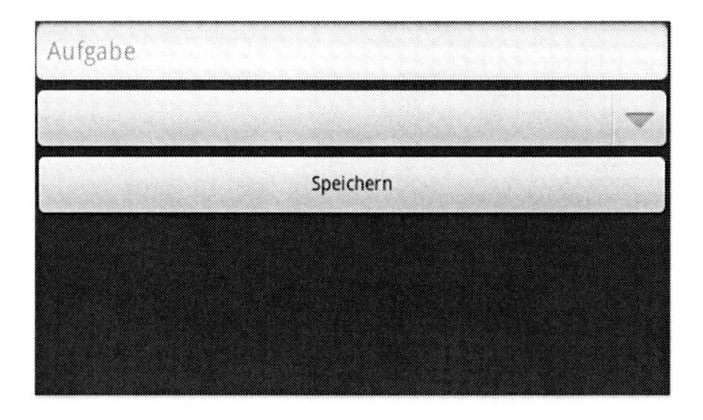

Abb. 6.4-21: Das *Layout* des *TaskEntry*-Views.

Anschließend fügt Linus die beiden von `Activity` abgeleiteten Klassen `LocationEntry` und `TaskEntry` seinem Projekt hinzu, trägt diese `Activities` in `AndroidManifest.xml` ein und und fügt in seiner `MainView`-Klasse für die Schaltflächen die jeweiligen `onClickListener()`. Diese starten die beiden Activities `LocationEntry` und `TaskEntry`.

Damit hat Linus bereits einen lauffähigen Prototypen seiner Applikation, der zugegebenermaßen noch nicht viel tut, außer Bildschirme anzuzeigen.

6.4.4 Android APIs ***

Android bietet eine Vielzahl an Programmierschnittstellen (APIs, Application Programming Interfaces), um die spezifischen Funktionalitäten des mobilen Gerätes nutzen zu können. Dazu gehören APIs zum Ansprechen der Telefon-Funktionalitäten, zum Speichern und zum Austausch von Daten, zur Positionsbestimmung und Navigation oder um die Multimediafähigkeiten des Geräts nutzen zu können.

Im folgenden Kapitel werden die APIs zur Positionsbestimmung und zur Anzeige von Karten sowie zum Abspeichern von Daten behandelt.

- »Positionsbestimmung«, S. 186
- »Google Maps«, S. 188
- »Persistenz«, S. 203
- »Ortsbenachrichtigungen«, S. 191
- »Fallbeispiel LBS«, S. 192
- »Fallbeispiel SQLite«, S. 208

6.4.4.1 *Location Based Services* (LBS) ***

Das Android-SDK stellt eine Reihe von Programmierschnittstellen zu Positionsbestimmung und Navigation bereit, die im Folgenden näher betrachtet werden:

- »Positionsbestimmung«, S. 186
- »Google Maps«, S. 188
- »Ortsbenachrichtigungen«, S. 191
- »Fallbeispiel LBS«, S. 192

6.4.4.1.1 Positionsbestimmung ***

Die Erfassung der aktuellen Position geschieht in der Regel mit Hilfe eines integrierten GPS-Empfängers. Sollte dieser nicht zur Verfügung stehen, gibt es alternative Methoden, z. B. die Bestimmung der aktuellen Netzwerkzelle oder über eine Abfrage von Datenbanken, die die Position gerade sichtbarer WLAN-Netze vorhalten. Diese können Vor- und Nachteile gegenüber GPS hinsichtlich Stromverbrauch, Geschwindigkeit und Genauigkeit haben. Außerdem kann eine Netzwerkabfrage unter Umständen mit Kosten verbunden sein.

5 Schritte

Die aktuelle Position zu bestimmen erfordert fünf Schritte:

1. Es muss eine Instanz des `LocationManager` abgerufen werden. Die geschieht durch einen Aufruf von `getSystemService()` mit dem Parameter `LOCATION_SERVICE`.
2. Die erforderliche Berechtigung muss in `AndroidManifest.xml` eingetragen werden.
3. Ein Anbieter der Daten muss ausgewählt werden, entweder mit `getAllProviders()` oder durch `getBestProvider()`.
4. Es muss ein `LocationListener` implementiert werden.
5. Die Methode `requestLocationUpdates()` muss aufgerufen werden und der `LocationListener` als Parameter übergeben werden.

Location Manager

Der folgende Code liefert eine Instanz des `LocationManagers`:

```
import android.location.LocationManager;
import android.content.Context;
...
LocationManager location =
   (LocationManager)
      getSystemService(Context.LOCATION_SERVICE);
```

Der `Context` stellt eine Schnittstelle zur globalen Applikations-Umgebung und zu Diensten bereit.

Permissions

Diese Zeile müssen dem `AndroidManifest.xml` hinzugefügt werden, um Positionsdaten zu erhalten:

```
<uses-permission
android:name="android.permission.ACCESS_FINE_LOCATION"/>
<uses-permission
android:name="android.permission.ACCESS_COARSE_LOCATION"/>
```

Als nächstes werden die Kriterien zur Auswahl des besten Anbieters angegeben:

```
import android.location.Criteria;
...
Criteria criteria = new Criteria();
criteria.setAccuracy(Criteria.NO_REQUIREMENT) ;
criteria.setPowerRequirement(Criteria.NO_REQUIREMENT);
String bestProvider =
     location.getBestProvider(criteria, true);
```

In diesem Fall werden keine Einschränkungen gemacht. Mögliche Einschränkungen wären z. B. `ACCURACY_FINE` für die Genauigkeit oder `POWER_LOW` für den Stromverbrauch. Die Methode `getBestProvider` liefert dann den besten Anbieter als String codiert zurück.

Location Listener

Der `LocationListener` besitzt vier Methoden, von denen drei den Status der Positionsanbieter liefern. Interessant an dieser Stelle ist die vierte Methode, `onLocationChanged()`:

```
public void onLocationChanged(Location location){
  String locInfo = String.
   format("Aktuelle Position = (%f, %f) @ (%f Meter Höhe)",
   location.getLatitude(), location.getLongitude(),
   location.getAltitude() );
  Toast.makeText(LocationEntry.this, locInfo,
  Toast.LENGTH_SHORT).show();
}
```

Diese Beispielimplementierung gibt die aktuelle Position als kurze Benachrichtigung *(Toast)* auf dem Bildschirm aus.

Abfrage

Nun kann mit `requestLocationUpdates` die Abfrage gestartet werden:

```
location.requestLocationUpdates(bestProvider,
     1000 /* MinTime in ms*/,
     0 /*MinDistance in meter*/,
     LocationEntry.this);
```

Der zweite Parameter gibt hierbei das minimale Intervall in Millisekunden an, in dem Updates geliefert werden sollen, und der dritte Parameter den minimalen Abstand zum aktuellen Standort in Metern, für den wieder Updates geliefert werden sollen.

Simulation

Der Emulator ist natürlich nicht mit einem GPS-Empfänger ausgerüstet. Er kann aber dennoch Positionsdaten empfangen. Diese werden ihm mit Hilfe des DDMS *(Dalvik Debug Monitor Server)* übertragen. Um den DDMS zu öffnen, klicken Sie in Eclipse auf das entsprechende Symbol (ein grüner Android) auf dem Reiter in der oberen rechten Ecke.

Auf der linken Seite des DDMS finden Sie ein Fenster »Emulator Control«. Wenn Sie in diesem Fenster herunterscrollen gelangen Sie zum Bereich »Location Controls« (Abb. 6.4-22). Hier können Sie eine Position eingeben und an den Emulator senden. Außerdem können Sie GPX- oder KML-Dateien (aufgezeichnete Positionsdaten) abspielen.

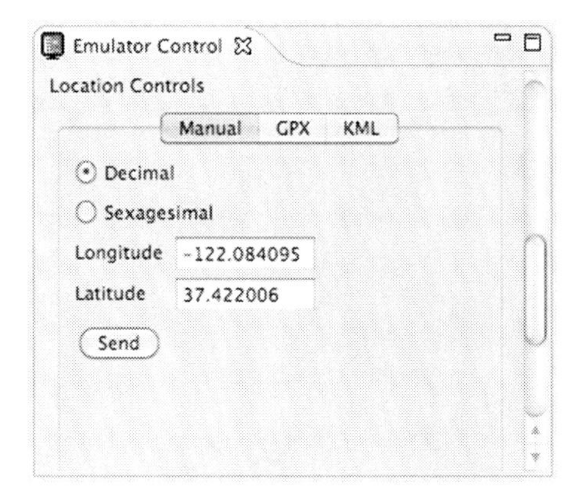

Abb. 6.4-22: Der Dialog »Location Controls« im DDMS.

Hinweis

Sollte Ihr Emulator partout keine Positionsdaten empfangen, stellen Sie die Eingabesprache und das Zahlenformat Ihres Entwicklungsrechners auf US-Englisch um.

6.4.4.1.2 Google Maps ***

In Android ist es sehr einfach, Kartendarstellungen mit Hilfe von Google Maps direkt in eigene Applikationen einzubauen.

5 Schritte

Zum Einbinden von Kartenmaterial sind wiederum fünf Schritte erforderlich:

1. Es muss eine Map-View in die Applikation integriert werden.
2. Das Android-Manifest muss um die entsprechenden *Permissions* erweitert werden.
3. Eine Activity muss angelegt werden, um den View anzuzeigen.

4 Ein API-*Key* für die Maps-Applikation muss erzeugt werden.
5 Die Activity des `MapView` wird mit einer *Geolocation* aufgerufen, um die Karte anzuzeigen.

MapView

Der `MapView` wird, wie andere *Views* in Android, durch ein Element in der Layout-XML-Datei definiert:

```
<com.google.android.maps.MapView
android:id=" @+id/map"
android:apiKey="0123456789IHREIGENERAPIKEY0123456789"
android:layout_width="fill_parent"
android:layout_height="wrap_content"/>
```

Diese XML-Datei unterscheidet sich in zwei Punkten von anderen *View*-Definitionen:

1 Der Name des *View* beinhaltet den kompletten Paketnamen von `com.google.android.maps` und nicht nur z.B. `TextView`.
2 Es muss ein API-*Key* mit angegeben werden. Die Erzeugung dieses *Keys* wird weiter unten behandelt.

Permissions

Im Android-Manifest sind zwei Änderungen erforderlich:

```
<application
...
<uses-library
android: name=" com. google.android. maps" />
</application>
<uses-permission
android:name="android. permission.INTERNET"/>
```

Activity

Eine `MapActivity` muss immer von der Klasse `MapActivity` abgeleitet werden. Dies erfordert, dass die abstrakte Methode `isRouteDisplayed()` implementiert werden muss, die dem System anzeigt, ob eine Route auf der Karte angezeigt wird. Im einfachsten Fall sieht diese Methode folgendermaßen aus:

```
@Override
protected boolean isRouteDisplayed( ) {
// Routen werden nicht angezeigt
return false;
}
```

Key erzeugen

Um einen API-*Key* zu erzeugen, brauchen Sie den MD5-*Fingerprint* Ihres *Debug*-Zertifikats. Diesen erhalten Sie mit Hilfe des Java-Werkzeugs `keytool` (Abb. 6.4-23). Geben Sie in einer Shell den folgenden Befehl ein:

```
keytool -list -keystore /<pfadname>/debug.keystore
```

Sie werden nach einem Passwort gefragt, welches allerdings standardmäßig leer ist. Sie brauchen also nur mit `Enter` zu bestätigen. Auf Linux und Mac-Systemen befindet sich die Datei unter `~/.android/`. Das Werkzeug liefert einen *MD5-Fingerprint*, den Sie anschließend in `http://code.google.com/android/ maps-api-signup.html` eingeben. Sie benötigen zur Erzeugung des *Keys* auch einen Google-Account, mit dem dieser *Key* dann verknüpft wird.

```
Terminal — bash — 78×18
$ keytool -list -keystore ~/.android/debug.keystor
e
Enter keystore password:

*****************  WARNING WARNING WARNING  *****************
* The integrity of the information stored in your keystore  *
* has NOT been verified!  In order to verify its integrity, *
* you must provide your keystore password.                  *
*****************  WARNING WARNING WARNING  *****************

Keystore type: JKS
Keystore provider: SUN

Your keystore contains 1 entry

androiddebugkey, Apr 19, 2010, PrivateKeyEntry,
Certificate fingerprint (MD5): 85:2C:43:E8:67:05:98:B3:0E:27:0C:6C:AC:9B:9B:ED
$
```

Abb. 6.4-23: Der MD5-Fingerprint.

Den erhaltenen *Key* tragen sie dann in das Feld `android:apiKey` der Layout-Definition des `MapViews` ein.

Map anzeigen

Nun kann mit ein paar Zeilen Code die Karte aufgerufen werden:

```
MapView map = (MapView) findViewById(R.id.map);
map.setSatellite( true) ;
final MapController mapController = map.getController( );
mapController.setZoom(10) ;
```

und zu einer spezifischen Position geschwenkt werden:

```
GeoPoint newPoint = new
GeoPoint( (int)(lat * 1E6) , (int)(lon * 1E6) ) ;
mapControl.animateTo(newPoint);
```

Hinweis

Die Android-API stellt in Form des `Geocoder`-Objekts eine Vielzahl nützlicher Funktionen bereit, um z. B. Ortsnamen oder die Namen von Sehenswürdigkeiten in Koordinaten umzuwandeln. Nähere Informationen finden Sie unter developer.android.com (`http://developer.android.com/reference/android/location/Geocoder.html`).

6.4.4.1.3 Ortsbenachrichtigungen ***

Oft ist es nicht nur von Interesse, die aktuelle Position zu bestimmen, sondern umgekehrt benachrichtigt zu werden, wenn man eine bestimmte Position erreicht. Hierzu bietet der `LocationManager` von Android die Möglichkeit `ProximityAlerts` zu senden.

Alert hinzufügen

Die Methode

```
addProximityAlert(double latitude, double longitude,
  float radius, long expiration, PendingIntent intent)
```

ermöglicht es, Benachrichtigungen anzufordern, wobei die genauen Koordinaten (`latitude` und `longitude`) angegeben werden, die Gültigkeitsdauer der Anfrage (`expiration`) in Millisekunden (wird diese auf -1 gesetzt so ist die Anfrage unbegrenzt gültig) sowie ein `PendingIntent` (Siehe Kapitel »Activities und Intents«, S. 167).

Broadcast

Ein *Broadcast* (also ein »Rundruf«) ist eine systemweite Nachricht, die an keine bestimmte Adresse gerichtet ist, sondern die von jedem Empfänger gelesen werden kann, der sich dafür interessiert und sich registriert, also von einem *BroadcastReceiver*. Solche Nachrichten können z. B. darüber informieren, dass die Batterie fast leer ist oder ein *Headset* angeschlossen wurde. Der hier behandelte *ProximityAlert* wird ebenfalls als *Broadcast* gesendet, weshalb wir einen *BroadcastReceiver* definieren müssen, um diese Nachrichten zu empfangen.

Broadcast Receiver

Ein `BroadcastReceiver` wird von der gleichnamigen Basisklasse abgeleitet und muss die Methode `onReceive()` implementieren, z. B.

```
public class ProximityAlert extends BroadcastReceiver{

  @Override
 public void onReceive(Context context, Intent intent) {

    if(intent.getBooleanExtra(
    LocationManager.KEY_PROXIMITY_ENTERING, false)) {
       Log.v("ProximityAlert","Entering proximity");
   }
  else
    Log.v("ProximityAlert","Leaving proximity");
  }
}
```

Dieser BroadcastReceiver wertet die Zusatzinformation im gesendeten Intent aus, ob die gesuchte Zone betreten oder verlassen wurde.

IntentFilter

Außerdem muss ein IntentFilter installiert werden, um dem System mitzuteilen, dass dieser BroadcastReceiver an jenen Intents interessiert ist:

```
IntentFilter intentFilter =
  new IntentFilter("de.w3l.mobilecomputing.erinnermich.
  PROXIMITY_ALERT");
registerReceiver(new ProximityAlert(), intentFilter);
```

Fertig. Der folgende Code registriert nun einen ProximityAlert für das Google Headquarter:

```
// 100 meter radius
float radius = 100f;

// ist dauerhaft gültig
long expiration = -1;

double latitude = 37,422006;
double longitude = -122,084095;

LocationManager locationManager =
  (LocationManager)getSystemService(
    Context.LOCATION_SERVICE);
Intent intent = new Intent(proximityIntentAction);
PendingIntent pendingIntent =
  PendingIntent.getBroadcast(getApplicationContext(),
  taskId, intent, PendingIntent.FLAG_UPDATE_CURRENT);

locationManager.addProximityAlert(latitude, longitude,
  radius, expiration, pendingIntent);
```

Hinweis

Laut developer.android.com (http://developer.android.com/reference/android/location/LocationManager.html) wird die aktuelle Position im Standby-Modus nur alle 4 Minuten ermittelt, um Strom zu sparen. Sie sollten dies bei der Wahl des Radius berücksichtigen.

6.4.4.1.4 Fallbeispiel LBS ***

Linus möchte, dass in seinem UI-Prototypen endlich auch mal was Richtiges passiert. Darum macht er sich daran, die Schaltfläche »Aktuelle Position bestimmen« mit Leben zu erfüllen. Die Position soll dann im `TextView` über der Schaltfläche angezeigt werden.

Linus übernimmt dazu den Code, den er in seiner letzten Übung bei Prof. Marconi implementiert hat, implementiert aber `onLocationChanged()` neu, um die Daten anzuzeigen:

```
public void onLocationChanged(Location location){
  mLatitude = location.getLatitude();
 mLongitude = location.getLongitude();
 mLocationUpdated = true;

 String latInfo = String.format("%s: %f ",
  "Breite" ,location.getLatitude());
 String longInfo = String.format("%s: %f ",
  "Länge" ,location.getLongitude());

 TextView tvLatitude =
  (TextView)findViewById(R.id.LocationLatitude);
 TextView tvLongitude =
    (TextView)findViewById(R.id.LocationLongitude);

    tvLatitude.setText(latInfo);
  tvLongitude.setText(longInfo);
}
```

Er probiert es im Emulator, sendet die Daten über den DDMS, und es funktioniert (Abb. 6.4-24).

Da Linus sich erinnert, dass er Strings nicht direkt angeben soll ersetzt er noch die Strings `"Breite"` und `"Länge"` durch die Ausdrücke `this.getString(R.string.latitude)` und `this.getString(R.string.longitude)`.

Abb. 6.4-24: Die Koordinaten des Google-Headquarter.

Ermutigt von solchen Erfolgen macht Linus sich daran, auch gleich einen MapView in seine Applikation einzubauen. Irgendwie wäre es ja doch praktischer, Orte per Karteneingabe festlegen zu können, statt extra zu jeder Position hinlaufen zu müssen.

Linus definiert dazu ein Layout mit einer Karte und einer Schaltfläche darüber, die die Koordinaten der Kartenmitte an die aufrufende Activity zurückliefern soll:

```
<?xml version="1.0" encoding="utf-8"?>
<LinearLayout
    xmlns:android=
          "http://schemas.android.com/apk/res/android"
    android:orientation="vertical"
    android:layout_width="fill_parent"
    android:layout_height="fill_parent">
    <Button android:layout_width="wrap_content"
        android:layout_height="wrap_content"
        android:id="@+id/CenterLoc"
       android:text="@string/returnCenter"></Button>
 <RelativeLayout
        android:id="@+id/RelativeLayout01"
        android:layout_height="wrap_content"
        android:layout_width="fill_parent">
    <com.google.android.maps.MapView
        android:id="@+id/map"
        android:clickable="true"
        android:apiKey="meinAPIkey"
        android:layout_width="fill_parent"
        android:layout_height="wrap_content" />
</RelativeLayout>
</LinearLayout>
```

Die dazugehörige Activity-Klasse beinhaltet im Wesentlichen die Code-Schnipsel aus Prof. Marconis Vorlesung:

```
public class map extends MapActivity {

    @Override
    public void onCreate(Bundle savedInstanceState) {
        super.onCreate(savedInstanceState);
        setContentView(R.layout.map);

        final MapView map =
                      (MapView) findViewById(R.id.map);
            map.setSatellite(true) ;
            final MapController mapControl =
                      map.getController( );

            mapControl.setZoom(10);
```

```
            }
        });
    }

    @Override
    protected boolean isRouteDisplayed() {
        // TODO Auto-generated method stub
        return false;
    }

}
```

Zunächst wundert Linus sich, dass die Klasse `MapActivity` nicht gefunden wird. Dann fällt ihm jedoch auf, dass er noch die Google APIs zu seinem Projekt-Setup hinzufügen muss (`Project -> Properties -> Android`) (Abb. 6.4-25).

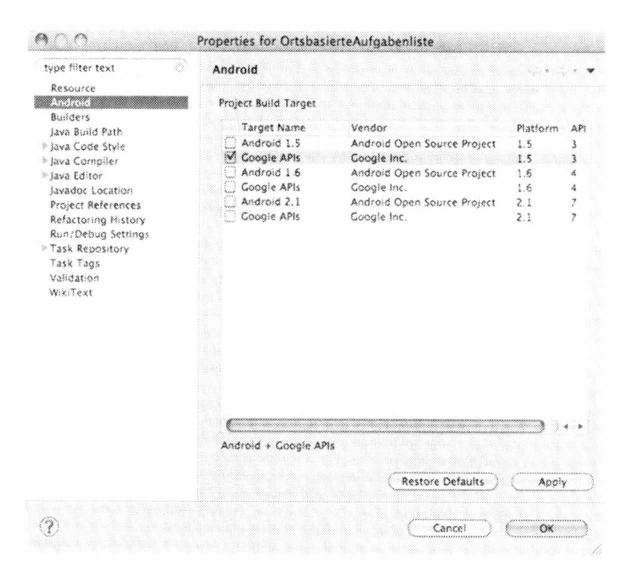

Abb. 6.4-25: Die Auswahl der Google-APIs in den Project-Properties.

Linus besorgt sich einen gültigen API-Key und trägt die erforderliche *Permission* `"android.permission.INTERNET"` sowie die neue *Activity* im AndroidManifest ein.

Zunächst wird die *Activity* nicht gestartet. Nach längerer Fehlersuche stellt Linus fest, dass er vergessen hat, im AndroidManifest die Zeilen

```
<application>
...
<uses-library
android:name=" com.google.android.maps" />
</application>
```

einzutragen. Und schon klappt's. (Abb. 6.4-26)

Abb. 6.4-26: Der Maps-View.

Durch die zusätzliche Angabe von

```
map.setBuiltInZoomControls(true);
```

ist es möglich, in die Karte hinein- oder aus ihr heraus zu zoomen.

Datenrückgabe

Jetzt wäre es natürlich noch hilfreich, die Positionsdaten an die aufrufende `Activity` zurückgeben zu können. Dazu nutzt

Linus die Möglichkeit, in den *Extras* des `Intent` primitive Datentypen übergegeben zu können:

```
final Button getCenterLocButton =
            (Button)findViewById(R.id.CenterLoc);

getCenterLocButton.setOnClickListener(
                         new View.OnClickListener() {
    public void onClick(View v) {
        GeoPoint center = map.getMapCenter();
        long lat = (long) (center.getLatitudeE6());
        long lon = (long) (center.getLongitudeE6());
        String positionString =
            String.format("Lat: %d, Lon: %d", lat, lon);
        Log.v("GPS", positionString);

        // Speicher die Daten im Intent
        // der aufrufenden Activity
        Intent intent = getIntent();
        intent.putExtra("Lat", lat);
        intent.putExtra("Lon", lon);

        setResult(RESULT_OK, intent);
        finish();
    }
});
```

Die Methode `getCenter()` besorgt hierbei die Koordinaten der Kartenmitte in Mikrograd.

Die *Map-Activity* muss für eine Datenübergabe mit `startActivityForResult()` aufgerufen werden:

```
getMapLocation.setOnClickListener(
   new View.OnClickListener() {
      public void onClick(View v) {

   Intent intent = new Intent(
      LocationEntry.this, map.class);
   startActivityForResult(
      intent, 0 /* kein requestCode */);

   }
});
```

Mit `finish()` wird die *Map-Activity* beendet und in der *LocationEntry-Activity* die Methode `onActivityResult()` aufgerufen:

```
protected void onActivityResult(int requestCode,
                     int resultCode, Intent data) {
  if (resultCode == RESULT_OK) {
```

```
    Bundle extras = data.getExtras();

    mLatitude = extras.getLong("Lat")/1E6;
    mLongitude = extras.getLong("Lon")/1E6;
    mLocationUpdated = true;

    String latInfo = String.format("Lat: %f ", mLatitude);
    String longInfo = String.format("Lng: %f ", mLongitude);

    TextView latitude =
       (TextView)findViewById(R.id.LocationLatitude);
    TextView longitude =
      (TextView)findViewById(R.id.LocationLongitude);

    latitude.setText(latInfo);
    longitude.setText(longInfo);

  }
}
```

Markierung

Um die Koordinaten genauer bestimmen zu können, markiert Linus noch die Kartenmitte. Er erzeugt sich mit einem Grafikprogramm ein kleines Quadrat und speichert dieses im PNG-Format im Verzeichnis `res/drawables`.

Anschließend fügt der dem Layout `map.xml` einen `ImageView` hinzu (Abb. 6.4-27), der dieses Quadrat zentriert über den MapView legt (Abb. 6.4-28):

```
<?xml version="1.0" encoding="utf-8"?>
<LinearLayout
......
<RelativeLayout
        android:id="@+id/RelativeLayout01"
        android:layout_height="wrap_content"
        android:layout_width="fill_parent">
    <com.google.android.maps.MapView
        android:id="@+id/map"
        android:clickable="true"
        android:apiKey="meinAPIkey"
        android:layout_width="fill_parent"
        android:layout_height="wrap_content" />
    <ImageView android:layout_width="wrap_content"
        android:layout_height="wrap_content"
        android:id="@+id/CenterMark"
        android:layout_centerInParent="true">
        android:src="@drawable/center"></ImageView>
</RelativeLayout>
</LinearLayout>
```

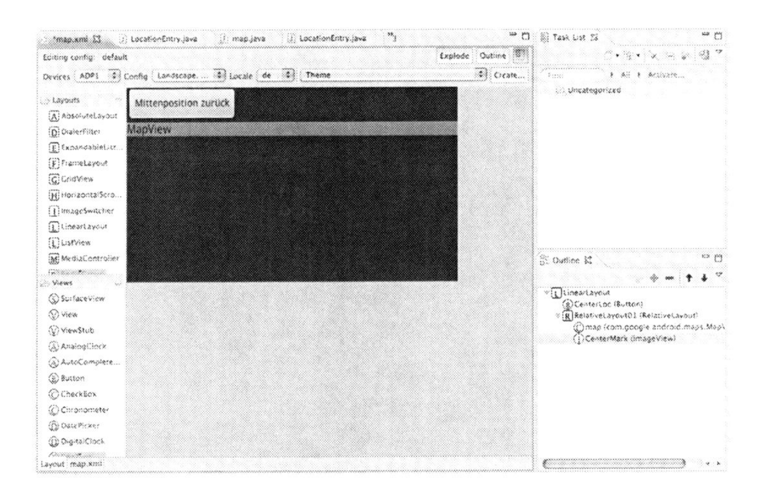

Abb. 6.4-27: Die überlagerte Mittenmarkierung in Eclipse.

Proximity Alert

Damit hat Linus zwei Möglichkeiten, Orte in seiner Applikation zu definieren und kann bereits einen ProximityAlert anfordern:

Er nutzt den *Save*-Button seiner Applikation, um die von der Karten-*Activity* zurückgegebenen Koordinaten zu registrieren:

```
final Button save = (Button)findViewById(R.id.ButtonSave);

save.setOnClickListener(new View.OnClickListener() {
  public void onClick(View v) {

      // 1000 meter radius
    float radius = 1000f;
    // gilt für immer
    long expiration = -1;
    LocationManager locationManager = (LocationManager)
         getSystemService(Context.LOCATION_SERVICE);
    Intent intent =
     new Intent(
      "de.w3l.mobilecomputing.erinnermich.PROXIMITY_ALERT");
    PendingIntent pendingIntent =
         PendingIntent.getBroadcast(
           getApplicationContext(), 0, intent,
       PendingIntent.FLAG_UPDATE_CURRENT);
    locationManager.addProximityAlert(mLatitude,
           mLongitude,radius, expiration, pendingIntent);
```

Abb. 6.4-28: Die Kartendarstellung mit überlagerter Mittenmarkierung.

```
  }
});
```

Die von `BroadcastReceiver` abgeleitete Klasse `ProximityAlert` sieht dabei folgendermaßen aus:

```
public class ProximityAlert extends BroadcastReceiver {

  private NotificationManager mNotificationManager;
  private int NOTIFICATION_1;

  @Override
  public void onReceive(Context context, Intent intent) {

    if(intent.getBooleanExtra(
      LocationManager.KEY_PROXIMITY_ENTERING, false)) {
      // we are entering the proximity zone
```

```
        mNotificationManager =
         (NotificationManager)context.getSystemService(
          Context.NOTIFICATION_SERVICE);
          Notification notifyDetails =
          new Notification(R.drawable.icon,"ErinnerMich!",
          System.currentTimeMillis());
          PendingIntent myIntent = PendingIntent.getActivity(
           context, 0, new Intent(context, MainView.class),0);
          notifyDetails.setLatestEventInfo(context,
          "Ein Alarm wurde ausgelöst",
          "Klick mich!", myIntent);
          notifyDetails.flags |=Notification.FLAG_AUTO_CANCEL;
          notifyDetails.sound = Uri.parse(
          "file:/system/media/audio/ringtones/Alarmed.ogg");
          mNotificationManager.notify(NOTIFICATION_1,
              notifyDetails);

        Log.v("ProximityAlert","Entering proximity");
      }
      else
        Log.v("ProximityAlert","Leaving proximity");

      }
}
```

Die Methode onReceive() überprüft zunächst, ob der angefragte Bereich verlassen oder betreten wurde und löst im letzteren Fall eine Notification aus. Außerdem gibt er in beiden Fällen eine Log-Nachricht aus. Diese Nachricht kann zur Laufzeit im *Log-Cat* des DDMS ausgelesen werden.

Nun muss er noch dem System mitteilen, dass er ProximityAlerts mit der Klasse ProximityAlert empfangen möchte. Dies geschieht in der onCreate()-Methode der MainView-Klasse:

```
IntentFilter intentFilter =
   new IntentFilter("LINUS_SEIN_PROXIMITY_ALERT");
registerReceiver(new ProximityAlert(), intentFilter);
```

Der String-Parameter in IntentFilter() dient dazu, den Filter später zu identifizieren, um ihn z. B. wieder löschen zu können.

Linus lässt die Applikation laufen, wählt über die Karte einen Ort aus und drückt auf den »Speichern«-Knopf. Im DDMS-LogCat-Fenster kann er sehen, dass ein *ProximityAlert* registriert wurde.

Im Emulator sieht er außerdem an einem Symbol in Form einer Satellitenschüssel, dass der GPS-Empfang aktiviert wurde. Wenn er jetzt im DDMS die registrierten Koordinaten an den Emulator sendet, wird ein *ProximityAlarm* ausgelöst (Abb. 6.4-29).

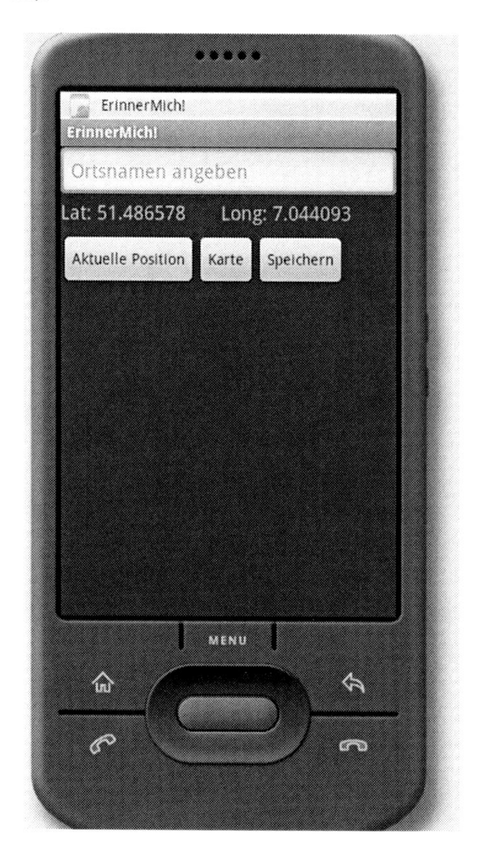

Abb. 6.4-29: Der *ProximityAlert* im Emulator.

Nächste Schritte

Um diese aber auch mit Aufgaben kombinieren zu können, muss er zunächst lernen, wie er diese Orte dauerhaft auf einem Android-Gerät abspeichern kann. Mit dieser Frage beschäftigt sich Kapitel »Persistenz«, S. 203.

6.4.4.2 Persistenz ***

Viele Daten müssen über den Lebenszyklus einer Applikation hinaus gespeichert werden. Dazu bietet Android im Wesentlichen die drei Methoden *Application Preferences*, Ordner und Dateien sowie die Datenbank SQLite.

Überblick

Bei *Application Preferences* handelt es sich um einen relativ leichten Mechanismus, der es Applikationen ermöglicht, einfache Daten wie den Applikationsstatus, Benutzerdaten oder Konfigurationsoptionen zu speichern.

Natürlich können Android-Applikationen auch ganz normal auf Ordner und Dateien zugreifen. Android bietet auch einige Hilfsmittel, um XML-Dateien zu lesen und zu bearbeiten (wie in `java.io`).

Um strukturiert Daten speichern zu können kann jede Android-Applikation mit SQLite eine einfache, dateibasierte relationale Datenbank einrichten.

Application Preferences

Application Preferences werden entweder für jede `Activity` gespeichert (»*private*«) oder auf Applikations-Ebene (»*shared*«). Die folgenden Datentypen werden jeweils als *key/value*-Paare abgespeichert:

- `Boolean`
- `Float`
- `Integer`
- `Long`
- `String`

Um in einer Applikation mit *Preferences* zu arbeiten sind die folgenden Schritte erforderlich:

1. Es muss zunächst eine Instanz eines `SharedPreferences`-Objekts angefordert werden.
2. Dann wird ein `SharedPreferences.Editor` erzeugt, um die *Preferences* zu bearbeiten.
3. Nach der Bearbeitung müssen die Änderungen gespeichert werden.

Der folgende Code erzeugt z. B. einen Eintrag:

```
SharedPreferences privatePrefs =
                getPreferences(MODE_PRIVATE) ;
```

```
SharedPreferences.Editor prefEditor = privatePrefs.edit() ;
prefEditor.putLong("ZiemlichGrosserWert",
               java.lang.Long.MAX_VALUE) ;
prefEditor.commit();
```

Der folgende liest ihn wieder:

```
SharedPreferences privatePrefs =
    getPreferences(MODE_PRIVATE) ;
Long grosserWert =
   privatePrefs.getLong("ZiemlichGrosserWert", false) ;
```

Eine komplette Auflistung der `SharedPreferences`-*Interfaces* finden Sie unter developer.android.com (`http://developer.android.com/guide/topics/data/data-storage.html#pref`).

Dateien

Jede Android-Applikation hat einen Standard-Ordner für Dateien unter `/data/data/<package name>/files/` Der folgende Code erzeugt eine Datei in diesem Verzeichnis und schreibt einen String hinein:

```
FileOutputStream fos;
String strFileContents = "Was schreibe ich bloß....?";
fos = openFileOutput("Filename.txt", MODE_PRIVATE);
fos.write(strFileContents. getBytes() );
fos.close();
```

Der folgende fügt noch etwas hinzu:

```
FileOutputStream fos;
String strFileContents = "Mir fällt immer noch nix ein!";
fos = openFileOutput("Filename.txt", MODE_APPEND);
fos.write(strFileContents. getBytes());
fos.close() ;
```

So wird der Dateiinhalt gelesen und in einen `buffer` geschrieben:

```
String strFileName = " Filename.txt";
FileInputStream fis = openFileInput(strFileName);

StringBuffer sBuffer = new StringBuffer();
DataInputStream dataIO = new DataInputStream(fis);
String strLine = null;
while ((strLine = dataIO.readLine() ) != null){
sBuffer.append(strLine + "\n") ;
}
dataIO.close();
fis.close();
```

Alle Möglichkeiten der Dateibehandlung finden Sie unter developer.android.com (http://developer.android.com/guide/topics/data/data-storage.html#files).

SQLite

Das android.database.sqlite-Package beinhaltet eine Vielzahl an Methoden um SQLite-Datenbanken zu erzeugen und zu managen.

Das SQLiteDatabase-Objekt repräsentiert eine Datenbank und hat Methoden, um mit ihr zu interagieren, also Daten abzufragen und die Daten zu managen. Um eine Datenbank zu erzeugen rufen Sie SQLiteDatabase.create() auf.

Die folgenden Schritte sind notwendig, um eine Datenbank zu erzeugen und mit ihr zu arbeiten:

1. Datenbank anlegen,
2. Datenbank öffnen,
3. Tabelle anlegen,
4. Daten eintragen,
5. Daten abfragen,
6. Datenbank schließen.

Vorbereitung

Zunächst wird der Name der Datenbank und der Tabellenname festgelegt, um ihn nicht jedes mal neu tippen zu müssen:

```
public class DataBaseWork extends ListActivity {

   private final String DB_NAME = "demoDB";
   private final String DB_TABLE = "User";

   /** Called when the activity is first created. */
   @Override
   public void onCreate(Bundle savedInstanceState) {
   super.onCreate(savedInstanceState);

   ArrayList<String> results = new ArrayList<String>();
```

Datenbank anlegen

Nun wird die Datenbank erzeugt, oder auch nur geöffnet, wenn sie bereits vorhanden ist:

```
SQLiteDatabase myDB = null;
try {
  myDB = this.openOrCreateDatabase(
    DB_NAME,
    SQLiteDatabase.CREATE_IF_NECESSARY,
    null);
```

Tabelle anlegen

Dann wird die Tabelle angelegt, in diesem Fall eine Tabelle mit drei Spalten. Hierzu wird ein ganz normaler SQL-Befehl erzeugt und per `execSQL` an die Datenbank geschickt:

```
myDB.execSQL("CREATE TABLE IF NOT EXISTS "
    + DB_TABLE
    + " (LastName VARCHAR, FirstName VARCHAR,"
    + " City VARCHAR);");
```

Daten eintragen

Dann werden, ebenfalls mit Hilfe von normalen SQL-Kommandos die Daten eingetragen:

```
myDB.execSQL("INSERT INTO "
    + DB_TABLE
    + " (LastName, FirstName, City)"
    + " VALUES ('Torwald', 'Linus', 'Helsinki');");

myDB.execSQL("INSERT INTO "
    + DB_TABLE
    + " (LastName, FirstName, City)"
    + " VALUES ('Zuse', 'Konrad', 'Berlin');");

myDB.execSQL("INSERT INTO "
    + DB_TABLE
    + " (LastName, FirstName, City)"
    + " VALUES ('Marconi', 'Guglielmo', 'Rom');");
```

Daten auslesen

Über die Methode `query()` können die Daten wieder ausgelesen werden. Die Methode liefert einen `Cursor` zurück. Ein `Cursor` ermöglicht direkten Zugriff auf die gelieferten Daten, ähnlich wie ein *File Pointer* (Abb. 6.4-30):

```
Cursor c = myDB.query(DB_TABLE,
  null, null, null, null, null, null);
```

Daten aufbereiten

Anschließend werden die Daten in die `ArrayList results` eingetragen:

```
  int firstNameColumn = c.getColumnIndex("FirstName");
  int cityColumn = c.getColumnIndex("City");

  if (c.moveToFirst()) {
    int i = 0;
    // Geh durch alle Ergebnisse
    do {
        i++;
        String firstName = c.getString(firstNameColumn);
        String city = c.getString(cityColumn);

        // Füge die Ergebnisse zum Array hinzu
        results.add("" + i + ": " + firstName
```

```
            + " (" + city + ")");
    } while (c.moveToNext());
```

Die Datenbank wird geschlossen...

Datenbank schließen

```
    } finally {
        if (myDB != null)
        myDB.close();
  }
```

... und das Ergebnis mit einem `ArrayAdapter` mit einem ListView verbunden und angezeigt.

Ergebnis anzeigen

```
  this.setListAdapter(new ArrayAdapter<String>(this,
    android.R.layout.simple_list_item_1, results));
  }
}
```

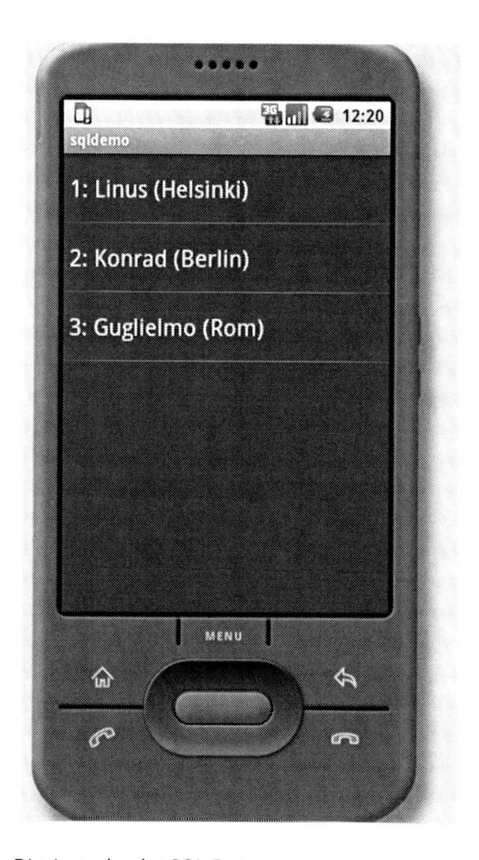

Abb. 6.4-30: Die Ausgabe der SQL-Daten.

`sqlite3`

Sehr nützlich zum Debuggen von SQLite Datenbanken ist das Kommandozeilen-Tool `sqlite3`, welches dem Android-SDK beliegt. Mit diesem Tool lässt sich der Inhalt von SQLite-Datenbanken anzeigen sowie SQL-Kommandos ausführen. Um das Tool zu verwenden, starten Sie eine Shell bzw. Komandozeile und verbinden mit Hilfe der Android-Debug-Bridge mit dem Emulator.

```
adb shell
```

Wechseln Sie in das Datenbankverzeichnis Ihrer Applikation

```
cd /data/data/<package name>/databases
```

und starten sqlite3

```
sqlite3 <database name>
```

Nützliche Befehle von sqlite3 sind z. B.

- `.databases`: Listet alle vorhanden Datenbanken.
- `.tables`: Listet die in den Datenbanken vorhandenen Tabellen.
- Sie können auch normale SQL-queries ausführen, z. B. `select * from User` (Abb. 6.4-31).

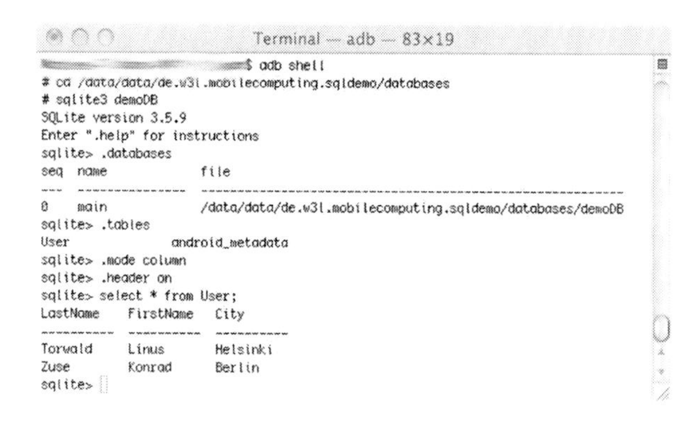

Abb. 6.4-31: Die Anzeige des Datenbankinhalts mit sqlite3.

6.4.4.2.1 Fallbeispiel SQLite ***

Linus hat für seine ortsbasierte Aufgabenliste ja schon erfolgreich Ortsdaten erzeugt (siehe Kapitel »Fallbeispiel LBS«, S. 192). Nun macht er sich Gedanken, wie denn diese Daten dauerhaft im Gerät abgespeichert werden können.

Da es sich um strukturierte Daten handelt, die zudem zueinander in Beziehung stehen (eine Aufgabe bezieht sich immer auf einen Ort), entscheidet sich Linus für eine SQLite-Datenbank. Dazu erzeugt er eine Klasse `LBSDatabase` mit zwei Tabellen, eine für die Orte und eine für die Aufgaben:

```
public final class LBSDatabase {

private LBSDatabase() {}

   // Task table
   public static final class TaskTable implements
         BaseColumns {
      private TaskTable() {}
      public static final String TASK_TABLE_NAME =
            "table_tasks";
      public static final String TASK_NAME =
            "task_name";
      public static final String LOCATION_ID =
            "location_id";
      public static final String DEFAULT_SORT_ORDER =
            "task_name ASC";
   }

   // LocationTable table
   public static final class LocationTable implements
         BaseColumns {
      private LocationTable() {}
      public static final String LOCATION_TABLE_NAME =
            "table_location";
      public static final String LOCATION_NAME =
            "location_name";
      public static final String LOCATION_LAT =
            "location_latitude";
      public static final String LOCATION_LON =
            "location_longitude";
      public static final String DEFAULT_SORT_ORDER =
            "location ASC";
   }
}
```

Diese Klasse enthält jedoch lediglich die Definitionen der Tabelleneinträge und sie besitzt keinerlei Methoden. Um die Tabelle zu erzeugen und zu pflegen nutzt Linus die Klasse `SQLLiteOpenHelper`.

```
class DatabaseHelper extends SQLiteOpenHelper {

   private static final String DATABASE_NAME =
         "task_list.db";
```

```
    private static final int DATABASE_VERSION = 1;


    DatabaseHelper(Context context) {
         super(context, DATABASE_NAME, null,
                       DATABASE_VERSION);
    }

    @Override
    public void onCreate(SQLiteDatabase db) {

       // Create the LocationTable table
       db.execSQL("CREATE TABLE "
           + LocationTable.LOCATION_TABLE_NAME+ " ("
           + LocationTable._ID
           + " INTEGER PRIMARY KEY AUTOINCREMENT ,"
           + LocationTable.LOCATION_NAME + " TEXT ,"
           + LocationTable.LOCATION_LAT + " REAL ,"
           + LocationTable.LOCATION_LON + " REAL"
           + ");");

        // Create the TaskTable table
        db.execSQL("CREATE TABLE "
           + TaskTable.TASK_TABLE_NAME + " ("
           + TaskTable._ID
           + " INTEGER PRIMARY KEY AUTOINCREMENT ,"
           + TaskTable.TASK_NAME + " TEXT,"
           + TaskTable.LOCATION_ID + " INTEGER"
           + ");");
    }

    @Override
    public void onUpgrade(SQLiteDatabase db, int oldVersion,
            int newVersion) {
     // Housekeeping here. Implement how "move" your
     //application data during an upgrade of schema versions
    }

    @Override
    public void onOpen(SQLiteDatabase db) {
       super.onOpen(db);
    }
}
```

Durch INTEGER PRIMARY KEY AUTOINCREMENT wird hierbei für jeden Eintrag eine eindeutige ID erzeugt, die Linus helfen wird, die Einträge zu referenzieren.

Da die Datenbank von allen drei Activities seiner Applikation genutzt werden soll, erzeugt er eine gemeinsame

Basisklasse für die Actitvities `MainView`, `LocationEntry` und `TaskEntry`.

```
public class RemindMeBase extends Activity {
   protected DatabaseHelper mDatabaseHelper = null;
   protected Cursor mCursor = null;
   protected SQLiteDatabase mDB = null;

   @Override
   protected void onCreate(Bundle savedInstanceState) {
      super.onCreate(savedInstanceState);

      mDatabaseHelper =
        new DatabaseHelper(this.getApplicationContext());
      mDB = mDatabaseHelper.getWritableDatabase();
    }
    @Override
    protected void onDestroy() {
       super.onDestroy();
       if(mDB != null)
       {
          mDB.close();
       }

       if(mDatabaseHelper != null)
       {
          mDatabaseHelper.close();
       }
   }
}
```

Als letztes fügt er seiner Klasse `LocationEntry()` die Methode `addLocation` hinzu, um der Datenbank Einträge hinzuzufügen. Dabei nutzt er nicht den umständlichen Weg über `execSQL()`, um den Eintrag hinzuzufügen, sondern nutzt die einfachere Methode `insert()`.

```
protected void addLocation(String strLocation,
   double latitude,
   double longitude){
      mDB.beginTransaction();
         try {
            if(mLocationUpdated) {
            // füge den Eintrag zur Liste hinzu
            ContentValues locationRecordToAdd =
               new ContentValues();
            locationRecordToAdd.put(
               LocationTable.LOCATION_NAME, strLocation);
            locationRecordToAdd.put(
               LocationTable.LOCATION_LAT, latitude);
            locationRecordToAdd.put(
```

```
                LocationTable.LOCATION_LON, longitude);
            mDB.insert(LocationTable.LOCATION_TABLE_NAME,
                LocationTable.LOCATION_NAME,
                    locationRecordToAdd);
        }

    mLocationUpdated = false;
    mDB.setTransactionSuccessful();
    } finally {
        mDB.endTransaction();
    }
}
```

Diese Transaktion wird durch `beginTransaction()` und `endTransaction()` eingerahmt und durch `setTransactionSuccessful()` erst bestätigt. Sollte in der Zwischenzeit etwas schiefgehen, würde eine `Exception` erzeugt und durch `endTransaction()` die Transaktion rückgängig gemacht, ohne dass Daten geschrieben würden.

Linus probiert die Änderungen und kann über das Werkzeug `sqlite3` feststellen, dass die Daten eingetragen werden (Abb. 6.4-32).

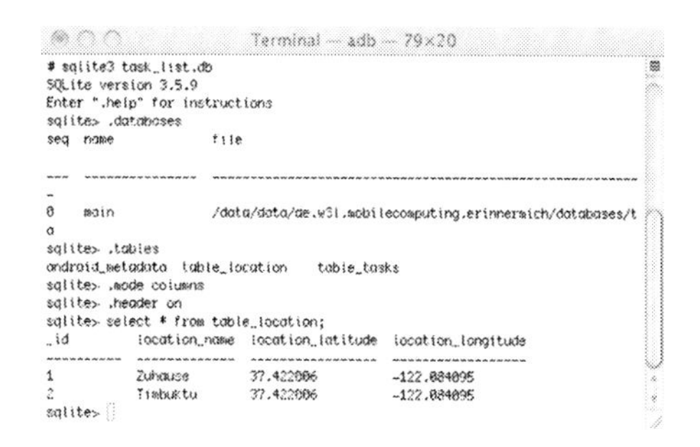

Abb. 6.4-32: Die Ausgabe des Datenbankinhalts mit sqlite3.

Schön wäre es jedoch, die Orte direkt in der *Activity* sehen zu können. Um eine Liste der Orte in der *Activity* anzeigen zu können, fügt Linus der XML-Definition für `LocationEntry` einen ListView`location_item` hinzu. Er erzeugt ein weiteres Layout `location_item.xml` mit einem einfachen TextView `TextView_LocationName`. Dieser `location_item` wird nun in einer Methode `fillLocationList()` benutzt, um die Orte anzuzeigen. Diese Methode ruft er in `onCreate()` von `LocationEntry` auf (Abb. 6.4-33).

```
public void fillLocationList(){
   Log.v("LocationEntry", "fillLocationList called");

   // hole den gesamte Inhalt der Tabelle
   Cursor c = mDB.query(LocationTable.LOCATION_TABLE_NAME,
   new String[] { LocationTable.LOCATION_NAME ,
         LocationTable._ID },
         null, null, null, null, null);

   startManagingCursor(c);
   ListAdapter adapter = new SimpleCursorAdapter(
      this,
          R.layout.location_item,
          c,
          new String[]{LocationTable.LOCATION_NAME },
          new int[] {R.id.TextView_LocationName});

   ListView av =
           (ListView)findViewById(R.id.locationList);
     av.setAdapter(adapter);
}
```

Orte löschen

Orte hinzufügen ist natürlich prima, aber löschen wäre auch praktisch (Abb. 6.4-34)! Daher fügt Linus der Methode `fillLocationList()` den folgenden Code hinzu:

```
// Löschen des Eintrags
av.setOnItemClickListener(
 new AdapterView.OnItemClickListener() {
  public void onItemClick(
   AdapterView<?> parent, View view,
    int position, long id) {
     final long deleteLocationId =  id;
     new AlertDialog.Builder(LocationEntry.this).
      setMessage(R.string.delete).setPositiveButton(
       R.string.deleteButton,
       new DialogInterface.OnClickListener() {
        public void onClick(DialogInterface dialog,
        int which) {

         // Lösche!
         deleteLocation(deleteLocationId);

         // Hiermit wird die Liste neu aufgebaut:
         mCursor.requery();
    }
      }).show();
   }
 });
```

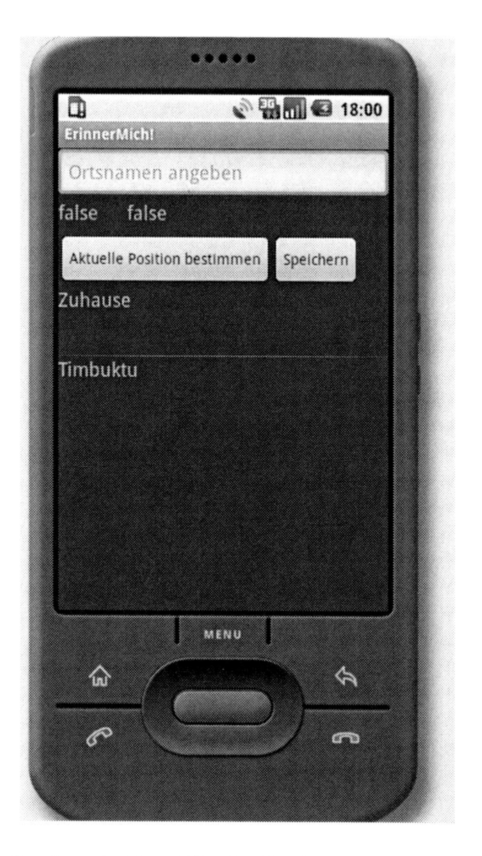

Abb. 6.4-33: Der *LocationEntry*-View im Emulator.

Die `Strings` `R.string.delete` und `R.string.deleteButton` hat Linus zuvor in `strings.xml` definiert.

Die Methode `deleteLocation()` sieht dabei folgendermaßen aus:

```
public void deleteLocation(Long id) {
   //Lösche den Tabelleneintrag
   String deleteArgs[] = { id.toString() };
   mDB.delete(
      LocationTable.LOCATION_TABLE_NAME,
      LocationTable._ID + "=?",
      deleteArgs);
}
```

Indem er nun den `ProximityAlert` aus seinen LBS-Experimenten ergänzt (siehe Kapitel »Fallbeispiel LBS«, S. 192) und

Abb. 6.4-34: Der Löschdialog im Emulator.

in der Klasse `TaskEntry` einbaut, vervollständigt Linus seine Applikation und erfüllt damit alle seine ursprünglichen Anforderungen.

6.4.5 Applikationen veröffentlichen **

Ist eine Applikation erst einmal entwickelt, möchte man sie natürlich gerne veröffentlichen und vielleicht sogar Geld damit verdienen. Im Gegensatz zu iPhone-Entwicklern, die ihre Applikationen ausschließlich in Apples AppStore veröffentlichen können, stehen Android-Entwicklern verschiedene Wege der Veröffentlichung offen. Bevor eine Applikation veröffentlicht wird, muss sie jedoch versioniert und gründlichen Tests unterzogen werden.

Eine Möglichkeit, Android-Applikationen zu verkaufen, ist die Vermarktung über den »Android Market«. Es gibt aber auch alternative *App Stores*, die Android-Applikationen anbieten. Darüber hinaus ist es auch möglich, Applikationen über eine eigene Website zu vertreiben. Welcher Weg eingeschlagen wird, hängt im Wesentlichen von der Zielgruppe ab. Handelt es sich um eine Spezialapplikation, die nur für einen kleinen Anwenderkreis interessant ist, ist es sicher sinnvoll, die Applikation über eine eigene Website oder einen spezialisierten *App Store* zu vertreiben. Will man den breiten Massenmarkt erreichen, bietet sich der Android *Market* an. Auch eine Kombination aller Vertriebswege ist möglich.

Im Folgenden wird genauer betrachtet, wie eine Applikation im Android *Market* veröffentlicht wird. Dazu sind vier Schritte erforderlich:

1. Die Applikation muss versioniert werden.
2. Ein *Package* der Applikation muss erzeugt und signiert werden.
3. Die Applikation muss ausführlich getestet werden.
4. Die Applikation muss in den Android Market hochgeladen werden.

Versionierung

Um Ihre Applikation später verwalten zu können und z. B. Fehlerberichte der richtigen Applikations-Version zuordnen zu können, müssen Sie Ihrer Applikation eine Version zuweisen. Dazu gibt es im Android-Manifest zwei Einträge:

```
android:versionCode="1"
android:versionName="1.0">
```

Der `versionCode` wird vom Android-System intern verwendet, um z. B. *Upgrades* der Applikation zu erkennen. Der `versionName` ist ein für den Benutzer in der Applikations-Verwaltung sichtbarer String. Beide Versionsnummern müssen angegeben werden und sollten mit jeder veröffentlichten Version hochgezählt werden, um ein Versionschaos zu vermeiden.

Sofern Sie keine Versionsverwaltung verwenden, sollten Sie auf jeden Fall ein Projektverzeichnis mit dem für diese Version verwendeten Softwarestand sichern, um später Fehler mit dieser Software-Version untersuchen zu können.

Packaging

Ein *Android Package* zu erzeugen und zu signieren ist mit Eclipse und den ADT einfach. Ein Rechtsklick auf den Projektnamen im *Package Explorer* von Eclipse öffnet ein Kontextmenü, aus dem der Eintrag `Export` ausgewählt wird. Im folgenden Dialog wählen Sie `Android -> Export Android Applikation` (Abb. 6.4-35). Nach Auswahl des Projektnamens werden Sie aufgefordert, einen *Keystore* auszuwählen oder zu erzeugen. In diesem *Keystore* werden fortan die Schlüssel aufbewahrt, die Sie zur Signierung Ihrer Applikationen erzeugen. Wählen Sie einen Ort für den Keystore aus und sichern ihn mit einem Passwort.

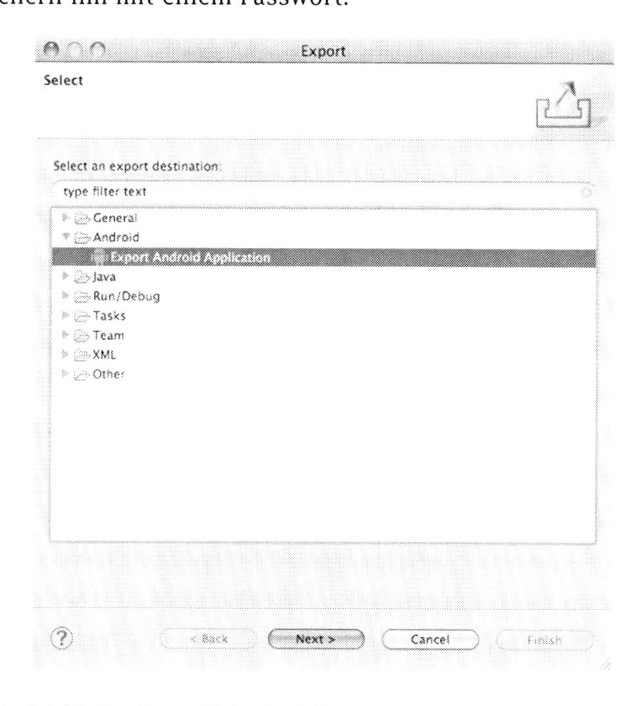

Abb. 6.4-35: Der Export-Dialog in Eclipse.

Im Dialog `Key Creation` werden Sie aufgefordert, Angaben über ihre Person und Organisation zu machen und ein Passwort und die Gültigkeitsdauer des Schlüssels festzulegen (25 Jahre Laufzeit werden empfohlen) (Abb. 6.4-36).

Abschließend werden Sie gefragt, wo das *Package* gespeichert werden soll.

Abb. 6.4-36: Die Erzeugung des Schlüssels zur Signierung.

Hinweis

Falls Sie Google Maps in Ihrer Applikation verwenden, müssen Sie daran denken, den neuen Schlüssel bei Google zu registrieren und den dabei erzeugten Code in der XML-Datei des Maps-Views einzutragen (siehe »Google Maps«, S. 188). Die so geänderte Applikation müssen Sie dann erneut wie oben beschrieben signieren.

Sie können das *Package* auf zwei Arten auf einem Android-Telefon installieren.

1 Wenn Sie das SDK auf ihrem Rechner installiert haben können Sie die Applikation mit der ADB *(Android Debug Bridge)* installieren. Verbinden Sie das Gerät per USB mit dem Rechner und geben Sie in einer Kommandozeile Folgendes ein:

```
> adb install <PfadDerApplikation>/Applikationsname.apk
```

2 Sie können die Datei auch auf die SD-Karte eines Android-Geräts kopieren und von dort mit Hilfe eines Dateimanagers aufrufen. Die Applikation wird dann auf

dem Gerät installiert. Ein Dateimanager ist allerdings nicht standardmäßig auf Android-Geräten installiert.

Testen

Anders als z. B. bei Symbian-Applikationen setzt die Veröffentlichung einer Android-Applikation derzeit keine Zertifizierungstests voraus. Dennoch versteht es sich von selbst, dass eine Applikation ausführlich auf möglichst allen Geräten, auf denen die Applikation laufen soll und unter allen Einsatzgegebenheiten getestet werden sollte.

Große Unternehmen unterhalten hierzu eigene Abteilungen mit umfangreichem Test-Equipment, welches für Interoperabilitätstests (»Funktioniert die Applikation in verschiedenen Netzwerken und mit anderen Geräten?«), Belastungstests und vieles andere genutzt wird. Kleinere Organisationen oder Einzelpersonen können diesen Aufwand natürlich nicht leisten. Dennoch können auch diese sich eine Strategie der Großen zu Nutze machen: die sogenannten FUT, *Friendly User Tests*.

Jeder Entwickler oder jedes Entwicklungsstudio sollte eigene Applikationen ein paar Wochen von einem Netzwerk von befreundeten Entwicklern oder einfach Android-Benutzern testen lassen. Bei Applikationen, die international verfügbar sein sollen ist es darüber hinaus hilfreich, wenn auch diese Test-Teams in der Welt verteilt ist, um unterschiedliche Mobilfunk-Netzwerke oder andere lokal verschiedene Parameter testen zu können.

Darüber hinaus gibt es auch kommerzielle Anbieter z. B. DeviceAnywhere (`http://www.deviceanywhere.com`) oder Perfecto Mobile (`http://www.perfectomobile.com`), die den Fernzugriff auf eine Vielzahl von mobilen Geräten ermöglichen. Diese Geräte befinden sich in *Racks* an vielen Standorten in der Welt, sind in verschiedene Mobilfunknetzwerke eingebucht und können über den eigenen Rechner ferngesteuert werden. Dabei wird das Display des Geräts mit einer Kamera abgefilmt und kann somit ebenfalls aus der Ferne kontrolliert werden.

Bug-Tracking

Die Rückmeldungen können bei kleineren Projekten sicher noch in einer Excel-Datei gesammelt werden, bei umfangreicheren Projekte bietet sich eine Fehlerdatenbank, wie z. B. *Bugzilla*, an.

Die Einträge in dieser Datenbank sollten folgende Informationen beinhalten:

- Was geht schief?
- Welche Schritte führten zu dem Fehler?
- Unter welchen äußeren Umständen tritt der Fehler auf (z. B. Netzabdeckung, Batterieladezustand etc.)?
- Auf welchem Gerät mit welcher Betriebssystemversion tritt der Fehler auf?
- Mit welcher Version der Applikation tritt der Fehler auf?
- Später: In welcher Software-Version wurde der Fehler behoben?

Veröffentlichen

Um eine Applikation im Android Market zu veröffentlichen, brauchen Sie zunächst einen *Developer Account*. Hierzu loggen Sie sich im Android Market mit ihrem Google Account ein (Abb. 6.4-37) und registrieren sich für den Vertrieb von Applikationen. Diese Registrierung kostet 25$, die Sie mit Google Checkout per Kreditkarte bezahlen können. Sie gelangen dann auf die Android Market Startseite, wo Sie Ihre Applikation direkt hochladen können.

Sie können neben der APK-Datei Ihrer Applikation bis zu zwei Screenshots und eine zusätzliche Werbegrafik hochladen. Ferner müssen Sie einige Angaben zu Name und Art der Applikation machen. Auch die Länder, in denen die Applikation veröffentlicht werden soll, müssen angegeben werden.

Auch den Preis der Applikation müssen Sie festlegen. Beachten Sie, dass dies später nicht mehr geändert werden kann! Ist ihre Applikation einmal kostenlos, bleibt sie es auch!

Zuletzt müssen Sie noch Ihre Kontaktdaten eintragen und zusichern, dass Ihre Applikation den Android Content Guidelines (`http://www.android.com/market/terms/developer-content-policy.html`) entspricht und keine gesetzlichen Bestimmungen der angegebenen Länder verletzt. Durch einen Druck auf den Schalter »Publish« ist Ihre Applikation dann nahezu unmittelbar für Millionen Kunden in der Welt sichtbar und herunterladbar.

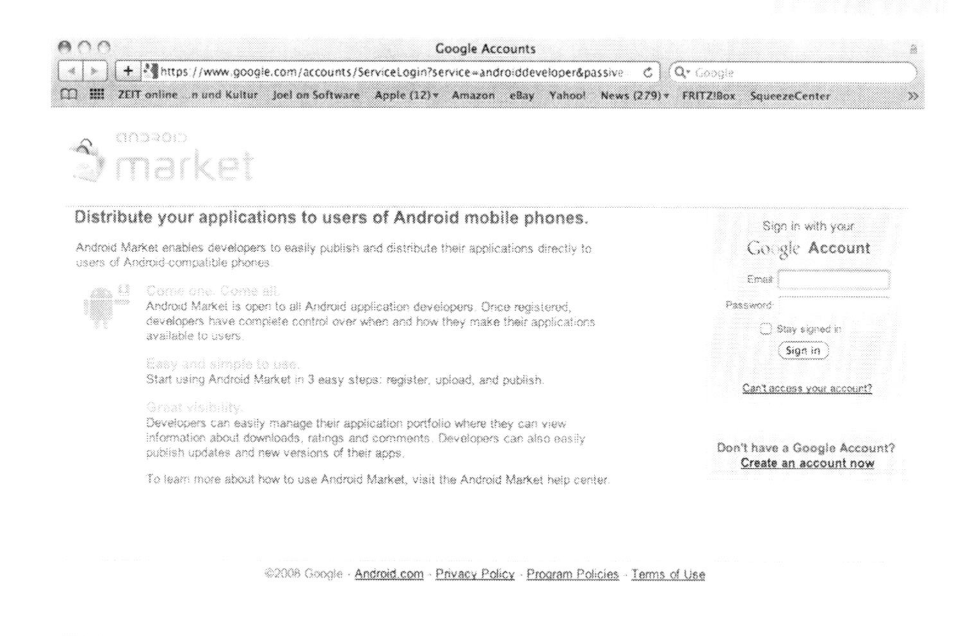

Abb. 6.4-37: Anmeldung im Android Market.

Glossar

AMD *(Advanced Micro Devices)*
Advanced Micro Devices ist ein US-amerikanischer Chiphersteller.

ARM
ARM steht für Advanced RISC Architektur und wurde 1985 von Acorn Computer Group entwickelt. Inzwischen gibt es bereits viele Nachfolgeversionen (aktuell Version 7).

ARM Ltd.
Die europäische Firma ARM Ltd. beschäftig sich mit der Entwicklung und Forschung von Lösungen im Bereich Mikroprozessoren, insbesondere dem Design von RISC-Prozessoren.

BIOS *(Basic Input Output System)*
BIOS stellt die unterste Stufe für den Hardwarezugriff dar. Somit kann es als minimalistisches Betriebssystem betrachtet werden.

Bluetooth
Eine Funk-Übertragungstechnik, die für Kurzstreckenfunk entwickelt wurde.

CAD *(Computer Aided Design)*
CAD steht für »Computer Aided Design« und beschreibt rechnergestützte Konstruktion. CAD Programme erlauben es z. B. 3D-Modelle zu entwerfen und daraus technische Zeichnungen oder animierte Objekte abzuleiten.

CPU *(Central processing unit)*
Als CPU bezeichnet man die zentrale Recheneinheit im Computer, die alle Rechen- und Steueroperationen übernimmt. Im allgemeinem Sprachgebrach spricht man auch vom Hauptprozessor. (Abk.: CPU)

DirectX
DirectX bezeichnet eine Sammlung von Schnittstellen in der Microsoft Windows Umgebung. Für den 3D-Bereich gibt es beispielsweise die Schnittstelle »Direct3D«.

EEPROM *(Electrically Erasable Programmable Read-Only Memory)*
EEPROM ist ein ROM-Speicher, der elektronisch gelöscht und neu programmiert werden kann.

GPU *(Graphics Processing Unit)*
GPU ist das Kernstück einer Grafikkarte, welche für die Leistungsfähigkeit und Funktionalität dieser verantwortlich ist.

Heap
Speicherbereich, in dem Programmcode dynamisch Speicher anfordern (»allokieren«) kann, in der Programmiersprache C z. B. mittels der Funktion »malloc«. Im Unterschied zum *Stack* wird der Speicherbedarf zur Laufzeit bestimmt.

IMT-2000 *(International Mobile Telecommunications-2000)*
IMT-2000 ist der Standard für die dritte Generation von Mobilfunk, welcher von der ITU abgeschlossen wurde.

ITU *(International Telecommunication Union)*
ITU (International Telecommunication Union) ist eine internationale Vereinigung von Unternehmen, die im Telekommunikationsbereich tätig sind und z. B. Standards definieren.

LCD *(Liquid Crystal Display)*
LCD beschreibt einen Bildschirm bestehend aus Flüssigkristallen, die benutzt werden, um das Licht abzulenken und es somit sichtbar oder unsichtbar zu machen.

Memory-Effekt
Wird ein Akku vor dem Ladevorgang nicht vollständig entladen, kann es sein, dass die Spannung an dem Punkt, an dem er geladen wurde, absinkt und somit nicht mehr genug Leistung für das zu betreibende Gerät liefert. Somit schaltet ein Gerät meist plötzlich ab. Es merkt sich sozusagen die Stelle an der geladen wurde.

OLED *(Organic Light-Emitting Diode)*
OLED ist eine organische Leuchtdiode, die gegenüber herkömmlichen LEDs besonders stromsparend ist und sehr schnelle Reaktionszeiten bietet.

Paketorientiert
Daten werden in kleine Pakete aufgeteilt und über die Verbindung geschickt. Wenn keine Daten verschickt werden, wird auch keine Verbindung beansprucht und somit ist diese für andere Benutzer freigegeben.

Piconet
Ein Piconet ist ein *Personal Area Network* von Endgeräten, die sich via Bluetooth verbinden. Der Name setzt sich aus den Wörtern »pico« (romanisch: klein) und »Netzwerk« zusammen.

RAM *(Random Access Memory)*
RAM ist ein Speicher, der wieder beschreibbar ist und schnellen wahlfreien Zugriff ermöglicht.

RAMDAC *(Random Access Memory Digital/Analog Converter)*
Ein RAMDAC ist ein Chip auf der Grafikkarte, der für die Umwandlung von digitalen in analoge Bildsignale für den Bildschirm verantwortlich ist.

RISC *(Reduced instruction set computer)*
In den frühen achtziger Jahren entwickelte Prozessor-Architektur, die auf einem Mikroprozessor mit verminderten Satz an vorgegebenden Instruktionen basiert.

ROM *(Read Only Memory)*
Unter ROM versteht man einen Datenspeicher, der nur gelesen werden kann. (Syn.: Festwertspeicher)

Slave
Im IT-Umfeld wird *Slave* für ein dem *Master* untergeordnetes Gerät benutzt.

SMS *(Short Message Service)*
Ein Dienst, der es erlaubt kurze Nachrichten an einen anderen GSM-Teilnehmer zu senden

Stack
Speicherbereich, der vom Prozessor direkt genutzt werden kann. In den meisten Systemen wird er genutzt, um lokale Variablen und Rücksprungadressen beim Aufruf von Unterroutinen abzulegen. Im Unterschied zum *Heap* muss die Größe des Stacks vor dem Programmstart festgelegt werden. Ein zu großer *Stack* belegt unnötig viel Speicher, ein zu kleiner *Stack* kann zu Programmabstürzen oder undeterministischem Verhalten führen.

TFT *(Thin-Film Transistor)*
Die Transistortechnik, die bei Bildschirmen für die Steuerung eines Pixels zuständig ist.

Verbindungsorientiert
Zum Datenaustausch muss erst eine Verbindung hergestellt werden. Das heißt die benötigten Ressourcen werden den Kommunikationspartnern fest zugeordnet und erst wieder freigegeben, wenn die Verbindung beendet wird.

W-CDMA *(Wideband Code Division Multiple Access)*
W-CDMA ist eine Frequenzband-Spreizungs-Technik, die bei UMTS angewendet wird.

Literatur

[Andr08]
Android Developers, Google, 2008, http://developer.android.com.
Abgerufen am 21.07.2010.

[Blue06]
The offical Bluetooth Web site, Hrsg. Bluetooth SIG, http://www.bluetooth.com/bluetooth.

[Börs06]
UMTS-Report, Hrsg. BörseGo GmbH, http://www.umts-report.de/umts.php.

[BSI06]
BSI-Broschüren, Hrsg. Bundesamt für Sicherheit in der Informationstechnik, http://www.bsi.bund.de/literat/brosch.htm.

[Bund06]
Frequenzordnung, Hrsg. Bundesnetzagentur,
http://www.bundesnetzagentur.de/enid/0755029a3db7100022dec8c74006750a,0/Regulieru.

[Cell06]
What is GPRS,, Hrsg. Cellular-News, http://www.cellular-news.com/gprs/.

[Cond09]
Conder, Shane; Darcey, Lauren; *Android Wireless Application Development,* Addison-Wesley, 2009.

[DAW06]
Infrared, Hrsg. Data Acquisition Web, http://www.dataacquisitionweb.com/interfaces/infrared.

[Ecli10]
Eclipse.org, Eclipse, 2010, http://www.eclipse.org.

[Eric03]
EDGE Whitepaper, Hrsg. Ericsson, 2003, http://www.ericsson.com/technology/whitepapers/edge_wp_technical.pdf.

[Gart09]
Marktanteile Mobiltelefone Q3 2009 , Gartner Research, 2009, http://www.gartner.com/it/page.jsp?id=1224645.

[Gart10]
Gartner Says Worldwide Mobile Gaming Revenue to Grow 19 Percent in 2010, Gartner Research, 2010, http://www.gartner.com/it/page.jsp?id=1370213.

[GSMA06]
GSM World, Hrsg. GSM Association, http://www.gsmworld.com.

[Heis10]
HP: Wir haben Palm nicht übernommen, um in den Smartphone-Markt einzusteigen, Hannover, Heise, 2010, http://www.heise.de/newsticker/meldung/HP-Wir-haben-Palm-nicht-uebernommen-um-in-den-Smartphone-Markt-einzusteigen-1014664.html.

[IDG06]
Bluetooth – der Kabel-Killer, Hrsg. IDG IDG Business Verlag GmbH, http://www.tecchannel.de/telko/daten/401459.

[Inte06a]
Intel Core 2 Duo Processors, Hrsg. Intel Corporation, http://www.intel.com/products/processor/core2duo/.

[Inte06b]
Intel XScale Technology,, Hrsg. Intel Corporation, http://www.intel.com/design/intelxscale/.

[IrDA06]
IrDA Web-Site, Hrsg. Infrared Data Association, http://www.irda.org.

[ITU06]
ITU Activities on IMT-2000, Hrsg. ITU, http://www.itu.int/home/imt.html.

[Jobs10]
Jobs, Steve; *Thoughts on flash*, Apple, 2010, http://www.apple.com/hotnews/thoughts-on-flash/.

[Micr04]
Datenverschlüsselung und -integrität mit WPA, Hrsg. Microsoft TechNet, 2004, http://www.microsoft.com/germany/technet/datenbank/articles/600513.mspx.

[Micr05]
Wi-Fi Protected Access 2 Data Encryption and Integrity, Hrsg. Microsoft TechNet, 2005, http://www.microsoft.com/technet/community/columns/cableguy/cg0805.mspx.

[Moto06]
UMTS, Hrsg. Motorola GmbH, http://www.motorola.com/mot/doc/1/1093_MotDoc.pdf.

[Noki06]
Nokia Deutschland Web-Site, Hrsg. Nokia Corporation, http://www.nokia.de.

[Pand00]
Pandya, Raj; *Mobile and Personal Communication Systems and Services*, New York, IEEE Press, 2000.

[Para06]
Handheld Digital Forensics, Hrsg. PARABEN CORPORATION, http://www.parabenforensics..

[Piet06]
Pietzko, Stephan; Kalkbrenner, Andreas; *Wireless LAN Wiki*, http://wiki.uni-konstanz.de/wiki/bin/view/Wireless/WirelessLAN.

[Roth05]
Roth, Jörg; *Mobile Computing – Grundlagen, Techniken, Konzepte*, Dpunkt.verlag, 2005.

[Schä09]
Schätzing, Frank; *Limit*, Köln, Kiepenheuer & Witsch, 2009.

[Spie10]
von Bredow, Rafaela; Dworschak, Manfred; Müller, Martin U.; Rosenbach, Marcel; *"Ende der Privatheit", Spiegel 2/2010*, 2010.

[Stra09]
The Moment of Truth – A portrait of the iPhone, Kopenhagen, Strand Consult, 2009, http://www.strandreports.com.

[Voda06]
Vodafone Web-Site, Hrsg. Vodafone D2 GmbH, http://www.vodafone.de.

[Weis91]
Weiser, Mark; *The Computer for the 21st Century*, 1991.

[Weis96]
Weiser, Marc; Brown, John Seely; *The Coming Age of Calm Technology*, Palo Alto, Xerox Parc, 1996, http://www.ubiq.com/hypertext/weiser/acmfuture2endnote.htm.

[Wifi06]
Wi-Fi Web-Site, Hrsg. Wi-Fi Alliance, http://www.wi-fi.org.

Sachindex

P

Q

R

S

T

U

V

W

Die Didaktik der W3L-Bücher!

W3L-Bücher sind so konzipiert, dass Sie in der heutigen Zeit **effektiv** und **erfolgreich** lernen können.

Zum Aufbau des Buches

Dieses Buch besteht aus **Kapiteln** und **Unterkapiteln**. Jedes Unterkapitel ist im **Zeitungsstil** geschrieben. Am Anfang steht die Essenz, d. h. das Wesentliche. Es kann Ihnen zur Orientierung dienen - aber auch zur Wiederholung. Anschließend kommen die Details. Die Essenz ist grau hervorgehoben.

Sterne-system

Jedes Kapitel und Unterkapitel ist nach einem **Sternesystem** gekennzeichnet:
* = Grundlagenwissen ** = Vertiefungswissen
*** = Spezialwissen **** = Expertenwissen
Dieses Sternesystem hilft Ihnen, sich am Anfang auf die wesentlichen Inhalte zu konzentrieren (1 und 2 Sterne) und sich vielleicht erst später mit speziellen Themen (3 und 4 Sterne) zu befassen.

Glossar

Glossarbegriffe sind fett gesetzt, wichtige Begriffe grau hervorgehoben. Ein vollständiges Glossarverzeichnis finden Sie am Buchende.

Englische Begriffe *kursiv*

Für viele Begriffe - insbesondere in Spezialgebieten - gibt es keine oder noch keine geeigneten oder üblichen deutschen Begriffe. Gibt es noch keinen eingebürgerten deutschen Begriff, dann wird der englische Originalbegriff verwendet. Englische Bezeichnungen sind immer *kursiv* gesetzt, so dass sie sofort ins Auge fallen.

Frage & Antwort

In den meisten Lehrbüchern wird »die Welt« so erklärt wie sie ist, ohne dem Leser vorher die Möglichkeit gegeben zu haben über die Welt nachzudenken. In vielen Kapiteln werden daher Fragen an Sie, den Leser, gestellt. Diese Fragen sollen Sie dazu anregen, über ein Thema nachzudenken. Erst nach dem Nachdenken sollten Sie weiter lesen. (Vielleicht sollten Sie die Antwort nach der Frage zunächst durch ein Papier abdecken).

Tipps, Hinweise

Hilfreiche **Tipps**, **Empfehlungen** und **Hinweise** sind durch eine graue Linie vom restlichen Text getrennt.

Beispiele

Beispiele helfen, die Konzepte praxisnah darzustellen. Sie sind in der Marginalspalte mit »Beispiel« gekennzeichnet und mit einem Grauraster unterlegt.

Querverweise

Damit Sie referenzierte Seiten schnell finden, enthalten alle Querverweise absolute Seitenzahlen.

Kostenloser E-Learning-Kurs

Ergänzend zu diesem Buch gibt es den kostenlosen E-Learning-Kurs »Mobile Geräte«. Sie finden den Kurs auf der Website http://Akademie.W3L.de. Unter Startseite & Aktuelles finden Sie in der Box E-Learning-Kurs zum Buch den Link zum Registrieren. Nach der Registrierung und dem Einloggen geben Sie bitte die folgende Transaktionsnummer (TAN) ein: 4663418130.

Kostenpflichtiger E-Learning-Kurs

Zusätzlich gibt es zu diesem Buch einen umfassenden, gleichnamigen Online-Kurs mit Mentor-/Tutorunterstützung, der zusätzlich zahlreiche interaktive Übungen,Tests und Aufgaben enthält, und der mit qualifizierten Zertifikaten abschließt. Sie finden ihn ebenfalls unter http://Akademie.W3L.de.

Die erste Auflage erschien 1900
in der Berliner Festgabe für Heinrich Dernburg
und als Sonderabdruck daraus.

Vereine ohne Rechtsfähigkeit

nach

dem neuen Rechte.

Von

Dr. Otto Gierke,
Geh. Justizrath, ordentl. Professor der Rechte an der Universität Berlin.

Zweite, ergänzte Auflage.

Berlin, 1902.
Verlag von H. W. Müller.
(W.) Potsdamerstr. 121 K.

D1730204

I. Begriff des nicht rechtsfähigen Vereins.

Das neue Recht bringt besondere gesetzliche Vorschriften für „Vereine, die nicht rechtsfähig sind".[1]) Auf ihre Rechtsstellung überhaupt bezieht sich der mitten in die Vorschriften über „Juristische Personen" eingeschobene § 54 des B.G.B.; besondere Bestimmungen für sie

1) Aus der Literatur sei hervorgehoben: G. Planck, Kommentar zum B.G.B. § 54; Hachenburg, Das B.G.B., Vorträge, Mannheim 1898, S. 202 ff., 2. Aufl. (1900) S. 475 ff.; E. Eck, Vorträge über das Recht des B.G.B., Berlin 1898, I § 20; Kuhlenbeck, Von den Pandekten zum B.G.B., Berlin 1898, I 239 ff.; F. Endemann, Einführung in das Studium des B.G.B., 3. u. 4. Aufl, Berlin 1898, I 814 ff., 8. Aufl. (1901) I § 46 S. 302 ff.; Leske, Vergleichende Darstellung des B.G.B. u. des Preuß. A.L.R., Berlin 1898, S. 46 ff.; Enneccerus in der von ihm und H. O. Lehmann herausgegebenen Einführung in das bürgerliche Recht, Marburg 1898, I § 40, 2. Aufl. (1901) S. 104 ff.; J. Meisner, Das B.G.B. Th I, Breslau 1898, zu § 54; Matthiaß, Lehrbuch des bürgerlichen Rechts, Berlin 1899, I § 33, 3. Aufl. (1900) S. 128 ff.; A. Leist, Vereinsherrschaft und Vereinsfreiheit im künftigen Reichsrecht, Jena 1899; Rehbein, Das B.G.B. mit Erläuterungen, Berlin 1899, I 43 ff.; K. Cosack, Lehrbuch des deutschen bürgerlichen Rechts, II (1899) S. 390 ff. § 270, 3. Aufl. (1901) S. 414 ff. § 480; E. Hölder, Kommentar zum Allg. Theil des B.G.B., München 1900, zu § 54; E. Zitelmann, Das Recht des B.G.B., Allg. Theil, Leipzig 1900, S. 68 ff.; R. Saleilles, Note sur l'article 54 etc., Bulletin manuel de la Société de législation comparée, Année 1899, p. 452—459; Swart, Der nicht rechtsfähige Verein, Götting. Diss., 1899; Nußbaum, Beiträge zur Auslegung des § 54 Satz 2 B.G.B, Sonderabdruck aus Bd. X S. 337 ff. des Sächsischen Archivs für bürg. R. u. Prozeß, 1900; v. Staudinger, Zur Rechtsnatur der nicht rechtsfähigen Vereine, Deutsche Juristenzeitung 1900, S. 375 ff.; H. Neumann, Handausgabe des B.G.B., Berlin 1900, I 25—26; Gareis, Komm. zu B.G.B., Allg. Th., Berlin 1900, § 54 S. 65 ff.; R. Leonhard, Der Allgemeine Theil des B.G.B., Berlin 1900, § 44 II; Crome, System des deutschen bürgerlichen Rechts, Bd. I, Tübingen u. Leipzig 1900, § 55 S. 258—264; K. Hellwig, Anspruch und Klagerecht, Jena 1900, § 41 S. 293 ff.; H. Goesch, Das Ausscheiden eines Gesellschafters aus der Gesellschaft nach dem B.G.B., Götting. Diss. 1900, S. 3 ff.; P. Knoke, Das Recht der Gesellschaft nach dem B.G.B., Jena 1901, § 5 S. 19 ff.; E. Goldmann und L. Lilienthal, Das bürgerliche Gesetzbuch systematisch dargestellt, 2. Aufl., I 1, Berlin 1901, § 22 S. 95 ff.; Löwenfeld in dem von Staudinger herausg. Komm. zum B.G.B., Bd. I (1901) § 54 S. 154—161;

sind überdies in den §§ 50 und 735 der neuen C.P.O. und in § 213 der neuen Konk.O. getroffen. [2])

Es läßt sich unschwer voraussehen, daß sehr zahlreiche Vereine theils freiwillig, theils unfreiwillig unter der Herrschaft dieses Sonderrechts leben werden.

Zunächst läßt ja das B.G.B. jedem Vereine die freie Wahl, ob er sich um Erlangung der Rechtsfähigkeit bemühen oder mit einem Dasein ohne Rechtsfähigkeit begnügen will. Sicher aber werden namentlich viele Vereine, deren „Zweck nicht auf einen wirthschaftlichen Geschäftsbetrieb gerichtet ist", die für sie im bürgerlichen Recht als alleiniges Mittel des Aufstieges zur Persönlichkeit vorgesehene Eintragung ins Vereinsregister (§ 21) gar nicht beantragen. [2a]) Solche „Vereine für ideale Zwecke", wie man sie kurz, obschon nicht ganz passend zu nennen pflegt, machen erfahrungsmäßig von der dargebotenen Möglichkeit des Erwerbes der Körperschaftsrechte häufig selbst dann nicht Gebrauch, wenn dazu nur die Erfüllung äußerer Formen verlangt wird. Die Vorschriften des B.G.B. aber werden auch manchen Verein, der Mühe und Kosten nicht scheuen würde, zurückschrecken. [2b]) Ein bewußt auf einen politischen, sozialpolitischen oder religiösen Zweck gerichteter Verein wird oft von vornherein auf die

---

C. Meurer, Die juristischen Personen nach deutschem Reichsrecht, Stuttgart 1901, § 7 S. 58ff.; H. Dernburg, Das bürgerliche Recht des Deutschen Reichs und Preußens, Bd. I, Halle 1901, § 79 S. 219ff.

2) Ueber die Entstehungsgeschichte vgl. die Druckausgabe der Protokolle der Kommission für die II. Lesung des B.G.B. I 553ff., II 452ff., VI 117, 200ff., 639.

2a) Allen Schwierigkeiten, die das bürgerliche Recht ihnen bereitet, entgehen sie freilich, wenn sie sich ins Handelsrecht flüchten, indem sie die Form einer Aktiengesellschaft, einer Kommanditgesellschaft auf Aktien oder einer Gesellschaft mit beschränkter Haftung annehmen. Denn diese Körperschaftsformen sind trotz B.G.B. § 21 für jeden zulässigen Zweck zur Wahl gestellt geblieben. Das Gegentheil behauptet freilich Simon, Z. f. d. g. Handelsrecht XLIX 55ff., dem Ring, Komm. zum H.G.B. (1900) S. 374, zustimmt. Jedoch sicherlich mit Unrecht. Vgl. meinen Vortrag über Handelsgesellschaftsrecht und bürgerliches Recht im Arch. f. bürg. R. XIX (1901) S. 133ff.; Löwenfeld a. a. O. S. 96 u. 102. Allein natürlich sind die handelsrechtlichen Formen nicht für jeden Verein passend oder erschwingbar.

2b) Wenn Staudinger, D.J.Z. V (1900) S. 375ff., den Vereinen den dringenden Rath giebt, womöglich sich eintragen zu lassen, so stimme ich ihm durchaus zu. Diese Schrift sollte keineswegs durch zu rosige Ausmalung des Lebens ohne Rechtsfähigkeit den Antrieb zum Erwerbe der Rechtsfähigkeit abschwächen. Sie setzt die Unsicherheit der Rechtslage eines nicht eingetragenen Vereins hinreichend ins Licht. Allein im Gegensatz zu Staudinger halte ich es bei der Gestalt, die nun einmal unser Recht der eingetragenen Vereine angenommen hat, allerdings nicht für die Aufgabe der juristischen Theorie und Praxis, den nicht rechtsfähigen Vereinen das Leben möglichst zu erschweren, um hierdurch einen indirekten Registerzwang auszuüben.

Probe verzichten, ob seine Eintragung an dem drohenden Einspruch der Verwaltungsbehörde (§§ 61—63) scheitert. Auch ein Verein aber, der seinen Zweck für unverfänglich hält, wird sich nicht immer davor sicher fühlen, daß die Deutung so dehnbarer Begriffe, wie es insbesondere der Begriff sozialpolitisch ist, zu seinen Ungunsten ausfällt. In anderen Fällen mag ein Verein Bedenken tragen, sich an den Registerrichter zu wenden, weil er sich Angesichts der schon so lebhaft entbrannten Streitfrage über den Begriff des wirthschaftlichen Vereins nicht getraut, die Anerkennung seiner nicht wirthschaftlichen Zweckbestimmung durchzusetzen[2c]) oder die Bedenken, die ein von ihm nebenbei beabsichtigter wirthschaftlicher Geschäftsbetrieb

---

[2c]) Nach richtiger Ansicht ist ein Verein nur dann nicht eintragungsfähig, wenn der Zweck der Vereinigung auf unmittelbare Förderung der Wirthschaft der Mitglieder mittels eines wirthschaftlichen Geschäftsbetriebes gerichtet ist. Mithin genügt nicht, wie z. B. Planck I 80, Eck § 14 S. 52, Rehbein I 42, Leske S. 41 Nr. 1, Neumann zu § 21, Gareis S. 40, Levis D.J.Z. VI 479 ff. annehmen, ein wirthschaftlicher Geschäftsbetrieb, der nur als Mittel für einen idealen Zweck (z. B. Wohlthätigkeit) eingerichtet wird. Vielmehr muß der Vereinszweck als solcher ein wirthschaftlicher sein. Hierzu reicht es nicht aus, daß ein wirthschaftlicher Erfolg für Dritte oder den Staat erstrebt wird; a. M. Samter, D.J.Z. V 311 ff., Goldmann und Lilienthal § 17 Anm. 13. Vielmehr liegt eine wirthschaftliche Zweckbestimmung der Vereinigung selbst nur vor, wenn durch sie den Mitgliedern wirthschaftliche Vortheile verschafft werden sollen; vgl. bes. Hölder zu § 21 S. 132 ff., D. J. Z. V 412 ff., Enneccerus, 2. Aufl. I 88, Löwenfeld zu § 21 Bem. V 103 ff.; auch Staudinger, Vereinsr. S. 32, Meisner I 36, Leonhard S. 113 Anm. 1, Endemann I § 43 Anm. 2, Meurer a. a. O. S. 227 Anm. 4, Cosack (3. Aufl.) I 96 ff. Dies ist bei jeder auf Gewinn der Mitglieder abzielenden Erwerbsgenossenschaft, aber auch bei jeder wirthschaftlichen Gegenseitigkeitsgenossenschaft der Fall. So bei allen in § 1 des Genoss.Ges. v. 1. Mai 1889 unter Z. 1—7 beispielsweise aufgeführten Arten von Vereinen (Kredit-, Konsum-, Wohnungs-, Werk-, Absatz- und Produktivgenossenschaften). Ebenso bei Versicherungsvereinen (einschließlich Sterbekassen, Hülfskassen u. s. w.), Vereinen zur Eintreibung von Forderungen, Ertheilung von Auskünften u. s. w.; vgl. die bei Scherer, Das erste Jahr des B.G.B., Erlangen 1901, S. 57 unter a und b zusammengestellten Entscheidungen. Außerdem aber muß als Mittel für die Förderung der Wirthschaft der Mitglieder ein wirthschaftlicher Geschäftsbetrieb verwandt werden; a. M. Hölder zu § 21 Anm. 2, D. J. Z. V 412; vgl. aber Goldmann u. Lilienthal § 17 Anm. 14, Löwenfeld § 21 V S. 104, Cosack I 96, auch die von Scherer a. a. O. unter c mitgetheilte (von ihm mit Unrecht getadelte) Entsch. des Graudenzer Landgerichts. Dazu ist ein eigenes geschäftliches Unternehmen des Vereins erforderlich. Es braucht nicht gerade, wie meist mit Planck § 21 Bem. 2 angenommen wird (vgl. auch die Entsch. in D.J.Z. V 120 u. 188) auf die Erzeugung oder den Umsatz von Gütern gerichtet zu sein, kann vielmehr auch der Erhaltung oder Sicherung von Gütern dienen. Vgl. Goldmann u. Lilienthal § 17 Anm. 12, wo aber der Begriff zu weit (als Betrieb nach den Grundsätzen der Wirthschaftlichkeit) gefaßt wird.

gegen seine Eintragung erregt, zu überwinden.[2d]) Vielleicht wird auch mancher Verein, obschon er gewiß ist, seine Eintragung durchsetzen zu können, sich nicht den damit eintretenden Einschränkungen seiner Bewegungsfreiheit unterwerfen wollen. Insbesondere muß er ja die Gefahr auf sich nehmen, daß er seine Persönlichkeit wieder einbüßt, sobald seine Lebensthätigkeit sich politisch, sozialpolitisch oder religiös färbt oder einen zu starken wirthschaftlichen Gehalt entwickelt (§ 43). Minder häufig werden Vereine, deren Zweck von vornherein „auf einen wirthschaftlichen Geschäftsbetrieb gerichtet ist", freiwillig in der Stellung nicht rechtsfähiger Vereine verharren. Denn der großen Mehrzahl nach werden sie durch ein besonderes Reichs- oder Landesgesetz, das ihnen eine geeignete körperschaftliche Daseinsform anweist oder doch darbietet, der Nothwendigkeit überhoben, die Erlangung der Rechtsfähigkeit auf dem ihnen vom B.G.B. allein eröffneten Wege der staatlichen Verleihung (§ 22) anzustreben.[2e]) Doch werden auch wirthschaftliche Vereine vorkommen, die weder unter ein Spezialgesetz treten, noch die staatliche Verleihung der Persönlichkeit nachsuchen. Dazu kommen ausländische Vereine jeder Art, die es unterlassen, den Bundesrath um die Verleihung der Rechtsfähigkeit (§ 23) oder die Anerkennung ihrer in der Heimath erworbenen Rechtsfähigkeit (E.G. Art. 10) anzugehen.

In erheblichem Umfange aber werden Vereine auch unfreiwillig der Rechtsfähigkeit entbehren. Vorübergehend fallen sogar die meisten

---

2d) Nach richtiger Ansicht entscheidet der Hauptzweck; Planck I 80, Samter a. a. O., Löwenfeld S. 104, Scherer a. a. O. Dagegen sehen Hölder zu § 21 S. 134 ff., Levis a. a. O. S. 480, Goldmann u. Lilienthal § 17 Anm. 11 schon einen wirthschaftlichen Nebenzweck als Ausschließungsgrund an. Verfolgt der Verein nebeneinander einen idealen und einen selbständigen wirthschaftlichen Zweck, so ist die staatliche Verleihung der Rechtsfähigkeit nach § 22 zulässig; Planck a. a. O., Goldmann u. Lilienthal § 17 Anm. 16; a. M. Löwenfeld S. 103 (es seien beide Wege, der aus § 21 und der aus § 22, verschlossen).

2e) Das Reichsrecht bietet namentlich die Formen der Aktiengesellschaft und Aktienkommanditgesellschaft, der Gesellschaft mit beschränkter Haftung, der eingetragenen Genossenschaft; dazu seit R.G. vom 12. Mai 1901 §§ 45 ff. die des Versicherungsvereins auf Gegenseitigkeit. Alle diese Verbände sind rechtsfähige Vereine, auf welche die Vorschriften des B.G.B. subsidiär Anwendung finden; Simon, Z. f. H. R. XLIX 1 ff., Ring a. a. O. S. 374, Riesser, D. J. Z. V 132, Staub zu H.G.B. § 178 Anm. 9, Makower, H.G.B. (12. Aufl.) S. 347, mein Vortrag im Arch. f. bürg. R. XIX 131 ff.; für Gesellschaften mit beschränkter Haftung Beschl. des K.G. Berlin v. 2. Dez. 1901 in D. J. Z. VII 53 Nr. 4. A. M. Pinner, Aktienrecht zu § 178 Bem. IX, Z. f. H.R. L 100 ff., Dernburg, B.R. I § 82 IV, Goldmann u. Lilienthal § 16 Anm. 10. Wäre freilich der Konstruktion Meurers, der wieder die Aktiengesellschaften u. s. w. nicht als juristische Personen,

Vereine unter den Begriff der nicht rechtsfähigen Vereine, indem sie vor der Eintragung oder Verleihung bereits bestehen und thätig werden, ohne doch Persönlichkeit zu besitzen.[2f]) Dauernd müssen sich politische, sozialpolitische oder religiöse Vereine ohne Rechtsfähigkeit behelfen, wenn gegen ihre beantragte Eintragung ins Vereinsregister erfolgreich Einspruch erhoben ist.[3]) Desgleichen wirthschaftliche Vereine, denen die frei versagbare staatliche Verleihung abgeschlagen wird. Ebenso ausländische Vereine, deren Gesuch um Verleihung oder Anerkennung der Rechtsfähigkeit der Bundesrath ablehnt.[3a]) Vielleicht bemüht sich auch ein Verein vergeblich um die Rechtsfähigkeit, weil ihm nach der Ansicht des Registerrichters ein wirthschaftlicher Geschäftsbetrieb das Vereinsregister versperrt, während nach der Ansicht der Staatsverwaltung sein überwiegend idealer Zweck der Konzessionirung entgegensteht.[4]) Andererseits kann auch ein eingetragener oder konzessionirter Verein in Wahrheit der Rechtsfähigkeit entbehren, weil der unrichtige Weg eingeschlagen, ein wirthschaftlicher Verein eingetragen oder ein nicht wirthschaftlicher Verein

---

sondern als Gesellschaften mit formeller Rechtsfähigkeit behandeln will (a. a. O. S. 72ff.), zuzustimmen, so läge die Sache anders. Sein Versuch aber ist ebenso aussichtslos, wie sachlich verfehlt.

2f) Löwenfeld S. 100; Goldmann u. Lilienthal a. a. O. S. 52; Endemann I § 42 Anm. 4. Nach dem in der vor Anm. Gesagten ist auch die Aktiengesellschaft vor der Eintragung ein nicht rechtsfähiger Verein, auf den subsidiär die Vorschriften des bürgerlichen Rechts Anwendung finden; Makower S. 389; a. M. Staub zu § 183 Anm. 3, § 200 Anm. 2. Ebenso regelmäßig, aber nicht nothwendig die Gesellschaft mit beschränkter Haftung.

3) Dies wird vermuthlich nicht selten geschehen, wenn auch der Wunsch von A. Leist a. a. O. S. 49, es möge jedem derartigen Verein der Einspruch entgegengestellt werden, hoffentlich ein frommer Wunsch bleiben wird. Ueber die schon sehr streitigen Grenzen dieser Begriffe vgl. bes. Eck a. a. O. S. 72ff., Riedel a. a. O. S. 95ff., Planck zu § 61, Hölder zu § 61, Löwenfeld zu § 61, Endemann § 42 Anm. 15, Crome § 50 Z. 2 c, Goldmann u. Lilienthal S. 66ff., Dernburg I § 75 III. — Stellt sich ein religiöser Verein als Religionsgesellschaft oder geistliche Gesellschaft dar, so kann er in Preußen, Oldenburg und Waldeck sogar nur durch Gesetzgebungsakt Rechtsfähigkeit erlangen; Preuß. V.U. a. 13, Oldenburg. a. 77, Waldeck. § 41; E.G. a. 84; Entsch. des L.G. Tilsit b. Scherer a. a. O. S. 57 unter e.

3a) Sie fallen auch dann bei uns unter die Vorschriften über nicht rechtsfähige Vereine, wenn sie im Heimathsstaat rechtsfähig sind; Nußbaum a. a. O. § 3 II S. 9ff.

4) Planck a. a. O. S. 80 Anm. 3; Eck a. a. O. S. 55; Staudinger D. J. Z. 1900 S. 376; Endemann I § 43 Anm. 1; Meurer S. 230. Gegen die Ansicht von Hölder I 136, die Ablehnung des Registerrichters sei „autoritatives Zeugniß für die Existenz eines wirthschaftlichen Vereins", vgl. Meurer a. a. O. Anm. 1. Möglich bleibt die Flucht ins Handelsrecht; oben Anm. 2a.

konzessionirt ist.[5]) Endlich kann sich ein rechtsfähiger Verein in einen nicht rechtsfähigen Verein umwandeln, wenn er die Rechtsfähigkeit durch Konkurseröffnung verliert (§ 42) oder ihm die Rechtsfähigkeit entzogen wird (§§ 43—44, 73—74). Denn der Untergang der Rechtsfähigkeit ist keineswegs Auflösung.[6]) Vielmehr bleibt der Fortbestand des Vereins jedenfalls möglich.[7]) Und bis auf Weiteres besteht sogar der Verein immer fort, wenn nicht ein Auflösungsgrund hinzutritt.[8]) Allerdings vollzieht sich mit der Entziehung der Rechtsfähigkeit der Anfall des Vereinsvermögens an andere Personen (§ 45).[9]) Allein dieser Anfall kann eben und wird in vielen Fällen satzungsgemäß oder kraft satzungsmäßig vorgesehener Beschlußfassung an die zur Zeit vorhandenen Mitglieder in ihrer fortdauernden Verbundenheit zu einem nicht rechtsfähigen Verein erfolgen.[10]) Hiermit wird dem durch den Wegfall der juristischen Person, die bisher Subjekt des Vermögens war, unerbittlich geforderten

5) Planck a. a. O. S. 81 Anm. 5. Eine der unzulässigen Eintragung oder Verleihung bis zur Anfechtung Wirksamkeit verleihende Vorschrift, wie sie von Planck angeregt ist, hat das Ges. über die freiw. Gerichtsb. leider nicht gebracht. Vgl. Hachenburg (2. Aufl.) S. 493; Endemann (8. Aufl.) I 191; Meurer S. 230 ff.; Löwenfeld I 101, 105; Goldmann u. Lilienthal S. 70 u. 72. — Unrichtig Gareis § 21 Anm. 4.

6) Nach der Meinung von Eck a. a. O. S. 68 läuft freilich Beides auf dasselbe hinaus. Ebenso nach Riedel, Das B.G.B. in Vergleichung mit dem Preuß. R., Berlin 1896, S. 102 Anm. * u. S. 131 ff. Aehnlich Rehbein a. a. O. S. 52 ff. Vgl. aber Löwenfeld § 41 Bem. IV u. V S. 135, Goldmann u. Lilienthal § 21 Anm. 2, Cosack, 3. Aufl. I 118 unter 6.

7) Und zwar auch im Falle des Konkurses. Wenn Hachenburg a. a. O. S. 209 (2. Aufl. S. 485) dies im Hinblick auf das Aktiengesellschaftsrecht bestreitet, so übersieht er, daß die Verweisung des § 213 der Konk.O. auf § 207 u. 208 nur das Verfahren betrifft, der Grund aber, aus dem der Konkurs der Aktiengesellschaft nothwendig auflösend wirkt, für nicht wirthschaftliche Vereine, die den Verlust ihres gesammten Vermögens sehr wohl überleben können, nicht paßt.

8) Die Auflösung kann durch die Satzung an den Verlust der Rechtsfähigkeit geknüpft sein, sie kann beschlossen oder kraft öffentlichen Rechts verfügt werden. — Ohne Anhalt im Gesetz ist die Annahme, es müsse umgekehrt der Fortbestand in der Satzung vorgesehen sein; so Planck a. a. O. S. 93 Anm. 2 u. S. 94 Anm. 2, Meisner a. a. O. S. 47 Anm. 2, Rehbein a. a. O. S. 53, Hölder a. a. O. S. 159, Zitelmann a. a. O. S. 66.

9) Dies gilt auch für den Fall des Konkurses hinsichtlich des Ueberschusses; Planck a. a. O. S. 94 Anm. 2. — Der Anfall hat stets die Natur einer Gesammtnachfolge; vgl. unten Anm. 87.

10) Gemäß § 45 Abs. 1—2. Nur wenn es an einer Bestimmung des Anfallberechtigten fehlt, tritt freilich nach Abs. 3 entweder Anfall an die Mitglieder zu gleichen Theilen oder Anfall an den Fiskus ein; im ersteren Falle bedarf es dann der Einstimmigkeit, wenn dennoch das Vermögen Vereinsvermögen bleiben soll.

Gebot einer Rechtsnachfolge genau so gut Genüge geleistet, als wenn das Vermögen an alle vorhandenen Mitglieder zu gleichen Theilen fiele.[11]) Wäre aber durch die Fassung der Satzung der Anfall an die Mitgliedergesammtheit ausgeschlossen oder gar die Satzung so unvorsichtig abgefaßt, daß der Anfall an den Fiskus eintritt, so könnte immer noch der Verein vermögenslos fortbestehen.[12]) Eine Liquidation muß stets, wenn das Vereinsvermögen nicht etwa an den Fiskus fällt, stattfinden (§ 47).[13]) Trotz des somit unvermeidlichen Wechsels der Rechtssubjektivität ist der an Stelle des rechtsfähigen Vereins tretende nicht rechtsfähige Verein kein neuer Verein, sondern der durch Entziehung der rechtlichen Anerkennung seiner Persönlichkeit deklassirte alte Verein.[14]) Genau, wie umgekehrt der nicht rechtsfähige Verein, wenn er durch Eintragung oder Verleihung Rechtsfähigkeit erlangt, derselbe Verein bleibt, obschon mit seiner Erhöhung die nunmehr anerkannte juristische Person in die Rechte und Pflichten der verbundenen Mitgliedergesammtheit succedirt.[15])

---

11) Unrichtig meint daher Hachenburg a. a. O. S. 210 (2. Aufl. S. 485), auf unseren Fall sei eigentlich § 45 nicht anwendbar. Ebenso unrichtig aber sind die von Eck a. a. O. S. 68 aus der Anwendbarkeit des § 45 gezogenen Folgerungen.

12) Vgl. meine Schrift über die Genossenschaftstheorie und die deutsche Rechtsprechung S. 144 Anm. 3 u. S. 841. Meist wird ja auch der Verein in der Lage sein, durch satzungsmäßige Beiträge der Mitglieder neues Vermögen zu sammeln.

13) Sie darf, da sie im Interesse der Gläubiger angeordnet ist, auch dann nicht unterbleiben, wenn das Vermögen auf den ohne Rechtsfähigkeit fortbestehenden Verein übergeht; Fischer-Henle Anm. 4 zu § 47. A. M. Hachenburg a. a. O. S. 210, 2. Aufl. S. 486. — Während der Liquidation (also nach § 51 mindestens ein Jahr lang) ergiebt sich das eigenthümliche Verhältniß, daß der Verein, soweit es ihr Zweck erfordert, noch als juristische Person gilt (§ 49 Abs. 2), im Uebrigen aber nicht, wie im Falle der Auflösung, ein Nichts, sondern ein Verein ohne Persönlichkeit ist. Aus diesem Verhältniß läßt sich aber keineswegs mit Löwenfeld § 41 Bem. V S. 135 ff. folgern, daß inzwischen zwei Vereine, ein rechtsfähiger und ein nicht rechtsfähiger, bestehen, von denen jener für diesen liquidirt. Vielmehr behält der Verein einen Rest seiner Rechtsfähigkeit. So bestehen doch auch, wenn der nicht rechtsfähige Verein verklagt wird und für den Prozeß als rechtsfähig gilt, nicht zwei Vereine neben einander! Vielmehr ist die Rechtsfähigkeit demselben Verein in der einen Beziehung zugesprochen, in der anderen versagt.

14) So mit Recht Hachenburg a. a. O. S. 208 ff. (2. Aufl. S. 484). — A. M. Eck a. a. O., Meisner a. a. O., Rehbein a. a. O., Hölder a. a. O. S. 159, Löwenfeld S. 136, auch trotz scheinbarer Abweichung Planck a. a. O. S. 93 Anm. 2. — Dasselbe Verhältniß tritt ein, wenn ein bisher rechtsfähiger Verein die Rechtsfähigkeit verliert, weil ihm auf Grund eines Landesgesetzes aufgegeben wird, in bestimmter Frist zur Vermeidung des Verlustes der Rechtsfähigkeit sich eintragen zu lassen; so Bad. A.G. z. B.G.B. a. 4 Abs. 3—4, vgl. Hachenburg (2. Aufl.) S. 484.

15) An der Identität des „Vereins“ vor und nach der Eintragung oder Ver-

Immer aber muß, damit die Vorschriften über nicht rechtsfähige Vereine Anwendung finden können, ein Verein da sein. Ein Verein, nicht eine bloße Gesellschaft! Insoweit freilich, als nur die den nicht rechtsfähigen Verein dem Gesellschaftsrecht unterstellende Grundregel in Frage steht, hat diese Unterscheidung keine unmittelbare Bedeutung. Allein für den nicht rechtsfähigen Verein gelten ja abweichende Sonderbestimmungen, die natürlich nur auf Vereine und niemals auf Gesellschaften angewandt werden dürfen.[16]) Und sie sind wichtig genug, um der Grenzziehung zwischen Verein und Gesellschaft eine erhebliche praktische Bedeutung zu sichern.

Das Gesetzbuch selbst enthält keine ausdrückliche Bestimmung, die sich für die begriffliche Abgrenzung verwerthen ließe. Die versteckte Legaldefinition der „Gesellschaft" (§ 705) paßt auch auf Vereine, der „Verein" ist nicht definirt. Wo also liegt das entscheidende Kennzeichen? Es liegt jedenfalls nicht in der Beschaffenheit des Zweckes. Gesellschaften wie Vereine können ideale oder materielle, gemeinnützige oder selbstnützige Zwecke verfolgen, sie können einen wirthschaftlichen Geschäftsbetrieb als Zweck oder als Mittel oder überhaupt nicht einrichten;[17]) der unausgetragene Streit, inwieweit solche Verschiedenheiten für die Anwendung der Vorschriften des Preußischen Landrechts über den Gesellschaftsvertrag (I, 17) oder über die erlaubten Privatgesellschaften (II, 6) maßgebend sind, kann sich in unserer Frage nicht wiederholen. Unentbehrlich ist für das Dasein eines Vereins, wie sich schon aus § 54 ergiebt, ein besonderer Vereinsname;[17a]) doch kann auch eine bloße Gesellschaft einen Namen führen.[18]) Daß die größere oder geringere

---

leihung läßt sich schon nach dem Wortlaut der §§ 21—23, 55, 65 nicht zweifeln. Vgl. Hachenburg a. a. O. S. 206 ff. (2. Aufl. S. 481 ff.), Knoke a. a. O. S. 20; Erk. des O.L.G. Hamburg v. 7. Mai 1901 in Seufferts Archiv LVI Nr. 241. — Abweichend trotzdem Hölder a. a. O. S. 130 ff.

16) Das gegentheilige Verfahren von Endemann a. a. O. S. 814, 815 Anm. 2, 816 Z. 2, 821 war offenbar unzulässig; er hat denn auch in der 8. Aufl. S. 203 Anm. 4 seine frühere Ansicht aufgegeben. Unrichtig auch Leist a. a. O. S. 37 Anm. 1. Vgl. Nußbaum a. a. O. S. 6 ff., Knoke S. 19 ff.

17) Vgl. Schollmeyer, Das Recht der einzelnen Schuldverhältnisse, Berlin 1897, S. 71; Leske a. a. O. S. 288; Matthiaß a. a. O. I 551; Oertmann, Das Recht der Schuldverhältnisse, Berlin 1899, S. 441; Planck, Komm. zu § 705 Anm. 1a; Cosack II 364, 3. Aufl. S. 390; Knoke a. a. O. S. 15 ff.; Dernburg, L.R. II § 355; Mayring, im Komm. von Staudinger, Bem. IV 2 zu § 705.

17a) A. M. Nußbaum a. a. O. S. 9. Richtig Hachenburg S. 488, Löwenfeld S. 155 Z. 7.

18) Man denke z. B. an eine Vereinigung von Minderkaufleuten zum Gewerbe-

Zahl der Mitglieder kein sicheres Unterscheidungsmerkmal bietet, liegt auf der Hand. Aber auch der Unterschied der offenen oder geschlossenen Mitgliederzahl ist nicht durchgreifend.[19]) Ein Verein für ideale Zwecke, z. B. eine wissenschaftliche Sozietät, kann mit fester Stellenzahl gegründet, ein wirthschaftlicher Verein kann auf eine feste Anzahl von Antheilen an einem Grundstücke oder Vermögen gebaut sein; solche Gebilde können nach dem B.G.B. durch Eintragung oder Verleihung rechtsfähige Vereine werden, müssen also auch als nicht rechtsfähige Vereine möglich sein. Andererseits bleibt eine bloße Gesellschaft mit vertragsmäßiger Offenhaltung des Eintritts für Jeden, der bestimmte Erfordernisse erfüllt, denkbar. Als unentbehrlich für den Begriff eines Vereins wird man einen vom Wechsel der Mitglieder unabhängigen Bestand des Verbandes bezeichnen dürfen.[19a]) Allein auch die Fortdauer einer Gesellschaft beim Wechsel der Gesellschafter kann vereinbart werden. Der Verein bedarf nothwendig eines Vorstands und eines Beschlußorgans. Auch eine Gesellschaft aber kann sich durch Vorstandsbildung und Einführung von Mehrheitsschlüssen befestigen. Somit bleibt nur übrig, als entscheidendes Kennzeichen des Vereins eine ihrem Gesammtinhalte nach als Körperschaftsverfassung erscheinende Einrichtung zu betrachten. Ein Verband ist ein Verein, wenn er so organisirt ist, daß er seinen Mitgliedern als besonderes einheitliches Ganze gegenübertritt und im Verkehr als solches sich giebt und genommen wird.[20]) Mit anderen Worten: ein nicht rechts-

---

betriebe unter gemeinsamem Namen; Cosack, H.R. § 127 I; Mayring zu § 705 Bem. IX.

19) A. M. Staudinger, Das Vereinsrecht nach dem B.G.B. Erlangen 1897, S. 35, Blätter für Rechtsanwendung Bd. 62 S. 313, D.J.Z. V S. 377. Anscheinend auch Meurer S. 64.

19a) Als entscheidend sieht dieses Merkmal Ehrenberg, Art. „Gesellschaftsvertrag“ im Handwörterbuch der Staatswiss., 2. Aufl. IV 224 ff., an. Besonderes Gewicht legt darauf auch Meurer S. 64 u. 69. Vgl. ferner Löwenfeld S. 95 Z. 1 u. 5, S. 160.

20) Uebereinstimmend Hachenburg a. a. O. S. 205 ff. (2. Aufl. S. 490 ff.), der nur zu ausschließliches Gewicht auf den „Willen“, ein selbständiges Rechtssubjekt mit eigner Existenz zu schaffen, legt. Nicht der Wille entscheidet, sondern die That. Vgl. auch Cosack § 270 (3. Aufl. § 280) Z. 1. Aehnlich Nußbaum S. 5 ff.: korporative Anlage, „begriffliche Fähigkeit, als selbständiges Subjekt des Verkehrs aufzutreten“. Swart a. a. O. S. 7. Goesch a. a. O. S. 3. Endemann, 8. Aufl. I 203. Knoke a. a. O. S. 1 u. 19 ff., Goldmann u. Lilienthal a. a. O. S. 53 u. 95 ff. Hellwig, Anspruch und Klagerecht S. 294. Dernburg, B.R. II § 79 I: korporative Verfassung. Löwenfeld S. 95 u. 154: Personenverbände zur gesammten Hand mit korporativer Verfassung. — Sehr ausführlich erörtert die Grenzfrage Meurer S. 59—70. Sein Ergebniß ist, daß ein Verein vor-

fähiger Verein ist eine von der Rechtsordnung nicht als Körperschaft anerkannte Körperschaft, ein Gebilde, das Körperschaft wäre, wenn das System der freien Körperschaftsbildung gälte.

Man hat als einen Hauptgrund gegen das System der freien Körperschaftsbildung stets angeführt, daß es eine unerträgliche Unsicherheit darüber bewirke, ob eine juristische Person besteht oder nicht besteht. Diese Unsicherheit ist nun freilich durch das System des B.G.B. beseitigt, taucht aber an einer anderen Stelle in neuer Gestalt wieder auf. Die Macht des Lebens bewährt ihre Ueberlegenheit über die formale Gesetzgebungskunst.

II. Wesen des nicht rechtsfähigen Vereins.

Der oberste Grundsatz für nicht rechtsfähige Vereine (§ 54 S. 1) lautet: „Auf Vereine, die nicht rechtsfähig sind, finden die Vorschriften über die Gesellschaft Anwendung."

Der Verein ist keine Gesellschaft.[20a]) Er ist vielmehr seinem wirklichen Wesen nach eine Körperschaft. Das B.G.B. erkennt dies unzweideutig an, indem es ihn mit gleichem Namen wie die von ihm geregelten Körperschaften nennt und von ihm mitten in der Lehre von den juristischen Personen handelt.[21]) Vereine mit und ohne Rechtsfähigkeit sind Vereine; sie unterscheiden sich durch das ungleiche Maß von Wirksamkeit, das die Rechtsordnung dem gleichen Thatbestande beilegt, bleiben aber Wesenheiten gleicher Art;[22]) derselbe Verein kann im Laufe

---

liegt, wenn feststeht, daß die drei Voraussetzungen der Organisatien, der Vorstandseinrichtung und namentlich des Mitgliederwechsels nicht kraft Ausnahmerechts, sondern als etwas Natürliches gegeben sind. Ein fester Anhalt ist damit kaum gewonnen.

20a) Dagegen erklären Cosack II 390 u. Crome I 259 ihn für eine eigenthümlich modificirte Gesellschaft. Matthiaß, 3. Aufl. I 129, spricht von „Vereinsgesellschaften". Am energischsten führt Staub, Exkurs zu H.G.B. § 342 Anm. 84 (I 1036), die Unterstellung unter den Begriff der Gesellschaft durch. Er zieht daraus Anm. 84—87 die handelsrechtlichen Konsequenzen; insbesondere nimmt er folgerichtig an, daß ein nicht rechtsfähiger Verein, der ein Handelsgewerbe im Sinne des H.G.B. § 1 betreibt, von Rechtswegen eine offene Handelsgesellschaft bildet. Vgl. hiergegen meinen Vortrag im Arch. f. b. R. XIX 136.

21) Ursprünglich befand sich der dem § 54 entsprechende § 676 im Gesellschaftsrecht.

22) Dies führt Hachenburg a. a. O. S. 205ff. (2. Aufl. S. 480ff.) überzeugend aus. Uebereinstimmend Nußbaum S. 5ff.; Goesch a. a. O. S. 5; Staudinger, D.J.Z. 1900 S. 376; Goldmann u. Lilienthal S. 53 Anm. 1, S. 96 Anm. 4; Löwenfeld S. 94 u. 155; jetzt auch Endemann, 8. Aufl. I 203.

seines Daseins zeitweise der einen oder der anderen Klasse angehören, ohne als Verein seine Identität einzubüßen.[23])

Trotzdem soll der Verein behandelt werden, als wäre er eine Gesellschaft. Die Rechtsordnung stellt bewußt das widerspruchsvolle Gebot auf, ihn so zu beurtheilen, als wenn er etwas wäre, was er nicht ist. Sie zwingt zu einer juristischen Umdeutung des thatsächlichen Lebensverhältnisses und zur Unterwerfung aller ihm entspringenden rechtlichen Beziehungen unter Begriffe, die auf sie von Hause aus nicht angelegt und für sie an sich nicht geeignet sind.

Hieraus ergiebt sich, daß die Anwendung der Vorschriften über die Gesellschaft so erfolgen muß, wie sie sich am besten mit dem in Wahrheit körperschaftlichen Wesen des Vereins verträgt, der auf Errichtung einer Körperschaft gerichteten Absicht der Betheiligten am ehesten gerecht wird und im Verkehr mit Dritten den Erfolg, der nach den Regeln von Treu und Glauben erwartet wird, am meisten sichert.[23a])

Ermöglicht wird ein derartiges Verfahren vor Allem dadurch, daß die Gesellschaft selbst vom B.G.B. in eine Form gegossen ist, vermöge deren sie auch bei normaler Ausgestaltung sich einer Körperschaft nähert. Denn obschon sie im Recht der Schuldverhältnisse geregelt ist, erscheint sie doch kraft der Durchführung des Prinzips der gesammten Hand nicht gleich der römischen societas als rein obligationenrechtliches, sondern zugleich als personenrechtliches und folgeweise auch mit unmittelbar sachenrechtlicher Wirksamkeit ausgestattetes Verhältniß. Die Errichtung des Vereins darf nicht als das, was sie ist, als konstituirender Gesammtakt, sie muß vielmehr als Gesellschaftsvertrag aufgefaßt werden; aber dieser Vertrag enthält, weil er eine personenrechtliche Verbundenheit setzt, etwas von einer Vereinigungsthat. Die Satzung des Vereins ist im Rechtssinne nicht Satzung, sondern ein Inbegriff von Vertragsbestimmungen; aber die vertragsmäßige Festsetzung gewinnt durch die ihr verliehene Macht, eine dauernde Willensgemeinschaft zu bewirken und zu normiren, ein autonomisches Gepräge. Die Mitglieder gelten nicht als Glieder eines ihnen übergeordneten Ganzen, sondern als Gesellschafter; aber als solche sind sie die Mitträger eines von ihren Sonderbereichen geschiedenen gemeinschaftlichen Machtbereichs. Die Organe des Vereins dürfen, obschon sie Organe sind, nicht als Organe, sondern nur als Be-

---

Aehnlich Meurer S. 59, der aber in Folge seiner Rückkehr zur Fiktionstheorie in der Persönlichkeit des rechtsfähigen Vereins etwas erblickt, was bei dem nicht rechtsfähigen Verein auch der Anlage nach nicht vorhanden ist.

23) Vgl. oben Anm. 14—15.

23a) Zustimmend Dernburg, B.R. I 220. Vgl. auch Goesch a. a. O. S. 4 ff.

auftragte und Bevollmächtigte behandelt werden; aber ihre Stellung wird dadurch, daß ihr Geschäftsherr eine zur gesammten Hand verbundene Personenmehrheit ist, an die Stellung von Organen herangerückt. Der Verein hat keine Persönlichkeit, er ist überhaupt kein Rechtssubjekt, sondern ein Rechtsverhältniß; aber dieses Rechtsverhältniß schließt die Betheiligten zu einer Personeneinheit zusammen. Das Vereinsvermögen ist Gesellschaftsvermögen, es gehört nicht dem Verein als solchem, sondern den jeweiligen Mitgliedern; aber als Gesellschaftsvermögen ist es ein für den Gesellschaftszweck aus dem übrigen Vermögen der Theilhaber ausgeschiedenes, den Gesellschaftern zu ungesonderten Antheilen gemeinsames Sondervermögen, das sich einem Körperschaftsvermögen nähert.

Weiter kommt in Betracht, daß die Vorschriften über Gesellschaft zum großen Theile nicht zwingender, sondern nachgiebiger Natur sind, daher durch die Vereinssatzung im Sinne des Körperschaftsrechts abgeändert werden können. In welchem Umfange, ist freilich schon stark bestritten. Hierauf ist im Einzelnen zurückzukommen. Von vornherein aber sei bemerkt, daß die Vermuthung hier wie bei allen Vorschriften über einzelne Schuldverhältnisse aus Verträgen für die Abänderlichkeit streitet. Da der Gesellschaftsvertrag formfrei ist, kann die Vereinbarung von Abweichungen nicht bloß ausdrücklich, sondern auch stillschweigend erfolgen. Dies ist für die Auslegung undeutlicher und die Ergänzung lückenhafter Vereinssatzungen von großer Wichtigkeit: was sich aus dem Zwecke der Vereinigung, aus der Gesammthaltung der Satzung und aus dem bei gleichartigen Vereinen Ueblichen als gewollt ergiebt, ist als vereinbart anzusehen.[23b]) Auch wird unter diesem Gesichtspunkte neben der geschriebenen Satzung und sogar gegen sie das im Verein beobachtete Herkommen Beachtung fordern. Besonders zu betonen ist, daß eine satzungsmäßige Abänderung des gewöhnlichen Gesellschaftsrechts behufs Begründung eines Vereins nicht nur möglich, sondern nothwendig ist, da sonst eben eine Gesellschaft entstände. Ja, die Abänderungen müssen wenigstens in ihrem Gesammtinhalte so beschaffen sein, daß sie mit dem Wesen einer Gesellschaft in Widerspruch stehen. Denn sie sollen bewirken, daß anstatt einer Gesellschaft ein wesensverschiedenes Gebilde ins Leben tritt. Daß die Gesetzesvorschriften über die Gesellschaft nachgiebig genug sind, um dem Gesellschaftsvertrage die Sprengung des Rahmens der Gesellschaft zu gestatten, ist eine Seltsamkeit, die als schlechthin unvermeidliche Folge der Unterstellung von Vereinen unter das Gesellschaftsrecht mit in den Kauf genommen werden muß.

23b) Zustimmend Dernburg, B.R. I § 79 III.

Jede Anwendbarkeit des Gesellschaftsrechts auf nicht rechtsfähige Vereine fällt natürlich insoweit weg, als für solche Vereine Sonderbestimmungen getroffen sind. Die einschlagenden Vorschriften des neuen Rechts stimmen darin überein, daß sie lediglich auf den Schutz Dritter, die mit dem Verein als solchem in Verkehr getreten sind, abzielen. Sie gehen aber von ungleichen Grundgedanken aus. Der zweite Satz des § 54 des B.G.B. gewährt dem Dritten, dem gegenüber im Namen des Vereins ein Rechtsgeschäft vorgenommen ist, die Befugniß, den Verein, weil er Gesellschaft nicht ist und als juristische Person nicht gilt, als ein Nichts zu behandeln; darum haftet ihm der Handelnde persönlich. Die Vorschriften der Civilprozeßordnung und der Konkursordnung ermächtigen umgekehrt Dritte, den Verein, weil er sich als juristische Person giebt, als juristische Person zu behandeln; sie stellen hinsichtlich der Verklagbarkeit, der Zwangsvollstreckung in das Vermögen und des Konkurses den nicht rechtsfähigen Verein einem rechtsfähigen Verein einfach gleich.

Schließlich versteht es sich von selbst, daß die Unterstellung der nicht rechtsfähigen Vereine unter das Gesellschaftsrecht nicht über das Gebiet des Privatrechts hinaus erstreckt werden darf. Im öffentlichen Recht gilt jeder Verein als das, was er ist. Für die öffentlichrechtlichen Vereinsgesetze besteht überhaupt zwischen rechtsfähigen und nicht rechtsfähigen Vereinen kein Unterschied.

III. Vereinsverfassung.

Zum Wesen jedes Vereins gehört eine Verfassung, durch die ein von den jeweiligen einzelnen Mitgliedern unabhängiges Ganze gesetzt und als handlungsfähige Einheit organisirt wird. Die Satzung des nicht rechtsfähigen Vereins kann eine derartige Verfassung dem Erfolge nach herstellen.

Die gesellschaftsrechtliche Regel, daß die Gesellschaft durch Kündigung, Tod oder Konkurs eines Gesellschafters aufgelöst wird, kann wegbedungen, die Ausschließung eines Gesellschafters kann vorgesehen werden (B.G.B. §§ 736 u. 737). Vereinbarungen mit derartigem Inhalte sind unerläßlich, wenn ein Verein bestehen soll, und müssen als selbstverständlich getroffen gelten, sobald die Absicht einer Vereinsbildung feststeht.[24] Der Gesellschaftsvertrag kann aber auch den Hinzutritt neuer

24) Unrichtig daher Cosack II 391 Z. 4 (in der 3. Aufl. S. 416 hat er durch Zulassung einer „stillschweigenden“ Statutenbestimmung seine Ansicht modifizirt),

Gesellschafter zulassen. Nimmt die Vereinssatzung den Eintritt neuer Mitglieder in Aussicht, so liegt darin zugleich die Vereinbarung, daß das Vereinsverhältniß mit dem Eingetretenen unverändert fortgesetzt werden soll. So läßt sich dem Verein der von der Individualität der Mitglieder unabhängige und in ihrem Wechsel sich gleich bleibende Bestand verschaffen.

Die Bedingungen für den Ein- und Austritt von Mitgliedern kann die Vereinssatzung im Allgemeinen beliebig und somit auf gleiche Weise, wie wenn der Verein rechtsfähig wäre, ordnen.[24a]) Hinsichtlich des Eintritts neuer Mitglieder fehlt es überhaupt an jeder gesetzlichen Regel. Die Satzung kann dafür die verschiedensten Erfordernisse aufstellen, die Eintrittserklärung an diese oder jene Form binden, die Aufnahme dem einen oder anderen Vereinsorgan übertragen, auch den Erwerb der Mitgliedschaft ohne Weiteres an den Erwerb eines Antheils knüpfen u. s. w. Der Unterschied vom rechtsfähigen Verein besteht hier nur in dem gesetzlichen Zwange zur juristischen Umdeutung des Vorganges im Sinne eines Gesellschaftsvertrages, der in jedem Einzelfalle zwischen dem eintretenden Mitgliede und den sämmtlichen übrigen Mitgliedern geschlossen wird. Die für den rechtsfähigen Verein geltende Regel, daß die Mitgliedschaft unübertragbar und unvererblich ist (§ 38), ergiebt sich auch für den nicht rechtsfähigen Verein aus der Anwendung des Gesellschaftsrechts (§§ 717, 727); zweifellos aber kann hier wie beim rechtsfähigen Verein (§ 40) ein Anderes bestimmt, daher auch die Mitgliedschaft mit veräußerlichen und vererblichen Antheilen verknüpft werden. Der freiwillige Austritt aus dem Verein erscheint zufolge der Verweisung auf das Gesellschaftsrecht im Rechtsgewande der Kündigung des Gesellschaftsvertrages (§§ 723—724, 736); den autonomischen Fest-

---

besonders aber Kockerols in D.J.Z. IV 459 (der sogar bei älteren Vereinsstatuten nur eine ausdrückliche Wegbedingung der gesellschaftsrechtlichen Regeln beachten will); vgl. dagegen meine Bemerkungen ebenda S. 480. — Demgemäß sind B.G.B. § 727 Abs. 2 u. § 728 S. 2, sowie Konk.O. § 28 unanwendbar. Zustimmend Meurer S. 69 Anm. 1. Vgl. auch Endemann, 8. Aufl. I § 46 Anm. 8 u. 14; Goldmann u. Lilienthal S. 98 u. 104.

24a) Zu weit geht Goesch a. a. O. S. 4 ff., wenn er den gesetzlichen Regeln über das Ausscheiden eines Gesellschafters jede Bedeutung für die nicht rechtsfähigen Vereine abspricht. Desgleichen Knoke, Arch. f. b. R. XX 174 ff., wenn er meint, bei der Gesellschaft sei das Erforderniß der Einstimmigkeit zur Aufnahme eines neuen Gesellschafters für den Gesellschaftsvertrag unabänderlich, bei dem nicht rechtsfähigen Verein sei ohne Weiteres die Aufnahme neuer Mitglieder durch Mehrheitsbeschluß zulässig. Vielmehr ist Einstimmigkeit an sich auch bei dem Verein erforderlich und die vertragsmäßige Festsetzung einer leichteren Aufnahme auch bei der Gesellschaft setzungen über das Austrittsrecht ist die feste gesetzliche Schranke, durch die dem rechtsfähigen Verein gegenüber die Austrittsfreiheit gewährleistet wird (§ 39), nicht gezogen; doch kann dem Mitgliede niemals das Recht verkümmert werden, aus einem wichtigen Grunde vor dem Ablaufe einer gesetzten Zeit oder ohne Einhaltung einer vorgeschriebenen Kündigungsfrist und zwar auch zur Unzeit auszutreten (§ 723).[25]) Auch den unfreiwilligen Ausschluß eines Mitgliedes kann die Satzung vorsehen und beliebig ordnen;[25a]) selbst ohne besondere Ermächtigung ist der Verein befugt, ein Mitglied auszuschließen, das eine ihm obliegende wesentliche Verpflichtung vorsätzlich oder aus grober Fahrlässigkeit verletzt oder zu erfüllen außer Stande kommt.[26])

In der Organisation des Vereins hat die Satzung ziemlich freie Hand. Sie kann und wird „die Führung der Geschäfte der Gesellschaft", die an sich „den Gesellschaftern gemeinschaftlich" zusteht, einem Vorstande übertragen, die oberste Entscheidung in den gemeinschaftlichen Angelegenheiten aber dem Mehrheitsbeschlusse der Mitglieder vorbehalten (§§ 709—710)[26a]). Die Beschlußfassung kann und wird sie, anstatt es

---

nicht ausgeschlossen. Nur wird allerdings bei den meisten Gattungen von Vereinen auch ohne ausdrückliche Satzungsbestimmung anzunehmen sein, daß die Satzung die Aufnahme neuer Mitglieder durch Mehrheitsbeschluß gestattet.

25) Bei der in sein freies Ermessen gestellten Beurtheilung der Wichtigkeit eines Grundes wird der Richter von dem gesetzlichen Musterfall des § 723 Abs. 1 S. 2 völlig absehen und sich lediglich auf den Boden des Körperschaftslebens stellen müssen. Wenn irgend ein Mitglied den Beitrag nicht zahlt oder die Vereinssitzungen nicht besucht, kann darin nicht für jedes andere Mitglied ein Austrittsgrund liegen. Im Uebrigen ist der Praxis hier eine schwere Aufgabe gestellt. Vgl. auch Leist a. a. O. S. 15 ff. u. 52, der aber bei den auf S. 16 angeführten Beispielen übersieht, daß hier § 152 Abs. 2 der Gew.O. durchgreifen würde. Denn es kann keinem Zweifel unterliegen, daß der § 152 Abs. 2 der Gew.O. durch das B.G.B. nicht beseitigt ist und daher bei einem Verein von Gewerbetreibenden, gewerblichen Gehülfen, Gesellen oder Fabrikarbeitern, der auf Erlangung günstiger Lohn- und Arbeitsbedingungen, insbesondere mittelst Einstellung der Arbeit oder Entlassung der Arbeiter, gerichtet ist, der Rücktritt jedem Theilnehmer stets freisteht.

25a) A. M. Knoke, Gesellsch. S. 128. Vgl. aber die ausführlichen Erörterungen von A. Leist, Die Strafgewalt moderner Vereine, Gießen 1901 (Programm), S. 39—50, der, wenngleich mit Bedauern, zu demselben Ergebniß gelangt. Ueber sonstige satzungsmäßige Strafen, die als Vertragsstrafen zu beurtheilen sind, vgl. Leist a. a. O. S. 50—54.

26) So nach § 737. Das hier „den übrigen Gesellschaftern gemeinschaftlich" zugeschriebene Ausschließungsrecht kann, wenn in Vereinsangelegenheiten überhaupt Mehrheitsbeschluß entscheidet, durch Mehrheitsbeschluß ausgeübt, aber auch dem Vorstande oder einem anderen Organe übertragen werden. Vgl. Goesch a. a. O. S. 22.

26a) Vgl. auch Löwenfeld § 54 Bem. III—IV S. 155 ff.; Crome § 55 S. 260 ff. Z. 2; Goldmann u. Lilienthal § 22 Z. 4a u. b.

bei der Entscheidung durch die Stimmen der Mehrzahl aller Gesellschafter (§ 709 Abs. 1) zu belassen, einer gehörig zu berufenden Mitgliederversammlung anvertrauen, deren Beschluß die nicht Erschienenen bindet; das Stimmrecht und das Stimmgewicht, die Art der Verhandlung und der Stimmabgabe, die Berechnung der Mehrheit, die Anforderungen an die Beschlußfähigkeit der Versammlung, das Erforderniß verstärkter Mehrheit für besonders wichtige Beschlüsse u. s. w. kann sie frei nach den Bedürfnissen des Körperschaftslebens ordnen. Die theils zwingenden, theils abänderlichen Vorschriften des B.G.B. für die Mitgliederversammlung eines rechtsfähigen Vereins (§§ 32—37, 40—41) sind unanwendbar, können aber theilweise zur Auslegung der Satzung benutzt werden.[27]) Daß der Versammlungsbeschluß auch mit der Macht zur Abänderung der Satzung und sogar des Zweckes und zur Verfügung über den Bestand des Vereins ausgerüstet werden kann, unterliegt keinem Zweifel. Der Vorstand kann aus einer einzigen Person oder aus mehreren Personen gebildet, mehreren Vorstandsmitgliedern können alle oder gewisse Machtbefugnisse entweder zu gesammter Hand oder als einem mit Stimmenmehrheit beschließenden Kollegium oder einem jeden für sich übertragen werden (§§ 710—711). Als eine für die Satzung unabänderliche Vorschrift ist die Bestimmung aufzufassen, daß die Geschäftsführung aus einem wichtigen Grunde jedem Vorstandsmitgliede durch Beschluß entzogen und von jedem Vorstandsmitgliede niedergelegt werden kann (§ 712). Im Uebrigen bietet das Gesetz für die erforderlichen satzungsmäßigen Bestimmungen über Berufung in den Vorstand und Abberufung aus dem Vorstand und über etwaige Vorstandsbeschlüsse weder Stütze noch Schranke; die theils zwingenden theils abänderlichen Vorschriften über den Vorstand eines rechtsfähigen Vereins (§§ 27, 28, 40) können aber wieder mittelbar verwerthet werden.[28]) Außer dem Vorstande und der Mitgliederversammlung können beliebige weitere Organe, z. B. ein Aufsichtsrath, ein Ausschuß, Kommissionen aller Art, gebildet, auch kann die Mitgliederversammlung durch einen Ausschuß ersetzt werden.

Die Wirkung der Organisation unterscheidet sich in der Richtung auf das innere Vereinsleben praktisch nicht wesentlich von

27) So die dispositiven Vorschriften in § 32, § 33 Abs. I u. § 40, die zwingende in § 36. Der § 35 gilt nothwendig auch hier. Aber auch das Ruhen des Stimmrechts in den Fällen des § 34 dürfte anzunehmen sein. Ganz unverwerthbar sind § 33 Abs. 2 u. § 37 Abs. 2.

28) Der in § 28 angezogene § 34 dürfte auch hier stets Platz greifen. Andrerseits gilt keine dem § 29 entsprechende Regel.

der Wirkung einer anerkannten Körperschaftsverfassung. Wenn auf das Verhältniß der geschäftsführenden Mitglieder zu dem Verein die für den Auftrag geltenden Vorschriften entsprechende Anwendung finden (§ 713), so stimmt dies mit der für die Geschäftsführung des Vorstandes eines rechtsfähigen Vereins gegebenen Regel (§ 27 Abs. 3) überein. Daß die Stellung des Geschäftsherrn hier nicht einer juristischen Person, sondern einer Personengesammtheit zugeschrieben werden muß, hat fast nur theoretische Bedeutung. Unter Umständen kann indeß hinsichtlich der Wirksamkeit einer übereinstimmenden Willenserklärung aller Mitglieder sich ein Unterschied daraus ergeben, daß die Mitgliedergesammtheit nicht mit der juristischen Person, wohl aber mit der Gesellschaft zusammenfällt.

Dagegen ist die Wirkung dieser Organisation nach außen von der Wirkung einer anerkannten Körperschaftsverfassung in wesentlichen Punkten verschieden. Die geschäftsführenden Mitglieder des nicht rechtsfähigen Vereins haben im Zweifel im Umfange ihrer Geschäftsführungsmacht die Mitgliedergesammtheit gerichtlich und außergerichtlich zu vertreten, auch kann eine von der Geschäftsführung unabhängige weitere oder engere Vertretungsmacht begründet werden (§§ 714—715). Allein der Verein hat kein Organ, durch das er selbst zu handeln vermöchte. Eine Haftung des Vereins aus unerlaubten Handlungen seiner Organe, wie sie § 31 vorsieht, findet hier nicht statt; es kommt nur § 831 zur Anwendung.[29]) Der Vorstand hat hier, von den Fällen, in denen der Verein als rechtsfähig gilt, abgesehen, nicht die dem Vorstande eines rechtsfähigen Vereins beigelegte „Stellung eines gesetzlichen Vertreters" (§ 26 Abs. 2). Die rechtsgeschäftliche Vertretung des Vereins richtet sich nach den gewöhn-

29) Vgl. Eck a. a. O. S. 85; Cosack II 372, 3. Aufl. II 397 ff. u. 416; Matthiaß, 3. Aufl. S. 131; Meurer S. 184; Crome I S. 263 Anm. 24; Endemann, 8. Aufl. § 46 Anm. 17; Goldmann u. Lilienthal § 22 Anm. 16; Löwenfeld § 31 Bem. 12, § 54 Bem. VI 6; Mayring zu § 178 Bem. III d. — A. M. Hachenburg a. a. O. S. 211 (2. Aufl. S. 488); Dernburg B.R. I 173 u. 222 V. Zweifelnd Saleilles a. a. O. p. 457 ff. Allerdings liegt, worauf namentlich Dernburg hinweist, gerade bei den nicht rechtsfähigen Vereinen ein dringendes Bedürfniß vor, das die Haftung des Vereinsvermögens für Vereinsdelikte fordert. Allein die Anwendung des § 31 würde, da der für den Schaden verantwortliche „Verein" hier mit der Mitgliedergesammtheit zusammenfiele, zur persönlichen Gesammtschuldnerschaft aller Vereinsgenossen führen. Wie eine Beschränkung dieser Haftung auf das Vereinsvermögen gerechtfertigt werden könnte, sehe ich nicht. Die gesammtschuldnerische Haftung aber aus einem Vorstandsdelikt ist offenbar unmöglich. Die Rechtsordnung kann eben, wenn sie die Verbandspersönlichkeit als solche nicht sehen will, ihr auch keine Verantwortlichkeit aufbürden. Dazu hätte es einer Ausnahmebestimmung bedurft, die in dieser Richtung, wie hinsichtlich der passiven Partei-

lichen Grundsätzen der rechtsgeschäftlichen Vollmacht.[29a]) Es tritt aber die wichtige Sonderstimmung hinzu, daß stets, wer im Namen des Vereins ein Rechtsgeschäft einem Dritten gegenüber vornimmt, daraus persönlich und mit anderen Mithandelnden als Gesammtschuldner haftet (§ 54). Diese Haftung trifft den Handelnden auch dann, wenn er Vertretungsmacht für den Verein hatte, oder der Mangel einer solchen durch Genehmigung geheilt wird; sie trifft nicht blos das geschäftsführende Mitglied, sondern auch einen außerhalb des Vereins stehenden Bevollmächtigten, der für den Verein handelt; sie wird auch nicht dadurch abgewandt, daß der Dritte den Mangel der Rechtsfähigkeit kannte.[29b]) Ist das Rechtsgeschäft für den Verein wirksam, so haftet der Handelnde neben dem Verein.[29c]) Ist es für den Verein unwirksam, so haftet der Handelnde allein.[30])

---

fähigkeit, dem Verein die Geltung als Person zuschriebe. Vielleicht bildet sich aber ein Gewohnheitsrecht, das die nicht rechtsfähigen Vereine in Ansehung der Haftung für widerrechtliche Schadenszufügung dem Körperschaftsrecht unterstellt.

29a) Planck § 54 Bem. e; Endemann S. 204; Goldmann u. Lilienthal § 22 Anm. 13; Löwenfeld S. 156. Der Dritte muß die Vollmacht prüfen, genießt dabei den Schutz der §§ 169—173, kann die Vorlegung der Vollmachtsurkunde nach § 174 fordern u. s. w.; eine notarielle Urkunde über die Wahl wird zur Legitimation genügen.

29b) Ebenso tritt die Haftung ein, wenn die Betheiligten den Verein irrthümlich (z. B. auf Grund einer unwirksamen Eintragung) für rechtsfähig halten; Nußbaum S. 10ff. — Die Haftung tritt nicht ein, wenn der Vertreter nicht im Namen des Vereins, sondern im Namen der Vereinsmitglieder als Einzelner handelt; Nußbaum S. 10, Neumann zu § 54. Ebensowenig, wenn er im Namen eines Vorstandsmitgliedes als Individuums handelt. Handelt er dagegen im Namen des Vereins oder (was gleichbedeutend damit ist) im Namen eines Vereinsorgans als solchen, so wird seine Haftung nicht dadurch ausgeschlossen, daß er kraft besonderer Vollmacht eines Vereinsorgans auftritt; a. M. Hölder, § 54 Bem. 3 S. 170, Hachenburg S. 477; vgl. aber Nußbaum S. 12ff., Goldmann u. Lilienthal S. 102. — Die Haftung tritt nur ans rechtsgeschäftlichem Handeln, nicht z. B. aus Bereicherung, Prozeßführung, Anmeldung u. s. w. ein; Nußbaum S. 11; a. M. Hachenburg S. 483. — Inwieweit die Haftung Mitgliedern gegenüber eintritt, entscheidet sich danach, ob bei dem fraglichen Rechtsgeschäft das Mitglied dem Verein als Dritter oder als Mitglied gegenübersteht; Nußbaum S. 14, unten S. 31.

29c) Gewöhnlich wird ihm die Stellung eines Gesammtschuldners neben dem Verein zugewiesen. Demgegenüber führt Nußbaum S. 3ff. überzeugend aus, daß seine Haftung vielmehr eine bürgschaftsähnliche ist, jedoch mit Ausschluß der Einrede der Vorausklage.

30) Ueber die gleichzeitige Anwendbarkeit der §§ 177—180 des B.G.B. vgl. Planck zu § 54 Anm. 3, Nußbaum § 7 S. 20ff.

IV. Vereinsvermögen.

Das Vermögen des nicht rechtsfähigen Vereins wird als Gesellschaftsvermögen behandelt.

In das Vereinsvermögen fallen daher die Beiträge der Mitglieder,[30a] die durch die Geschäftsführung für den Verein erworbenen Gegenstände und die Surrogationen (§ 718). Der Verein kann nicht nur unter Lebenden, sondern auch von Todeswegen erwerben. Denn es besteht kein Hinderniß, die jeweiligen Mitglieder in ihrer gesellschaftlichen Verbundenheit zu Erben einzusetzen oder mit einem Vermächtniß zu bedenken.[31] Landesgesetzliche Einschränkungen des Rechtserwerbes juristischer Personen können auf nicht rechtsfähige Vereine nicht erstreckt werden (EG. Art. 86).[31a]

Als Gesellschaftsvermögen ist das Vereinsvermögen ein Sondervermögen, das den jeweiligen Mitgliedern zur gesammten Hand gehört. Jedem Mitgliede steht ein Antheil an dem Vermögen im Ganzen und den einzelnen dazu gehörigen Gegenständen zu; allein dieser Antheil unterliegt nicht der Verfügung des Mitgliedes und gewährt keinen Theilungsanspruch (§ 719 Abs. 1). Der Gläubiger eines Mitglieds kann seine Forderung nicht gegen eine zum Vereinsvermögen gehörige Forderung aufrechnen (§ 719 Abs. 2) und hat keinen unmittelbaren Zugriff auf das Vereinsvermögen (C.P.O. § 859). Den Antheil am Vereinsvermögen kann er freilich pfänden (C.P.O. § 859).[32] Dadurch erlangt er aber, so lange der Verein besteht, nicht die Befugniß zur Geltendmachung der Mitgliedschaftsrechte seines Schuldners mit einziger Ausnahme eines etwaigen Anspruchs auf einen Gewinnantheil (§ 725 Abs. 2). Dagegen kann er den Verein ohne Einhaltung einer Kündigungs-

---

30a) Auch die Forderungen auf rückständige Beiträge gehören zum Vereinsvermögen (wie zum Gesellschaftsvermögen); Dernburg, B. R. II § 359 I 1, mein Vortrag im Arch. f. b. R. XIX 118. A. M. Planck, zu § 718 Bem. 2, Knoke S. 33ff., 77, Mayring, zu § 718 Bem. III 4.

31) Vgl. Eck a. a. O. S. 80 Anm. 2. A. M. Matthiaß a. a. O. S. 114 (3. Aufl. S. 130), Rehbein a. a. O. S. 44; Letzterer will sogar Schenkungen an den Verein ausschließen. Gegen die Erbfähigkeit auch Dernburg, B.R. I § 79 Anm. 11; Staudinger, D.J.Z. V 377; Goldmann u. Lilienthal S. 97 Anm. 9. Ueberzeugend für die Fähigkeit zum Erwerbe von Todeswegen und aus Schenkung jetzt Löwenfeld, zu § 54 Bem. VI 3 S. 159ff. Ebenso Endemann III 30 Anm. 32.

31a) Zustimmend Goldmann u. Lilienthal S. 97 Anm. 10.

32) Cosack II 368—369, 3. Aufl. S. 394—395, deutet dies in unzulässiger Weise weg.

frist kündigen (§ 725 Abs. 1). Hiermit erzielt er jedoch in Gemäßheit der bereits als unerläßlich aufgezeigten Abänderung durch die Satzung nur das Ausscheiden seines Schuldners (§ 736). Anstatt an den Antheil kann er sich nun lediglich an das halten, was etwa der Verein dem ausscheidenden Mitgliede als Ersatz für den Antheil zu zahlen hat (§ 738).[33])

Somit ist dem Vereinsvermögen, obschon es blos gemeinschaftliches Vermögen der Mitglieder ist, der Bestand als selbständiges Zweckvermögen gesichert. Es vermag thatsächlich gleich einem Körperschaftsvermögen zu funktionieren. Nur darf es im Sinne der offiziellen Rechtsordnung nicht dem Verein selbst zugeschrieben werden. Nicht dem Verein als juristischer Person. Aber auch nicht dem Verein als einer unter dem Vereinsnamen rechtsfähigen beständigen Personeneinheit. Denn für die Gesellschaft des bürgerlichen Rechts gilt kein ähnlicher Rechtssatz wie der, den das Handelsgesetzbuch in § 124 für die offene Handelsgesellschaft unter ihrer Firma aufstellt. Praktisch äußert sich diese Versagung vor Allem im Grundbuchrecht. Alle zum Vereinsvermögen gehörigen Rechte sind im Grundbuch nicht auf den Namen des Vereins, sondern auf den Namen sämmtlicher einzelner Mitglieder einzutragen.[33a]) Dabei ist aber das für die Gemeinschaft maßgebende Rechtsverhältniß anzugeben (Grdb.O. § 48), somit zu vermerken, daß das Recht den benannten Personen als Mitgliedern eines nicht rechtsfähigen Vereins zusteht.[34]) Ist die Eintragung in dieser Weise erfolgt, so erlangt die Zugehörigkeit des Rechts zum Vereinsvermögen mit aller daraus fließenden Gebundenheit grundbuchmäßige Wirksamkeit.

Vollendet wird die Annäherung des Vereinsvermögens an ein Köperschaftsvermögen dadurch, daß es als Gesellschaftsvermögen nothwendig Vermögen der jeweiligen Mitglieder ist. Solange der Verein besteht, hängt es am Verein; mit jedem Wechsel im Mitgliederbestande wechselt es die Theilhaber, ohne davon in seinem Bestande als geschlossenes Sondervermögen berührt zu werden; und alle Veränderungen der Theil-

---

33) Daß dies oft Null sein wird, ist später zu zeigen; vgl. unten Anm. 51.

33a) Meist wird wohl der Verein die Eintragung auf den Namen eines Treuhänders vorziehen. Allein die Beschränkung des Rechtes des Treuhänders läßt sich nicht grundbuchrechtlich wirksam machen.

34) Nicht, wie Planck Anm. 2f zu § 54 räth, „nach den Vorschriften über die Gesellschaft". Denn das maßgebende Rechtsverhältniß ist ja ein anderes. Insbesondere würde sich die Verklagbarkeit des Vereins als solchen in Ansehung des Rechtes am Grundstück nicht aus dem Grundbuch ergeben. Unrichtig meint Staudinger, D.J.Z. 1900 S. 377, der Vermerk über das Vereinsverhältniß sei „zulässig". Er ist vielmehr geboten. — Vgl. auch Rehbein I 44; Achilles-

haberschaft ergreifen von Rechtswegen jeden einzelnen zum Vereinsvermögen gehörenden Gegenstand. Darum bedarf es zwar, damit ein Gegenstand Bestandtheil des Gesellschaftsvermögens werde, eines je nach seiner Beschaffenheit ungleichen besonderen Rechtsvorganges; die Vergemeinschaftung dessen, was als Beitrag zu leisten ist, wird nur durch eine Uebertragung an Alle bewirkt und fordert daher bei Grundeigenthum Auflassung und Eintraguug,[34a]) bei sonstigen Rechten an Grundstücken Willenseinigung und Eintragung, bei Fahrniß Uebergabe oder was als Ersatz dafür zugelassen ist, bei Forderungen Abtretungsvertrag u. s. w.; auch bei dem Erwerbe durch Geschäftsführung müssen Eigenthum und sonstige Rechte durch eine in gehöriger Vertretung Aller vorgenommene

---

Strecker, Grundbuchordn. S. 189, 286 ff.; Endemann, 8. Aufl. I 204 Anm. 14; Crome I 259; Meurer S. 139 ff.; Goldmann u. Lilienthal S. 96 Anm. 7; Löwenfeld S. 160; Dernburg, B.R. II § 358 I; meinen Vortrag im Arch. f. b. R. XIX 122.

34a) Und zwar müssen Auflassung und Eintragung bei der Einbringung in die Gesellschaft des bürgerlichen Rechts und somit auch bei der in den nicht rechtsfähigen Verein ebenso, wie bei der Einbringung in eine offene Handelsgesellschaft, auf den Uebergang des ganzen Grundstückes aus dem Sondereigenthum Eines in das zur gesammten Hand gemeinschaftliche Eigenthum Aller gerichtet werden; vgl. Achilles-Strecker S. 39, E. Fuchs, Grundbuchrecht S. 210, Endemann II 227 Anm. 6; unrichtig Hellwig, Anspruch und Klagerecht S. 198 Anm. 1 (Auflassung nur an die übrigen Gesellschafter zu ihren Antheilen). Dies verhält sich auch dann nicht anders, wenn ein Grundstück aus dem Miteigenthum sämmtlicher Einzelner in das Gesellschaftseigenthum übergehen soll. Allerdings wurde bisher vielfach sogar bei der Handelsgesellschaft eine Auflassung für unnöthig erklärt, um die Umschreibung im Grundbuch zu vollziehen; R.G. XXV 252, XXX 150, b. Gruchot XXXVIII 1065, XLIII 202. Und hieran wollen Turnau-Förster, Liegenschaftsr. I 335, auch jetzt festhalten. Allein da Jeder auch hier seinen gesonderten Antheil völlig aufgiebt und nur den unausgeschiedenen Antheil eines Gesammthänders zurückempfängt, ist die Auflassung unerläßlich; so auch K.G. b. Johow XVII 44, Staub zu H.G.B. § 122 Exkurs S. 385, Oberneck, Reichsgrundbuchr. I 39 ff., Achilles-Strecker S. 40, Fuchs a. a. O S. 211 ff. Wenn Hellwig a. a. O. dies für die Handelsgesellschaft anerkennt, für die Gesellschaft des bürgerlichen Rechts leugnet, so erweist sich gerade hier seine Annahme eines grundsätzlichen Gegensatzes zwischen beiden Gesellschaftsarten als irreführend. Man setze den Fall, daß eine Gesellschaft des bürgerlichen Rechts, die ein unter H.G.B. § 2 fallendes gewerbliches Unternehmen betreibt, gezwungen wird, sich als offene Handelsgesellschaft eintragen zu lassen. Damit tritt in dem materiellen Eigenthumsverhältniß an einem Gesellschaftsgrundstück keine Aenderung ein, so daß eine Auflassung nicht erforderlich ist und nur der Vermerk, daß die Gesellschaft nunmehr eine Handelsgesellschaft mit der und der kaufmännischen Firma ist, eingetragen zu werden braucht. Nach Hellwig dagegen müßten die Gesellschafter insgesammt (denn als Einzelne können sie über einen Antheil nicht verfügen) an sich selbst als

Erwerbshandlung dem Vereinsvermögen besonders zugeführt werden.[35]) Und entsprechende Regeln gelten für die Ausscheidung von Gegenständen aus dem Vereinsvermögen durch Entgemeinschaftung oder sonstige Veräußerung.[35a]) Dagegen folgt jeder einzelne Gegenstand, solange er gemeinschaftlich ist, ohne Weiteres und ohne irgend einen besonderen Uebertragungsakt beim Wechsel der Mitglieder den Schicksalen des Vereinsvermögens im Ganzen. Hiervon machen auch die im Grundbuch eingetragenen Rechte keine Ausnahme.

Für den Fall des Ausscheidens der Mitglieder ergiebt sich das Gesagte aus der ausdrücklichen Gesetzesvorschrift, der zufolge der Antheil eines ausscheidenden Gesellschafters am Gesellschaftsvermögen den übrigen Gesellschaftern anwächst (§ 738). Hiermit geht von Rechtswegen die in dem Antheil enthaltene Mitträgerschaft der einzelnen Rechte auf die verbleibenden Theilhaber über, ohne daß es einer Uebertragung, einer Auflassung oder Eintragung, einer Uebergabe, einer Abtretung u. s. w. bedürfte. Handelt es sich um ein auf den Namen aller im Grundbuch eingetragenes Recht, so wird freilich das Grundbuch unrichtig. Die Berichtigung kann verlangt werden.[35b]) Bis sie aber erfolgt ist, hat der unrichtige Bucheintrag die durch den öffentlichen Glauben des Grundbuchs bedingten Wirkungen. Dies ist ein wichtiger Unterschied der Gesellschaft des bürgerlichen Rechts und somit auch des nicht rechtsfähigen Vereins von der Handelsgesellschaft, deren Eintragung unter der Firma erfolgt und daher trotz des Ausscheidens eines Gesellschafters richtig bleibt. Allein das materielle sachenrechtliche Verhältniß ist vermöge des Prinzips der gesammten Hand hier genau wie bei der Handelsgesellschaft gestaltet.

Für den Fall des Eintritts neuer Mitglieder fehlt es an einer besonderen Bestimmung. Doch folgt aus dem gesetzlichen Begriff des

---

nunmehrige Handelsgesellschaft auflassen. Thun sie es nicht, was wird dann aus dem Eigenthum am Grundstück?

35) Anders verhält es sich bei dem gemäß § 718 Abs. 2 eintretenden Erwerbe durch Surrogation, der sich kraft Gesetzes vollzieht; vgl. Planck zu § 718 S. 467. — Bei dem Erwerbe einer Forderung durch Beitragsleistung oder Geschäftsführung gilt zu Gunsten des gutgläubigen Schuldners die Schutzvorschrift des § 720; vgl. Planck a. a. O. S. 469; Cosack II 366, 3. Aufl. S. 392.

35a) Daher bedarf es auch der Auflassung, wenn bei der Auflösung der Gesellschaft (des Vereins) ein Gesellschafts- (Vereins-) Grundstück den einzelnen Mitgliedern zu Miteigenthum nach Bruchtheilen überwiesen werden soll; Achilles-Strecker S. 40, E. Fuchs S. 211, K.G. b. Johow XIII 229.

35b) Achilles u. Strecker S. 32; Endemann (8. Aufl.) § 46 Anm. 14; Goesch a. a. O. S. 33; Dernburg II 551. Unrichtig Crome S. 261 Anm. 17—18: bei Immobilien tritt nur „obligatorische Wirkung“ ein, vor dem Vollzuge der Eintragung „entsteht oder vergeht hier kein dingliches Recht“.

Gesellschaftsvermögens (§ 718 Abs. 1) und aus dessen ganzer Struktur, daß hier umgekehrt von Rechtswegen ein Antheil den bisherigen Mitgliedern abwachsen und auf das neue Mitglied die Mitträgerschaft aller zum Vereinsvermögen gehörigen einzelnen Rechte ohne besondere Uebertragungshandlung übergehen muß. Das Gegentheil behauptet freilich Planck, der Anfangs kaum auf Widerspruch stieß.[36]) Er fordert eine „Uebertragung des Antheils". Diese könne hinsichtlich der Rechte, die durch Abtretungsvertrag übertragen werden können, durch den mit dem eintretenden Mitgliede geschlossenen Gesellschaftsvertrag erfolgen und auch hinsichtlich der beweglichen Sachen durch denselben Vertrag mit Hülfe von constitutum possessorium und Anspruchsabtretung zu Stande kommen; dagegen könne sie hinsichtlich der Rechte, deren Erwerb Eintragung ins Grundbuch fordert, nur durch besonderen Uebertragungsakt und Eintragung ins Grundbuch bewirkt werden. Allein diese ganze Konstruktion ist unhaltbar. Um sie durchzuführen, muß man einen Schritt weiter gehen und die Möglichkeit des Eintritts neuer Mitglieder in den nicht rechtsfähigen Verein überhaupt bestreiten. In der That ist für die Gesellschaft bei Planck und in noch schärferer Ausprägung bei Cosack die Behauptung gewagt, daß es eine Fortsetzung der alten Gesellschaft mit einem hinzutretenden Gesellschafter nicht gebe, der Vorgang vielmehr im Rechtssinne stets Auflösung der alten und Bildung einer neuen Gesellschaft sei.[37]) Wäre dem so, dann bräche in jedem solchen Falle auch das Gesellschaftsvermögen zusammen; an seine Stelle träte eine Gemeinschaft nach Bruchtheilen hinsichtlich der einzelnen Gegenstände; die bisherigen Gesellschafter wären nun verpflichtet und auch im Stande, ihre Antheile an jedem einzelnen Gegenstande Stück für Stück auf die von ihnen und dem neuen Gesellschafter gegründete neue Gesellschaft zu übertragen und so ein neues Gesellschaftsvermögen herzustellen.[38]) Allein eine derartige Umdeutung dessen, was bei dem Eintritt eines neuen Gesellschafters in Wahrheit gewollt und erklärt wird, ist weder zulässig

36) Planck zu § 54 S. 104 unter 1; dazu Anm. 2 zu § 736 S. 480. Zustimmend Meisner Anm. 3 zu § 54 S. 56; Oertmann Anm. 3 zu § 736; H. Neumann zu § 54 S. 25 Bem. 2g; Achilles-Strecker S. 352 (Nachtrag zu S. 39); Ehrenberg a. a. O. S. 233; Knoke S. 131 ff.; Goldmann u. Lilienthal § 22 Anm. 21 u. 24.

37) Planck zu § 736 S. 480, Cosack (2. Aufl. S. 389 II 1; ebenso Knoke Gesellschaftsr. S. 21. Seither haben Cosack und Knoke ihre Ansicht geändert; unten Anm. 38a.

38) In dieser Weise wird denn auch der Hergang bei Planck zu § 736 S. 480 anscheinend aufgefaßt und wurde er von Cosack a. a. O. S. 389 II 2 und Knoke a. a. O. S. 132 ausdrücklich konstruirt.

noch erforderlich. Durch den Vertrag mit dem Eintretenden wollen die Gesellschafter das bisherige Band nicht lösen und neu schürzen, sondern um einen neuen Genossen schlingen; die bisherigen Gesellschafter wollen nicht als unverbundene Personen von Neuem mit einander, sondern in ihrer gesellschaftlichen Verbundenheit mit dem neuen Gesellschafter einen Gesellschaftsvertrag schließen; das Gesellschaftsvermögen soll keinen Augenblick aufhören, ein geschlossenes Sondervermögen zu sein, sondern nur einen neuen Theilhaber empfangen. Der gewollte Erfolg aber ist erreichbar. Das B.G.B. stellt ihm kein Hinderniß entgegen.[38a]) Die Behauptung, daß „allgemeine Grundsätze" ihn ausschlössen, beruht auf der unausgesprochenen Meinung, es müsse, wo das Gesetzbuch schweigt, das römische Sozietätsrecht zur Ausfüllung der Lücke wieder erweckt werden. Nachdem aber einmal das deutschrechtliche Prinzip der gesammten Hand in die Gesellschaft eingeführt ist, darf die Ergänzung der ausdrücklichen Gesetzesvorschriften nur im Sinne dieses Prinzips erfolgen, das die Erweiterung der Gemeinschaft durch Einfügung eines neuen Gemeiners zuläßt.[39]) Andernfalls käme sogar bei der offenen Handelsgesellschaft die bisher unbestrittene Möglichkeit des Eintritts eines neuen Gesellschafters ins Wanken.[40]) Für den nicht rechtsfähigen Verein aber ergäbe sich eine geradezu ungeheuerliche, dem Leben Hohn sprechende juristische Konstruktion: Auflösung des alten Vereins und Errichtung eines neuen Vereins bei jeder Aufnahme eines Mitglieds!

38a) Für die Zulässigkeit des Eintrittes eines neuen Gesellschafters haben sich bereits vor dem ersten Erscheinen dieser Schrift Hellwig, Die Verträge auf Leistung an Dritte, Leipzig 1899, S. 397 Anm. 828 und Hölder a. a. O. S. 169 ausgesprochen. Seither auch Joerges, Zeitschr. f. d. ges. H.R. XLIX 212, 215; Goesch a. a. O. S. 14; Nagler, Die gesammte Hand im Gesellschaftsrecht, Sächs. Arch. f. b. R. X 742; Meurer a. a. O. S. 144 ff.; Goldmann u. Lilienthal § 22 Anm. 20; Dernburg, B.R. II § 362 II; Mayring zu § 736 Bem. II; hinsichtlich des nicht rechtsfähigen Vereins Crome I 261, Endemann, 8. Aufl., I § 46 Anm. 14, Löwenfeld S. 160. Vgl. ferner Hellwig, Anspruch u. Klagerecht S. 282, Wesen und subjektive Begrenzung der Rechtskraft, Leipzig 1901, S. 207 Anm. 15. Aber auch Cosack, 3. Aufl. S. 414, läßt jetzt den Eintritt zu. Ebenso neuestens Knoke, Der Eintritt eines neuen Gesellschafters nach dem B.G.B., Arch. f. b. R. XX 170 ff. — Einer Form bedarf die Aufnahme nicht. Wenn Nagler a. a. O. S. 745 ff. auf Grund des B.G.B. §§ 311 u. 313, sobald das Gesellschaftsvermögen nicht ganz unerheblich ist oder Grundstücke enthält, gerichtliche oder notarielle Beurkundung fordert, so verkennt er dabei das personenrechtliche Wesen des Vorganges und die Natur der gesellschaftlichen Antheile. Vgl. gegen ihn zutreffend Knoke a. a. O. S. 183.

39) Vgl. mein Deut. Privatr. I 691 ff.

40) Denn nach H.G.B. § 105 Abs. 2 finden subsidiär die Vorschriften des

Giebt es jedoch einen Eintritt in eine bestehende Gesellschaft des bürgerlichen Rechts, so ist dabei eine besondere rechtsgeschäftliche Antheilsübertragung undenkbar. Ein übertragbarer Antheil ist ja überhaupt nicht vorhanden. Vielmehr wird ein neuer Antheil geschaffen. Die Einräumung eines solchen Antheils aber ist ein begriffsnothwendiges Stück des Aufnahmevertrages; ein Gesellschafter ohne Antheil ist bei einer Gesellschaft zur gesammten Hand nicht vorstellbar; bis zur Einräumung des Antheils läge nur ein Vorvertrag über den Eintritt, bei dauernder Versagung des Antheils überhaupt keine Aufnahme in die bestehende Gesellschaft, sondern etwa der Abschluß einer stillen Gesellschaft vor. Soll durchaus ein auf Antheilsübertragung gerichtetes besonderes Rechtsgeschäft herausgeschält werden, so würde es sich in erster Linie auf den Antheil am Gesellschaftsvermögen im Ganzen (§ 719 Abs. 1) zu richten haben; hierfür aber wäre die Beschaffenheit der einzelnen Vermögensgegenstände unerheblich und einfacher Vertrag ausreichend (§ 413). Mit dem Antheil am Ganzen wären die Antheile an den einzelnen Gegenständen, da sie in ihm untrennbar enthalten sind, nothwendig mit übertragen. Ihre besondere Uebertragung ist völlig undenkbar. Sie sind durchaus unbestimmt und unwirksam, ja im Grunde eine Denkform ohne reellen Gehalt; sie ergreifen ihr Objekt nur durch das Ganze hindurch als dessen Bestandtheil; sie bilden für sich keinen möglichen Gegenstand eines rechtsgeschäftlichen Verkehrs. Die Vorschriften über die Uebertragung des Eigenthums sind auf solche Antheile an einer Sache nicht, wie auf Bruchtheile, anwendbar. Worauf soll sich denn hier etwa die Auflassung richten, wonach bei ihr die Stempelgebühr bemessen werden?[41]) Und welche unerträglich verwickelten, ja überhaupt unvorstellbaren Verhältnisse ergäben sich, wenn nun hinsichtlich einzelner Gegenstände die Antheilsübertragung unterbliebe, was ja nach der gegnerischen Ansicht stets möglich wäre und bei Rechten an Grundstücken oft vorkommen würde! Ein

---

B.G.B. Anwendung; eine besondere Vorschrift über den Eintritt in eine bestehende Gesellschaft ist aber lediglich in Ansehung der Schuldenhaftung in § 130 getroffen und brauchte so wenig, wie die Vorschrift des § 28 über Eintritt in das Geschäft, wirklichen Eintritt vorauszusetzen.

41) Es geht nicht an, mit Cosack S. 367 (3. Aufl. S. 393) unter 4 nach dem Vorbilde der Societät eine bestimmte Quote als Steuerobjekt anzusetzen. Vielmehr bliebe nichts übrig, als in jedem Falle eine Veräußerung des ganzen Grundstücks an die neue Gesellschaft anzunehmen. Der Stempel wäre also vom Ganzen zu berechnen, wie dies in den oben Anm. 34a und 35a bezeichneten Fällen insoweit geschehen muß, als nicht positiv Stempelermäßigungen vorgesehen sind; Achilles-Strecker S. 40 u. 449 ff., R.Ger. b. Gruchot XXXIX 1014. Damit aber wäre die Gesellschaft zur gesammten Hand hinter die Societät zurückgeworfen.

Gesellschaftsvermögen, das als Ganzes allen Gesellschaftern zu gesammter Hand zustände, während die Antheile einzelner Gesellschafter sich auf gewisse Bestandtheile nicht erstreckten! Wie stellt sich nun die Sache, wenn einer der in engerer Gemeinschaft stehenden Gesellschafter ausscheidet? Man setze den Fall, daß vor Jahren von den damaligen drei Gesellschaftern ein Grundstück zum Gesellschaftsvermögen erworben, inzwischen aber der Hinzutritt von zwei neuen Gesellschaftern und später das successive Ausscheiden der drei alten Gesellschafter erfolgt wäre, ohne daß eine Auflassung stattgefunden hätte. Wer ist nun Eigenthümer? Der Antheil des zuerst ausgeschiedenen Gesellschafters ist jedenfalls erloschen. Er konnte aber wohl nur seinen beiden ursprünglichen Genossen anwachsen. Als der zweite ausschied, wurde vielleicht der dritte alte Gesellschafter durch Anwachsung Alleineigenthümer. Oder war hier Anwachsung ausgeschlossen, da ja die Anwachsung nur an mehrere verbleibende Gesellschafter stattfindet und die nur noch aus zwei Personen bestehende engere Grundstücksgesellschaft sich auflöste? Erstreckt sich nicht aber vielleicht, sobald überhaupt ein Gesellschafter ausscheidet, die an sämmtliche andere Gesellschafter erfolgende Anwachsung seines Antheils auch auf den Antheil am Grundstück, so daß mit dem ersten Ausscheiden eines miteingetragenen Gesellschafters Alles wieder in Ordnung käme? Auch das wäre ein seltsames Ergebniß. Unter allen Umständen ergäbe sich eine wirre und unsichere Rechtslage, die namentlich auch den Gläubigern gefährlich werden könnte.[42]) Es bedarf keiner Ausmalung, wie die Unzuträglichkeiten sich steigern müßten, sobald es sich um einen nicht rechtsfähigeu Verein mit häufig wechselndem Mitgliederbestande handelt. Hier träten noch weitere Schwierigkeiten im Falle des Vereinskonkurses hinzu.

Die ganze Theorie ist unannehmbar. Die mit dem Eintritt neuer Gesellschafter von Rechtswegen eintretende Abwachsung von Antheilen bildet das nothwendige Korrelat ihrer Anwachsung, sie folgt aus dem Begriff des Gesellschaftsvermögens und liegt im Wesen der gesammten Hand.[42a]) Auch hier gilt für die Gesellschaft des bürgerlichen

---

42) So, wenn ein Gläubiger auf Grund eines gegen sämmtliche Gesellschafter ergangenen Urtheils die Zwangsvollstreckung in das Gesellschaftsvermögen, dessen thatsächlichem Bestande er traute, nachsucht und nun erfährt, daß der angegriffene Gegenstand einem Nichtgesellschafter gehört oder mitgehört.

42a) Schon vor dem ersten Erscheinen dieser Schrift hat sich auch Hölder a. a. O. S. 169—170 dafür ausgesprochen, daß der Beitritt neuer Mitglieder mit der Folge einer „Beschränkung" der bisherigen Antheile möglich sei. Gleichzeitig ist Joerges, Z. f. d. g. H. R. XLIX 212ff., trotz grundsätzlich abweichender Auffassung der Rechtsgemeinschaft zur gesammten Hand zu dem Ergebniß gelangt, daß

Rechts materiell dasselbe, was für die offene Handelsgesellschaft stets gegolten hat. Nur besteht wieder der Unterschied, daß bis zur Eintragung eines neuen Gesellschafters in das Grundbuch hier das Grundbuch unrichtig ist. Die Berichtigung kann jederzeit verlangt werden, ohne daß eine andere Thatsache als der Eintritt des neuen Gesellschafters nachgewiesen zu werden brauchte. Bis dahin aber ist in Ansehung des eingetragenen Rechts die Mitträgerschaft des uneingetragenen Theilhabers für den gutgläubigen Dritten nicht vorhanden.[43])

So ist das Vereinsvermögen ein Sondervermögen, dessen Subjekt die jeweilige Mitgliedergesammtheit in ihrer vereinsmäßigen Verbundenheit und somit als eine dauernde Personeneinheit ist. Der Verein besitzt, obschon ihm die seinem Wesen entsprechende Rechtsfähigkeit einer juristischen Person versagt bleibt, doch diejenige kollektive Rechtsfähigkeit, deren kraft des Prinzips der gesammten Hand eine Personengemeinschaft ohne kaufmännische Firma fähig ist. Diese Rechtsfähigkeit erschöpft sich auch keineswegs in der Vermögensfähigkeit. Vielmehr erstreckt sie sich auf Persönlichkeitsrechte, soweit diese nicht entweder eine für sich stehende Persönlichkeit oder wenigstens die Ausrüstung der Personeneinheit mit formaler Verkehrsfähigkeit, wie sie sich bei den Handelsgesellschaften findet, voraussetzen.[43a]) Der Verein hat daher z. B. ein nach B.G.B.

der Eintritt in eine Gesellschaft (und einen nicht rechtsfähigen Verein) unmittelbar eine Erstreckung der Gebundenheit und den Erwerb eines (nach Joerges vorhandenen) Miteigenthumsantheils an den zum Gesellschaftsvermögen gehörigen Sachen bewirkt. Seither hat die in der vorliegenden Schrift vertheidigte Ansicht überwiegend Zustimmung gefunden. So bei Crome I 261 Anm. 17 (vgl. aber oben Anm. 35b); Meurer S. 144ff.; Endemann, 8. Aufl., I § 46 Anm. 14; Dernburg, B.R. II § 362 III; Löwenfeld S. 160ff.; Mayring zu § 736 Bem. II S. 578ff; jetzt auch Cosack, 3. Aufl. II 414 II 2 und Knoke, Arch. f. b. R. S. 180ff. Ebenso läßt Nagler a. a. O. S. 742, obschon er ähnlich wie Joerges gesonderte ideelle Antheile mit bloßer Veräußerungsbeschränkung annimmt (S. 695ff.), von Rechtswegen dem neuen Gesellschafter einen entsprechenden Antheil auf Kosten der bisherigen Antheile zuwachsen. — Dagegen läßt Hellwig zwar den Eintritt neuer Gesellschafter zu, nimmt aber eine Gesammtnachfolge, wie er sie beim Ausscheiden eines Gesellschafters statuirt, nur beim Eintritt in eine offene Handelsgesellschaft, nicht dagegen beim Eintritt in eine Gesellschaft des bürgerlichen Rechtes an; Anspruch und Klagerecht S. 282 Anm. 10, Rechtskraft S. 207

43) Demgemäß kann auch der uneingeweihte Gläubiger auf Grund eines Urtheils, das nur gegen die eingetragenen Gesellschafter ergangen ist, Zwangsvollstreckung in das Grundstück fordern. Zustimmend Mayring zu § 736 S. 579. Vgl. auch Joerges a. a. O. S. 215.

43a) Unfähig ist daher der Verein, wie schon erwähnt ist, unter seinem Namen in das Grundbuch eingetragen zu werden. Ebenso sind ihm andere öffentliche Bücher verschlossen. Er kann nicht, wenn die Voraussetzungen des H.G.B. § 2 zutreffen, in

§ 12 geschütztes Recht an seinem Vereinsnamen.[43b]) Er kann Urheberrecht und Erfinderrecht erwerben. Auch ist ihm die Mitgliedschaft in einem anderen Verein zugänglich.[43c]) Ein nicht rechtsfähiger Verein kann sich aus nicht rechtsfähigen Vereinen zusammensetzen oder neben Einzelpersonen und juristischen Personen nicht rechtsfähige Vereine zu seinen Mitgliedern zählen.[43d]) Ebenso aber kann die Mitgliedschaft in einem rechtsfähigen Verein einem nicht rechtsfähigen Vereine zustehen.[43e]

V. Innere Rechtsverhältnisse.

Die Rechtsverhältnisse zwischen dem nicht rechtsfähigen Verein und seinen Mitgliedern müssen in Folge der Anwendung des Gesellschaftsrechts in gegenseitige Rechte und Pflichten der Mitglieder umgedeutet werden (§ 705).[43f]) Immerhin ergiebt sich auch hier daraus, daß vermöge des Prinzips der gesammten Hand insoweit, als Gesammt-

---

das Handelsregister eingetragen werden; Rechtspr. der O.L.G. I 356, Dernburg I 222. Auch wird er nicht als Gläubiger in das Reichsschuldbuch (R.Ges. v. 31. Mai 1901 § 4) oder Staatsschuldbuch eingetragen. Desgleichen nicht als Rheder oder Schiffseigner in das Schiffsregister.

43b) Hachenburg (2. Aufl.) S. 488; Löwenfeld S. 155 Z. 7. A. M. Olshausen, Das Verhältniß des Namenrechts zum Firmenrecht, Berlin 1900 S. 37, Ramdohr b. Gruchot XLIII 49ff., Goldmann u. Lilienthal S. 97 Anm. 11. — Der Verein hat auch einen „Sitz" nach B.GB. § 24; Goldmann u. Lilienthal S. 50 Anm. 1, S. 60 Anm. 29, S. 97.

43c) Dies habe ich in einem Gutachten für den vielgliedrigen Verein der deutschen Volksschullehrer näher ausgeführt.

43d) Löwenfeld zu § 54 A 1. Natürlich kann ein nicht rechtsfähiger Verein auch Gesellschafter in einer Gesellschaft des bürgerlichen Rechts sein. Nicht aber in einer offenen Handelsgesellschaft, da ja die Praxis annimmt, daß auch einer Handelsgesellschaft unter ihrer Firma die Fähigkeit abgeht, offener Gesellschafter zu sein; Staub zu H.G.B. § 105 Anm. 19 u. 23.

43e) Selbstverständlich kann ein nicht rechtsfähiger Verein Aktionär oder Gewerke sein. Desgleichen, was Dernburg, B.R. I 222, mit Unrecht verneint, Mitglied einer Gesellschaft mit beschränkter Haftung. Aber auch, insofern die Satzung dies zuläßt (B.G.B. § 58), Mitglied eines eingetragenen Vereins. Ein eingetragener Verein kann sich sogar ganz aus nicht rechtsfähigen Vereinen zusammensetzen, indem er sich z. B. satzungsmäßig in Zweigvereine gliedert, die als solche nicht eingetragen werden sollen. Die Mitgliedschaft eignet dann eben den Einzelpersonen nur als Ausfluß ihrer Zugehörigkeit zu einer vereinsmäßig verbundenen Personengesammtheit, die zur kollektiven Trägerschaft der Mitgliedschaftsrechte und Mitgliedschaftspflichten berufen ist.

43f) Bei nicht rechtsfähigen Vereinen der in § 152 der Gew.O. bezeichneten Art (oben Anm. 25) bleibt gegenüber den gesellschaftsrechtlichen Vorschriften des B.G.B. die Bestimmung der Gew.O. in Kraft, nach der aus den Verabredungen zum recht und Sonderrecht zu unterscheiden sind, die zur Personeneinheit verbundenen Gesellschafter den einzelnen Gesellschaftern als unverbundenen Personen gegenübertreten, [44]) ein körperschaftsähnliches Verhältniß, das durch die Satzung gesteigert werden kann.

In Angelegenheiten des Vereins als solchen, die hier als gemeinschaftliche Angelegenheiten im Bereiche des ungetheilten Gesammtrechts erscheinen, ist jedes Mitglied satzungsmäßig gebunden, dem verfassungsmäßigen Mehrheitsbeschluß unterworfen und der verfassungsmäßigen Geschäftsführung und Vertretung unterstellt.

In eigenen außerhalb des Vereinsverhältnisses liegenden Angelegenheiten steht jedes Mitglied dem Vereine als Dritter gegenüber.

Dazwischen aber giebt es Sonderrechtsverhältnisse, die im Vereinsrecht wurzeln, jedoch dem einzelnen Mitgliede individuelle Verbindlichkeiten und Befugnisse zutheilen. Ueber ihren Umfang und ihre Stärke entscheiden zum Theil gesetzliche Regeln, die aber fast sämmtlich durch abweichendes Satzungsrecht ersetzbar sind. Unantastbar ist natürlich der allgemeine Grundsatz, daß die einmal begründeten Sonderrechtsverhältnisse der Vereinsherrschaft entrückt sind. Man wird ferner annehmen dürfen, daß durch die Satzung der Rechtsweg zum Schutze der Sonderrechtsverhältnisse nicht völlig ausgeschlossen werden kann. [45])

Unter den Verpflichtungen der Mitglieder ist die Beitragspflicht nach den Vorschriften der §§ 705—707 zu beurtheilen. [46]) Danach ist eine Erhöhung der Beiträge durch Mehrheitsbeschuß nur insoweit zulässig, als ihre Zulässigkeit von vornherein in der Satzung vereinbart ist. Andere Verpflichtungen können durch die Satzung begründet oder in deren Rahmen übernommen werden. Bei der Erfüllung aller ihm ob-

Behufe der Erlangung günstiger Lohn- und Arbeitsbedingungen weder Klage noch Einrede stattfindet. Dagegen wird die Anwendung des B.G.B. § 54 auf die äußere Rechtsstellung eines solchen Vereins von § 152 der Gew.O. nicht berührt. Vgl. Löwenfeld S. 96 Z. 2b, S. 157 Z. 3 (gegen Lotmar, Archiv f. soziale Gesetzg. XV 60ff., der diesen Verbänden die Geltung als rechtliche Vereinigungen ganz abspricht). Auch wenn ein solcher Verein die Rechtsfähigkeit erlangt, bleibt nach innen § 152 der Gew.O. anwendbar, während nach außen volles Körperschaftsrecht gilt.

44) Die Nothwendigkeit, auch bei der Gesellschaft des bürgerlichen Rechts die Gesellschaft als Personeneinheit dem Gesellschafter als Einzelnen gegenüberzustellen, betont Cosack II 373ff., 3. Aufl. S. 399ff. Für die Handelsgesellschaft vgl. meine Genossenschaftstheorie S. 522ff.

45) Vgl. meine Genossenschaftstheorie S. 446 Anm. 1, 481 Anm. 1, 496 Anm. 1; auch Leist, Vereinsherrschaft S. 8 u. 52, Strafgewalt S. 47ff.

46) Im Zweifel haben die Mitglieder gleiche Beiträge zu leisten. Die Beiträge können auch in der Leistung von Diensten bestehen.

liegenden Verpflichtungen hat das Mitglied nur für diejenige Sorgfalt einzustehen, die es in eigenen Angelegenheiten anzuwenden pflegt (§ 708). Ein Satz, der auch für die Verantwortlichkeit aus Geschäftsführung gilt (§ 713), jedoch die vertragsmäßige Uebernahme einer strengeren Haftung nicht ausschließt.[47])

Was die Rechte der Mitglieder anbetrifft, so hängt zunächst die Stärke des Rechts auf Beibehaltung der Mitgliedschaft und des umgekehrten Rechts auf ihre Kündigung vorbehaltlich der schon erwähnten Einschränkungen durch §§ 723—724 von der Satzung ab. Als ein gegen willkürliche Entziehung gesichertes Recht gilt nach der gesetzlichen Regel auch das satzungsmäßg übertragene Recht auf Geschäftsführung und Vertretung (§§ 712, 715); die Satzung kann aber für jede Organstellung die für den Körperschaftsvorstand nach gesetzlicher Regel (§ 27 Abs. 2) geltende freie Widerruflichkeit einführen. Jedes Mitglied hat das Recht, sich von den Vereinsangelegenheiten persönlich zu unterrichten, die Geschäftsbücher und Papiere einzusehen und sich aus ihnen eine Uebersicht über den Stand des Vereinsvermögens anzufertigen; eine satzungsmäßige Ausschließung oder Beschränkung dieses Rechts fällt bei begründetem Verdacht unredlicher Geschäftsführung weg (§ 716). Lediglich die Satzung entscheidet darüber, ob den Mitgliedern ein Anspruch auf einen Gewinnantheil gebührt[48]) oder Ansprüche auf anderweilige Leistungen aus dem Vereinsvermögen oder auf Benutzung von Vereinssachen zustehen oder etwa nur rein ideelle Vortheile oder Genüsse zufließen oder auch schlechthin kein eigener Nutzen erwächst.

Für den Fall der Auflösung des Vereins hat jedes Mitglied nach der gesetzlichen Regel einen nach §§ 731—735 zu berechnenden Auseinandersetzungsantheil zu beanspruchen. Die Satzung kann aber ein Anderes bestimmen (§ 731). Sie kann und wird meist eine abweichende Art der Vertheilung des Vereinsvermögens unter die Mitglieder anordnen.[49]) Auch kann sie, wie dies bei gemeinnützigen

47) Wird nichts Besonderes vereinbart, so mahnt § 713 zu großer Vorsicht bei der Vorstandswahl.

48) Ist dies der Fall, so gelten §§ 721 u. 722; natürlich kommt nicht Abs. 1, sondern Abs. 2 des § 721 zur Anwendung.

49) Die Vorschrift des § 732 über Rückgabe der der Gesellschaft zur Benutzung überlassenen Gegenstände paßt auch für Vereine. Dagegen ist die Vorschrift des § 733, nach der aus dem nicht zur Schuldenberichtigung erforderlichen Gesellschaftsvermögen zunächst die gemachten Einlagen zurückzuerstatten oder dem Werth nach zu ersetzen sind, zwar an sich auch auf die wiederkehrenden Beiträge der Vereinsmitglieder anwendbar (Leist a. a. O. S. 20), jedoch für die Mehrzahl der Fälle so unangemessen, daß sie auch ohne ausdrückliche Vereinbarung als wegbedungen gelten muß. Die

Vereinen und auch bei selbstnützigen Vereinen für ideale Zwecke nicht selten vorkommt, jeden Anspruch der Mitglieder an das Vereinsvermögen ausschließen. Ebenso kann die durch § 735 den Mitgliedern auferlegte Verpflichtung zur Deckung eines Fehlbetrages wegbedungen werden.[50])

Scheidet ein Mitglied aus, so hat es nach der gesetzlichen Regel als Abfindung für seinen den anderen Mitgliedern zuwachsenden Antheil das zu fordern, was es bei der Auseinandersetzung erhalten würde (§ 738), muß andererseits zur Deckung eines Fehlbetrages verhältnismäßig beitragen (§ 739) und bleibt noch an Gewinn und Verlust aus schwebenden Geschäften betheiligt (§ 740). Auch diese Bestimmungen aber sind beliebig abänderlich und werden bei den meisten Vereinen sogar ohne ausdrückliche Vereinbarung als gänzlich wegbedungen gelten müssen.[51]) Demgegenüber sucht A. Leist in eingehenderer Ausführung nachzuweisen, daß zwar der Abfindungsanspruch für den Fall des Austrittes oder Ausschlusses von einer Wegbedingung der für den Fall der Auflösung gewährten Rechte mitbetroffen werde, daß aber dem ausscheidenden Mitgliede durch die Satzung nicht der Anspruch auf dasjenige entzogen werden könne, was es zu fordern haben würde, wenn in dem Zeitpunkte des Ausscheidens die Auflösung erfolgte.[52]) Denn § 738 enthalte zwingendes Recht. Leist giebt zu, daß der bloße Mangel eines ausdrücklichen Vorbehalts in § 738 nichts entscheidet, daß vielmehr nach der Absicht beider Kommissionen darin nur dispositive Vorschriften enthalten sein sollten.[53]) Er meint indeß, seine Auslegung damit begründen zu können, daß die Gleichbehandlung des Abfindungsanspruchs mit dem Auseinandersetzungs-

---

Vorschrift des § 734 entfällt von selbst, wenn die Mitglieder keine Gewinnantheile beziehen; an die Stelle tritt dann im Zweifel Vertheilung des Ueberschusses nach Köpfen (gemäß den nach § 731 S. 2 geltenden Regeln der §§ 752—755 in Verbindung mit § 742).

50) In der Anwendung auf die Rückerstattung der durch lange Jahre hindurch gezahlten Beiträge ergäbe § 735 eine geradezu ungeheuerliche Belastung der jüngeren Mitglieder.

51) Vgl. Planck zu § 54 Anm. 2 unter k, zu § 738; Oertmann Anm. 4 zu § 738; Cosack a. a. O. S. 389 (3. Aufl. S. 414) unter c; Saleilles a. a. O. p. 456; Hachenburg (2. Aufl.) S. 490; Dernburg, B.R. I 221; Knoke S. 21 Anm. 10; Meurer S. 136ff.; Löwenfeld S. 157; Crome S. 260 Anm. 8; Goldmann u. Lilienthal S. 104 Anm. 44.

52) A. Leist a. a. O. S. 19ff., 46ff.

53) Vgl. Motive zu Entw. I Bd. II 632; Protokolle der zweiten Lesung II 444. In der That dürfte die Fassung des § 738 in Verbindung mit dem allgemeinen Charakter der Bestimmungen des Obligationenrechts eine zwingende Kraft der hier gegebenen Vorschriften geradezu ausschließen, wie doch auch § 729 und § 740 nur dispositiv verstanden werden können.

ansprüche ein Gebot der öffentlichen Ordnung sei. Denn sonst würde auch bei nicht rechtsfähigen Vereinen eine Vereinsherrschaft ermöglicht, wie sie höchstens rechtsfähigen Vereinen zugestanden werden könne. Sei der Austritt oder Ausschluß mit einem Vermögensnachtheile verbunden, so vermöge die Mehrheit auf die Minderheit einen mit dem Reichthume des Vereins wachsenden Druck zu üben und widerstrebende Elemente durch das Vermögensinteresse dauernd zu fesseln. Dagegen fordere das öffentliche Wohl, daß der nicht rechtsfähige Verein, wenn er nicht überhaupt sein Vermögen jedem Mitgliederanspruch entziehe, von der Gefahr bedroht bleibe, eine mit den Zielen und Mitteln der Mehrheit unzufriedene Minderheit unter Mitnahme eines Vermögenstheils ausscheiden zu sehen. Vor Allem bei politischen, sozialpolitischen und religiösen Vereinen sei ein solcher Schutz gegen Vereinsherrschaft unerläßlich.[54]) Wir wollen hier die Frage, inwieweit wirkliche Vereinsfreiheit ohne Vereinsgewalt denkbar und die Unterbindung eines kräftigen Vereinslebens um möglicher Mißbräuche willen erstrebenswerth ist, nicht aufrollen. Zumal ohnehin der von Leist betretene Weg schwerlich zum Ziel führen würde; die Vereine würden die Ansprüche der Mitglieder an das Vereinsvermögen für den Fall der Auflösung wie des Ausscheidens wegbedingen und behielten dann immer noch freie Hand, bei bevorstehender Auflösung die Satzung zu ändern. Unter allen Umständen aber reichen subjektive Befürchtungen und Wünsche nicht aus, um aus unbewußter Schöpfung des Gesetzgebers einen neu ersonnenen Rechtssatz hervorspringen zu lassen, der nicht nur dem bisherigen Recht, sondern auch den Gepflogenheiten und Anschauungen des Lebens schroff widerspricht. Sollte aus rechtspolitischen Erwägungen so tief in die Vertragsfreiheit eingegriffen und einem reinen Vermögensrecht Unverzichtbarkeit beigelegt werden, so war dazu ein unzweideutiger Ausspruch erforderlich. Die Vereinssatzung wird also auch fernerhin dem ausscheidenden Mitgliede jeden Anspruch auf einen Vermögenstheil versagen dürfen, ohne zugleich den Anfall des Vermögens an die bei der Auflösung vorhandenen Mitglieder ausschließen zu müssen.

Je nach der satzungsmäßigen Ausgestaltung der gesellschaftlichen Sonderrechte richtet es sich, ob den Mitgliedern neben den unübertragbaren gegenseitigen Ansprüchen aus dem Vereinsverhältnisse übertragbare Ansprüche auf einen Gewinnantheil oder Auseinandersetzungsantheil oder aus Geschäftsführung zustehen (§ 717). Solche

---

54) Daher sei auch solchen Vereinen niemals Rechtsfähigkeit zuzugestehen; oben Anm. 3.

Ansprüche können und werden oft ganz fehlen. Soweit sie fehlen, findet auch der Gläubiger eines Mitglieds kein pfändbares Recht aus der Mitgliedschaft vor. Trotzdem bleibt er formell befugt, den Antheil im Ganzen zu pfänden (C.P.O. § 859) und die Mitgliedschaft zu kündigen (§ 725); wenn aber das erzwungene Ausscheiden des Mitglieds keinen pfändbaren Anspruch auslösen würde, möchte solches Vorgehen an § 226 scheitern.

VI. Schuldenverhältniß.

Schwierige Fragen erheben sich in Ansehung der Schuldenverhältnisse.[54a])

Es giebt Vereinsschulden. Es giebt sie schon deshalb, weil es Gesellschaftsschulden giebt.[55]) Der Begriff der Gesellschaftsschulden ist freilich im B.G.B. nicht näher bestimmt. Es ist nur von „gemeinschaftlichen Schulden" die Rede, die bei der Auseinandersetzung aus dem Gesellschaftsvermögen zu bestreiten sind. Allein zweifellos können darunter nur solche gemeinschaftlichen Schulden verstanden werden, die aus der gesellschaftlichen Geschäftsführung oder sonst in Bezug auf das Gesellschaftsvermögen entstanden sind.[56]) In gleicher Weise ist der Begriff der Vereinsschulden zu begrenzen.

54a) Hinsichtlich der Forderungen gilt nichts Besonderes. Sie sind in gleicher Weise Bestandtheile des Gesellschaftsvermögens, wie Eigenthum und dingliche Rechte. Das Gegentheil nimmt freilich Joerges a. a. O. S. 179 ff. Anm. 132a, S. 211, S. 216 an. Die gesellschaftliche Forderung soll eine gewöhnliche Gesammtgläubigerschaft begründen und der Zuständigkeit nach an den Personen der Gläubiger haften, während nur die Verfügung über sie gesellschaftlich gebunden wird; es soll daher auch bei dem Austritt oder Eintritt eines Gesellschafters keine Succession in die Mitgläubigerschaft stattfinden. Diese Konstruktion ist unhaltbar. Sie ist ein Ausfluß der verfehlten Gesammtauffassung von Joerges, der die objektive Einheit des Gesellschaftsvermögens leugnet und die Gemeinschaft zur gesammten Hand in Gemeinschaftsverhältnisse hinsichtlich der einzelnen Gegenstände (Miteigenthum, das nur eigenthümlich gebunden ist, sonstige Mitberechtigung, Gesammtgläubigerschaft u. s. w.) auflöst.

55) Dies bestreitet Schollmeyer a. a. O. S. 72. Ebenso Hellwig, Anspruch u. Klagerecht S. 203 ff., 268. Vgl. aber Oertmann a. a. O. S. 455 Anm. 2d; Leske a. a. O. S. 294; Planck zu § 733 S. 478 Anm. 1; Cosack II 367 ff., 3. Aufl. S. 393 ff.; Knoke S. 79 ff.; Joerges a. a. O. S. 219; Mayring zu § 718 Bem. III 2; Dernburg, B.R. § 360 II.

56) Dies ergiebt sich aus §§ 733, 735 u. 739, besonders im Zusammenhalt mit §§ 755 u. 756 u. Konk.O. § 51. Es wäre absurd, wenn jeder Gesellschafter hinsichtlich einer beliebigen, dem Gesellschaftsverhältniß fremdartigen gemeinschaftlichen Schuld, bei der vielleicht ganz andere Antheile bestehen, Berichtigung aus dem Ge-

Im Verhältniß der Gesellschafter zu einander sind die Gesellschaftsschulden als Passivbestandtheile des Gesellschaftsvermögens anerkannt; sie sind aus dem Gesellschaftsvermögen zu berichtigen und stellen, insoweit das Gesellschaftsvermögen nicht ausreicht, einen Fehlbetrag im Sinne eines gesellschaftlichen Passivvermögens dar. Diese Regeln sind auf Vereinsschulden anwendbar.

Den Gläubigern gegenüber ist bei der Gesellschaft des bürgerlichen Rechts in scharfem Gegensatz zum Handelsgesellschaftsrecht der Begriff der Gesellschaftsschulden unvollkommen durchgeführt.[57]) Zwar ist er auch den Gläubigern gegenüber nicht bedeutungslos; denn jedenfalls haften, sobald eine Gesellschaftsschuld vorliegt, die Gesellschafter für diese zu gesammter Hand mit dem Gesellschaftsvermögen; der Gläubiger kann daher ein gegen alle Gesellschafter wirksames Urtheil erlangen und auf Grund desselben die Zwangsvollstreckung in das Gesellschaftsvermögen betreiben (C.P.O. § 735);[58]) auch können Gesellschaftsschulden und Gesellschaftsforderungen sowohl von den Gesellschaftern wie von dem Gläubiger gegen einander aufgerechnet werden.[59]) Allein die Gesellschaftsgläubiger haben kein ausschließliches Zugriffsrecht auf das Gesellschaftsvermögen, wie es ihnen bei der Handelsgesellschaft durch das Erforderniß eines gegen „die Gesellschaft" ergangenen Urtheils gesichert wird (H.G.B. § 124 Abs. 1); auch ein Gläubiger, dem aus irgend einem anderen Grunde die Gesellschafter als Gesammtschuldner haften, kann das gegen sämmtliche Gesellschafter ergangene Urtheil in das Gesellschaftsvermögen vollstrecken lassen.[60]) Und ein besonderer Konkurs über das Gesellschaftsvermögen, wie bei der offenen Handelsgesellschaft (Konk.O.

---

sellschaftsvermögen fordern könnte und für den Fehlbetrag nach Maßgabe seiner gesellschaftlichen Verlustgefahr aufkommen müßte! — Ausdrücklich bestimmt § 733 Abs. 1, daß zu den Gesellschaftsschulden auch solche gehören, die den Gläubigern gegenüber getheilt sind oder für die einem Gesellschafter (z. B. auf Grund seiner Geschäftsführung) die anderen Gesellschafter haften.

57) Dagegen nimmt Cosack II 369 ff., 3. Aufl. S. 395 ff. an, daß hinsichtlich der Haftung zur gesammten Hand mit dem Gesellschaftsvermögen die Gesellschaft des bürgerlichen Rechts der offenen Handelsgesellschaft ganz gleichstehe. Ebenso L. Seufert, Deutsches Konkursprozeßrecht, Leipzig 1899, S. 72.

58) So auch im Falle einer getheilten Schuld, da, wenn sie Gesellschaftsschuld ist, jeder Gesellschafter jedenfalls mit seinem Antheil am Gesellschaftsvermögen haftet; vgl. unten Anm. 73.

59) Oertmann a. a. O.; Planck a. a. O. § 719 Anm. 3 S. 469.

60) Planck a. a. O. Anm. 2 S. 468; a. M. Cosack S. 372 V 2, 3. Aufl. S. 398 V; gegen Cosack jetzt ausführlich, obschon unter Mißbilligung der lex lata, Knoke S. 82 ff.; ebenso unter dem Ausdruck des Bedauerns über das Ergebniß

§ 209), findet nicht statt; die Gesellschaftsgläubiger haben daher hier kein Recht abgesonderter Befriedigung aus dem Gesellschaftsvermögen, sind vielmehr im Konkurse der Gesellschafter auf die Auseinandersetzung außerhalb des Konkurses verwiesen (Konk.O. § 16).[61]) Auch diese Regeln sind auf nicht rechtsfähige Vereine insoweit anwendbar, als der Vereinsgläubiger das Vereinsvermögen als Gesellschaftsvermögen behandelt und sich demgemäß, wozu er befugt ist, gegen sämmtliche Vereinsmitglieder wendet.[61a]) Allein diese Möglichkeit hat geringe praktische Bedeutung. Denn eine gemeinschaftliche Schuld sämmtlicher Mitglieder, die nicht Vereinsschuld ist, wird nicht leicht vorkommen. Der Vereinsgläubiger aber wird, wenn er sich an das Vereinsvermögen halten will, vielmehr von der ihm verliehenen Befugniß Gebrauch machen, den Verein als juristische Person zu behandeln; er wird den Verein als solchen verklagen, auf Grund des gegen ihn ergangenen Urtheils die Zwangsvollstreckung in das Vereinsvermögen betreiben und erforderlichen Falls die Eröffnung des Konkurses über das Vereinsvermögen herbeiführen. Hiermit aber gewinnen die Vereinsschulden auch den Gläubigern gegenüber die den Gesellschaftsschulden versagte Vollwirksamkeit von Passivbestandtheilen des Vereinsvermögens.[62])

Immer aber unterscheiden sich die Vereinsschulden des nicht rechtsfähigen Vereins von den Schulden des rechtsfähigen Vereins dadurch, daß neben der Haftung des Vereins mit seinem Vermögen eine Sonderhaftung Einzelner besteht. Soweit ein im Namen des Vereins geschlossenes Rechtsgeschäft zu Grunde liegt, haften ja die Handelnden

---

Dernburg, B.R. II § 548 Anm. 1; auch Hellwig, Anspruch und Klagerecht S. 205, Mayring zu § 718 S. 561. Aber nur bei Gesammtschuld, nicht bei getheilter Schuld! — Kann ein Gläubiger, dem sämmtliche Gesellschafter aus einem außergesellschaftlichen Grunde als Gesammtschuldner haften, auch gegen eine Gesellschaftsforderung aufrechnen? Man wird dies bejahen müssen, während es für die offene Handelsgesellschaft zu verneinen ist. Dann hat freilich der Wortlaut des künftig ja auch an Stelle des H.G.B. Art. 121 tretenden § 719 Abs. 2 hier und dort einen verschiedenen Sinn!

61) Dagegen nehmen L. Seuffert a. a. O. S. 72 und Cosack II 366 u. 369, 3. Aufl. S. 392 unter 3a u. S. 395 unter 5, an, daß die Gesellschaft des bürgerlichen Rechts konkursfähig sei. Das hätte aber ausdrücklich bestimmt werden müssen. Vgl. Jäger, Komm. zur K.O. S. 30 Anm.; Saleilles a. a. O. p. 458; Hellwig, Anspr. u. Klagerecht S. 200; Knoke a. a. O. S. 22 ff.; Staub, Komm. S. 1031; Meurer a. a. O. 207 ff.

61a) Uebereinstimmend Zitelmann a. a. O. S. 69. A. M. Hachenburg (2. Aufl.) S. 489.

62) Nur wegen solcher Schulden, die, wenn der Verein rechtsfähig wäre, Körperschaftsschulden sein würden, findet die Zwangsvollstreckung aus C.P.O. § 735

persönlich und unbeschränkt.[62a]) Außerdem aber haften sämmtliche Mitglieder in gleicher Weise wie Gesellschafter.[62b]) Dies bedeutet, daß sie, da eine gesetzliche Haftungsgemeinschaft wie bei der offenen Handelsgesellschaft nicht gilt, den allgemeinen Grundsätzen gemäß haften. Sie haften also aus jeder vertragsmäßigen Schuld, mag sie von allem zusammen oder von einem dazu befugten Vertreter eingegangen sein, mangels anderer Vereinbarung als Gesammtschuldner. Sie haften ferner als Gesammtschuldner, wenn es sich um eine untheilbare Leistung oder um einen besonderen Fall nothwendiger Gesammtschuldnerschaft (z. B. aus gemeinschaftlicher unerlaubter Handlung) handelt. Dagegen haften sie nach Antheilen, wenn bei einer vertragsmäßigen Schuld dies ausgemacht oder bei einer nicht vertragsmäßigen Schuld mit theilbarem Leistungsgegenstande nichts Anderes ausgemacht ist. In jedem Falle, mögen sie solidarisch oder antheilig haften, ist ihre Haftung direkt, prinzipal und unbeschränkt. Somit kann namentlich wegen einer vom Vereinsvorstande gültig für den Verein eingegangenen Verbindlichkeit der Gläubiger, statt den Verein selbst oder die handelnden Vorstandsmitglieder zu belangen, jedes beliebige Vereinsmitglied angreifen und aus dessen Vermögen bis zur Erschöpfung Befriedigung suchen.[63])

Allein diese gesetzlichen Regeln, bei deren unveränderter Geltung der Eintritt in einen nicht rechtsfähigen Verein meist ein unverantwortlicher Leichtsinn wäre, sind nicht zwingend. Durch Vereinbarung mit dem Gläubiger kann in jedem Einzelfalle die Haftung wegbedungen oder be-

---

statt. Nur solche Schulden begründen eine „Ueberschuldung", die nach Konk.O. § 207 Abs. 1 das Konkursverfahren rechtfertigt. Nur solche Schulden machen den Gläubiger zum Konkursgläubiger, so daß die bevorzugte abgesonderte Befriedigung der Vereinsgläubiger aus dem Vereinsvermögen gesichert ist. Auch hinsichtlich der Aufrechnung gilt Körperschaftsrecht.

62a) Oben Anm. 29b u. 29c. Ueber den Umfang dieser Haftung vgl. Nußbaum a. a. O. S. 15 ff., über die dem Handelnden zustehenden Einreden S. 17 ff., über das Rückgriffsrecht gegen den Verein oder die Vereinsmitglieder S. 19 ff.

62b) A. M. Dernburg, B.R. I § 79 IV, der eine Sonderhaftung der Mitglieder für Vereinsschulden überhaupt bestreitet und den von mir eingeschlagenen Umweg zur regelmäßigen Ausschließung der Sonderhaftung für überflüssig erklärt. Doch steht seiner Ansicht das positive Recht entgegen. Durch B.G.B. § 54 S. 2 wird zweifellos die Haftung des „Vereins" nicht ausgeschlossen, diese aber ist nach § 54 S. 1 gesellschaftliche Haftung.

63) Das Mitglied kann nicht einmal mit einer Vereinsforderung aufrechnen. Denn der Gesellschafter hat nicht das Recht, das dem offenen Handelsgesellschafter (vgl. meine Genossenschaftstheorie S. 544 Anm. 3) zusteht; Planck a. a. O. Anm. 3 S. 469.

liebig beschränkt werden. Es steht namentlich nichts im Wege, eine rechtsgeschäftliche Verpflichtung der Mitglieder so zu begründen, daß jedes Mitglied nur mit einem Theil seines Vermögens, daß es insbesondere nur mit seinem Antheil am Vereinsvermögen haftet.[64]) Ist aber eine solche Abrede wirksam, so kann auch von vornherein durch die Satzung die Vertretungsmacht des Vorstandes dahin eingeschränkt werden, daß er die Mitglieder nur unter Beschränkung ihrer Haftung auf ihre Antheile verpflichten kann.[65]) Eine derartige Einschränkung der Vertretungsmacht wird sogar regelmäßig als gewollt erhellen.[65a]) Dann kann, da die Ueberschreitung der Vertretungsmacht dem Vertretenen unschädlich ist, der Gläubiger sich nur an die Antheile der Mitglieder und somit an das Vereinsvermögen halten. Von mehreren Schriftstellern ist die Zulässigkeit einer allgemeinen Satzungsbestimmung dieses Inhalts bestritten und dagegen namentlich angeführt, daß damit sich ja jede Gesellschaft im Wesentlichen die Stellung einer Gesellschaft mit beschränkter Haftung verschaffen könnte, was doch schwerlich der Gesetzesabsicht entspreche.[66]) Allein hierbei ist übersehen, daß doch ein tiefgreifender Unterschied bestehen bleibt, indem der Handelnde selbst hier unbeschränkt haftet. Bei einem nicht rechtsfähigen Verein bildet eben die Haftung aus B.G.B. § 54, die zwar im einzelnen Falle natürlich gleichfalls wegbedungen werden kann, jedoch für die Satzung unantastbar ist,[67]) eine ausreichende

64) Hierüber herrscht bisher Einigkeit. Planck I 104 h, II 7—8; Hachenburg S. 203 (2. Aufl. S. 477); Eck S. 84; Matthiaß S. 114 (3. Aufl. S. 130); Rehbein S. 43; Leist S. 38; Oertmann S. 2; Dernburg, Das bürgerliche Recht II 14ff.; Cosack II 371 (3. Aufl. S. 397); Löwenfeld S. 158; Goldmann u. Lilienthal S. 100.

65) So Planck a. a. O.; Enneccerus a. a. O. I 96ff. (2. Aufl. S. 108); Kuhlenbeck a. a. O. S. 239; Meisner a. a. O. S. 54 Anm. 2; Leist a. a. O. S. 38ff.; Neumann S. 26 Z. 3a; Knoke S. 80; Crome S. 262; Endemann (8. Aufl.) I § 46 Anm. 16; Meurer S. 138ff.; Löwenfeld I 157ff.; Mayring zu § 714 Bem. 2a S. 556; Kipp b. Windscheid II 738; Goldmann u. Lilienthal S. 100ff.; auch Cosack II 371 I, 3. Aufl. S. 397 (mit Hinzufügung von Einschränkungen, die jedenfalls für den nicht rechtsfähigen Verein nicht passen). — In der Kommission waren die Ansichten über die Zulässigkeit getheilt; Protok. II 460.

65a) Goldmann u. Lilienthal S. 101 Anm. 30.

66) So Hachenburg a. a. O. S. 203 (2. Aufl. S. 477); Eck a. a. O. S. 85; Matthiaß a. a. O. S. 115 (3. Aufl. S. 130ff.); Rehbein a. a. O. S. 43; Staudinger, D.J.Z. 1900 S. 377ff. Zweifelnd Saleilles p. 457.

67) Hruza, Sächs. Arch. V 54; Meisner S. 54; Matthiaß S. 114; Rehbein S. 43; Enneccerus (2. Aufl.) I 109; Leonhard, Allg. Th. S. 145; Meurer S. 173; Dernburg, B.R. II 15; Goldmann u. Lilienthal § 22 Anm. 33; Löwenfeld S. 158; bes. aber Nußbaum § 4 VI S. 14ff. (der S. 15

Schutzwehr der Gläubiger.[68]) Liegt eine bloße Gesellschaft vor, so würde, da eine Gesellschaft mit derartigem Gesellschaftsvertrage als eine nicht eingetragene Gesellschaft mit beschränkter Haftung erschiene, die gleiche Haftung der Handelnden nach § 11 des R.Ges. v. 20. April 1892 eintreten. Nicht anders, wenn eine Aktiengesellschaft in Frage stände, nach H.G.B. § 200.[69a]) Uebrigens fallen künftig alle Aktiengesellschaften und die meisten Gesellschaften mit beschränkter Haftung bis zur Eintragung auch unter die Vorschriften des B.G.B. über nicht rechtsfähige Vereine.[69b]) Nach bisherigem Recht ist, wenn vorzeitig in ihrem Namen kontrahirt wird, eine unbeschränkte Haftung sämmtlicher Gesellschafter sicher nicht begründet. Soll sich dies ändern? Daß Jedermann, der sich mit einem nicht rechtsfähigen Vereine einläßt, die Satzung prüfen muß, um zu erfahren, wer und wie ihm außer dem Handelnden haften wird, ist richtig. Aber die Prüfung muß er ja schon vornehmen, um zu erkennen, ob der Handelnde überhaupt Vertretungsmacht hat.[69c])

Die Sonderhaftung des Vereinsmitglieds wird an sich durch sein Ausscheiden nicht berührt.[70]) Sie entfällt aber von selbst, wenn das ausscheidende Mitglied nur mit seinem Antheil haftet.[71])

---

darauf hinweist, daß auch eine satzungsmäßige Ausschließung durch Aufnahme in den einzelnen Vertrag Wirksamkeit erlangen kann).

68) Der § 54 S. 1 wäre überdies, wenn die Haftung der Mitglieder nicht generell beschränkt werden könnte, ziemlich überflüssig, da bei vorhandener Vertretungsmacht der Eintritt der gesammtschuldnerischen Haftung aller Mitglieder, bei mangelnder Vertretungsmacht der Schutz der §§ 177—180 genügte.

69) Dazu treten die bei Leist a. a. O. S. 39ff. angestellten Erwägungen.

69a) Manche, wie Staub, zu H.G.B. § 200 Anm. 4 u. Nußbaum a. a. O. S. 22, nehmen freilich an, daß hier die Haftung, weil im Namen eines noch nicht existirenden Vereins gehandelt werde, wesentlich anderer Art sei, nur einen Anwendungsfall von B.G.B. § 179 darstelle und deshalb wegfalle, wenn der andere Theil den Sachverhalt kennt; vgl. auch R.G. XXXIX 37, Behrend § 109 Anm. 6. Allein es existirt nur noch keine Aktiengesellschaft, wohl aber schon ein Verein. Vgl. Ring zu H.G. a. 211 Bem. 3, Cosack, H.R. S. 616, Lehmann, Aktienges. I 142.

69b) Oben Anm. 2f.

69c) Für nicht rechtsgeschäftliche Vereinsschulden haften sämmtliche Mitglieder nach allgemeinen Grundsätzen, also z. B. aus B.G.B. § 831 oder, wenn ein Vereinshund gehalten wird, aus § 833 als Gesammtschuldner; Goldmann u. Lilienthal S. 102 unter b.

70) Vgl. Oertmann, Anm. 2 zu § 738, Planck S. 482, Goesch a. a. O. S. 50ff., Crome S. 263, Joerges S. 216, Goldmann u. Lilienthal S. 102 Anm. 36, eingehend Mayring zu § 738 Bem. 3. Das ausscheidende Mitglied hat nur einen Anspruch auf Befreiung und ist andererseits bei Ueberschuldung des Vereins zu einem Zuschuß verpflichtet.

71) Auch der Befreiungsanspruch aus § 738 ist dann gegenstandslos. Die

Umgekehrt wird durch den Eintritt in den Verein nicht von Rechtswegen, wie bei der offenen Handelsgesellschaft (H.G.B. § 130), eine Sonderhaftung für die bisherigen Vereinsschulden begründet. Doch kann damit nach der Satzung nicht nur eine Mitübernahme der Vereinsschulden gegenüber den anderen Mitgliedern, sondern auch eine Schuldübernahme gegenüber den Gläubigern verbunden sein. [72]) Und der für das neue Mitglied abwachsende Antheil am Vereinsvermögen kann überhaupt nur mit der durch die Vereinsschulden für das Vereinsmögen als Ganzes bewirkten Belastung zur Entstehung kommen. [73])

VII. Stellung im Prozeß.

Im Prozeß besitzt der nicht rechtsfähige Verein die passive Parteifähigkeit; er kann verklagt werden und hat dann in dem Rechtsstreite die

---

Zuschußpflicht aus § 739 muß besonders wegbedungen sein. Empfängt trotz Ueberschuldung des Vereins der Ausscheidende für seinen Antheil eine Abfindung aus dem Vereinsvermögen, so wird er damit den Gläubigern haftbar bleiben; vgl. unten Anm. 91. Daß der Ausscheidende mit rückständigen Beiträgen haftbar bleibt, ergiebt sich aus ihrer Zugehörigkeit zum Gesellschaftsvermögen; oben Anm. 30a. Auch Crome S. 263 Anm. 29 gestattet den Gläubigern ihre Beschlagnahme.

72) Vgl. Planck I 104—105 unter I, II 480 Anm. 2; Crome S. 263 Anm. 27—29; Mayring zu § 736 S. 579; Knoke, Arch. f. b. R. XX 181 ff.

73) Dagegen verlangt Planck, wie eine besondere Antheilsübertragung, so eine besondere Schuldübernahme in Höhe des Antheils. Er verkennt nicht die mißliche Lage, in die, wenn die Schuldübernahme unterbleibt, schon bei der einfachen Gesellschaft die Gläubiger kommen, vertröstet aber auf Pfändung der alten Antheile oder auf Anfechtung auf Grund des Anfechtungsgesetzes. Wächst der neue Antheil von Rechtswegen ab und hat das Gesellschaftsvermögen Passivbestandtheile, so ergiebt sich ohne Weiteres die allein praktische Lösung; natürlich kann dann der Gläubiger behufs Zugriffs auf das Gesellschaftsvermögen auch die nach C.P.O. § 736 erforderliche Mitverurtheilung des neuen Gesellschafters (unter Vorbehalt der Haftbeschränkung) verlangen. Wie die Schwierigkeiten überwunden werden sollen, wenn es sich um einen nicht rechtsfähigen Verein handelt, den der Gläubiger nach C.P.O. § 50 verklagt, sagt Planck nicht. Hier liegt es klar zu Tage, daß die jeweiligen Mitglieder unweigerlich mit ihren Antheilen für alle Vereinsschulden haften müssen. Oder sollte der Verein einwenden dürfen, eine alte Schuld sei nicht seine, sondern nur eines engeren Kreises alter Mitglieder Schuld? — Richtig Hellwig, Verträge S. 397 Anm. 829; Kipp b. Windscheid II 738; Dernburg, B.R. II 553; Cosack, 3. Aufl. II 414 II 3; Knoke, Arch. f. b. R. XX 181 ff. Zu dem richtigen Ergebniß gelangte Cosack, 2. Aufl. S. 390, schon von seinem früheren Standpunkt aus, aber nur durch entsprechende Anwendung von B.G.B. § 419. Ebenso Knoke, Gesellsch. S. 132. Auf noch anderem Wege gelangt dahin Joerges a. a. O. S. 217—219. Vgl. auch Goldmann u. Lilienthal S. 102 Anm. 37 (auf Grund einer stets anzunehmenden Schuldübernahme).

Stellung eines rechtsfähigen Vereins (C.P.O. § 50 Abs. 2).[73a]) Damit wird der Verein als verklagte Prozeßpartei schlechthin dem Körperschaftsrecht unterstellt: seine Satzung gilt als Satzung, seine Verfassung als Organisation der Mitglieder zu einem einheitlichen Ganzen, sein Vorstand als Organ einer juristischen Person.[73b]) Demgemäß hat der Vorstand für alle Prozeßhandlungen die Stellung eines gesetzlichen Vertreters (B.G.B. § 26) und kann Eide Namens des Vereins leisten.[74]) Die Mitgliederversammlung rückt in die Stellung eines obersten Beschlußorganes der Prozeßparteien ein, während die einzelnen Mitglieder eine Parteistellung nicht erlangen.[74a]) Dieselbe formelle Rechtsfähigkeit gebührt dem Verein in einem gegen ihn eingeleiteten Zwangsvollstreckungsverfahren (C.P.O. § 735) und in dem über sein Vermögen eröffneten Konkursverfahren (Konk.O. § 213).[75]) Die Zwangsvollstreckung und die Konkurseröffnung wirken aber zugleich auf das materielle Rechtsverhältniß hinsichtlich der Vereinsschulden kräftig ein.[76])

Die aktive Parteifähigkeit ist dem Verein versagt. Eine Klage können nur sämmtliche jeweilige Mitglieder als nothwendige Streitgenossen anstellen (C.P.O. §§ 59 u. 62). Der Vorstand kann nur als

---

73a) Natürlich gilt, was für die Klage verordnet ist, auch für Zahlungsbefehl, Arrestschlag, einstweilige Verfügung; Hellwig, Anspruch u. Klagerecht S. 295 Anm. 11a; Neumann S. 26.

73b) Vgl. Hellwig a. a. O. S. 295 ff.; L. Seuffert, Z. f. Civilproz. XXII 235 ff.; Stein, ebenda XXIV 220 ff.; Meurer a. a. O. S. 192 ff.; Joerges a. a. O. S. 219, 220, 221; Gaupp-Stein, Komm. zur C.P.O. (5. Aufl. 1901) zu § 50 S. 135 ff.; L. Seuffert, Komm. zur C.P.O. (8. Aufl. 1901) zu § 50 S. 71 ff.; A. S. Schultze, Zeitschr. f. d. Priv. u. öff. R. der Gegenw. XXVIII 518 ff.; Goldmann u. Lilienthal S. 102 ff.

74) CPO. §§ 473—474, 476. — Der Vorstand ist jetzt nothwendig (B.G.B. § 26 Abs. 1), muß daher, wenn er fehlt, sofort bestellt werden (B.G.B. § 29); eventuell finden B.G.B. § 29 und C.P.O. § 57 Anwendung. Für empfangsbedürftige Willenserklärungen gilt B.G.B. § 28 Abs. 2, für Zustellungen C.P.O. §§ 171 u. 184. Auch C.P.O. §§ 51 u. 56 sind anwendbar.

74a) Sie sind daher zeugnißfähig; Meurer S. 193. — Doch kann der Kläger mit der Klage gegen den Verein eine Klage gegen die Mitglieder oder gegen den Vorstand aus persönlicher Haftung verbinden; Hellwig a. a. O. S. 295. Andererseits können die Mitglieder im Prozeß interveniren; Hachenburg, 2. Aufl. S. 479.

75) Auch die Vorschrift der Konk.O. § 208 über das Antragsrecht jedes Mitglieds des Vorstands und jedes Liquidators ist nach Maßgabe der Satzung, gleich als wäre der Verein rechtsfähig, anzuwenden. — Vgl. Petersen u. Kleinfeller, Konk.O. (4. Aufl.) S. 631; L. Seuffert, Konkursprozeßr. S. 71; Meurer . a. O. S. 209.

76) Vgl. oben Anm. 62.

Bevollmächtigter auftreten, die Mitglieder müssen selbst die Eide leisten (C.P.O. § 472, 476), das Urtheil wirkt nur für und wider sie.[76a])

Welche Schwierigkeiten sich aus dieser halben Parteifähigkeit ergeben müssen, haben Andere schon dargelegt.[77]) Unter allen Umständen ist die in C.P.O. § 50 dem Verein „in dem Rechtsstreite" beigelegte Rechtsfähigkeit auf alle aus dem entstandenen Prozeßrechtsverhältniß entspringenden Parteirechte zu erstrecken, so daß der Verein als solcher, nachdem er verklagt ist, auch klagend auftreten kann, wenn er eine Widerklage erhebt, wenn er einen zum besonderen Verfahren verwiesenen Gegenanspruch geltend macht, wenn er im Falle der Abweisung des Klägers die zu erstattenden Kosten beitreibt, wenn er gegen das rechtskräftige Urtheil die Nichtigkeits- oder Restitutionsklage aus § 578 anstellt, wenn er im Vollstreckungsverfahren nach § 767 klagt, wenn er den Schadensersatzanspruch aus § 302 oder aus § 717 durchsetzen will u. s. w.[78]) Ebenso ist zu Gunsten der Gläubiger die Fiktion der Rechtsfähigkeit behufs Durchführung der Zwangsvollstreckung in das Vereinsvermögen so weit auszudehnen, als dies eben zur Durchführung nothwendig ist.[79]) Und so lange der Verein sich im Konkurse befindet, gilt er überhaupt hinsichtlich aller zur Zuständigkeit des Konkursverwalters gehörigen Rechts-

---

76a) Vgl. Crome S. 264, Dernburg, B.R. I 223, Gaupp-Stein, C.P.O. (5. Aufl.) S. 137. — Ueber Prozesse für und wider eine Gesellschaft des bürgerlichen Rechts überhaupt vgl. Knoke S. 89 ff. (dazu aber jetzt auch Arch. f. b. R. XX 182), Hellwig, Anspruch u. Klagerecht S. 199 ff., Schollmeyer, Schuldv. S. 77 ff., Endemann I § 180 Nr. 2, Meurer S. 187 ff., 202 ff., Petersen-Anger, Komm. zur C.P.O. (4. Aufl.) § 62 Bem. 21; Gaupp-Stein a. a. O. S. 134 u. 177; L. Seuffert, C.P.O. I (8. Aufl.) S. 70 u. 97. Letzterer hebt abweichenden Meinungen gegenüber mit Recht hervor, daß die materiellrechtliche Verbundenheit der Gesellschafter auch im Prozeß, wenn sie als Gesellschafter in Ansehung des Gesellschaftsvermögens klagen oder verklagt werden, zur Geltung kommt, sie also in ihrer Personeinheit die Partei bilden.

77) Vgl. Wach, Deut. Juristenzeit. I 286 ff.; Hachenburg a. a. O. S. 204 (2. Aufl. S. 478 ff.); Eck a. a. O. S. 82 ff.; L. Seuffert, Deut. Juristenzeit. IV 3, Z. f. Civilproz. XXII 235 ff.; Stein ebenda XXIV 220 ff.; Hellwig, Anspruch u. Klagerecht S. 295 ff.; Dernburg, B.R. I 223; S. A. Schultze a. a. O. S. 521 ff.

78) Dies wurde als „einstimmige Auffassung der Kommission" im Bericht der Reichstagskommission zu § 49a ausdrücklich festgestellt. Vgl. Meisner I 55; Struckmann u. Koch, Die Civilprozeßordnung, 8. Aufl. (1901) S. 57; H. Neumann S. 26; eingehend Gaupp-Stein, 5. Aufl. S. 136—137; L. Seuffert, 8. Aufl. S. 71—72.

79) Somit ist z. B. trotz der von Hachenburg S. 204 (2. Aufl. S. 478) und Eck S. 83 erhobenen Bedenken die Einklagung der gepfändeten Vereinsforderung durch den Vereinsgläubiger zuzulassen. Richtig Goldmann u. Lilienthal S. 103 Anm. 40.

handlungen und somit auch hinsichtlich der von ihm erhobenen Klagen als rechtsfähig. Allein wie steht es mit den Wirkungen der Rechtshängigkeit und der Rechtskraft für und wider den verklagten Verein, wenn in einem anderen Rechtsstreite sämmtliche Mitglieder als Prozeßpartei auftreten? Kann der rechtskräftig abgewiesene Kläger denselben Anspruch noch einmal gegen die Mitglieder geltend machen? Können, wenn der Verein verurtheilt ist, sämmtliche Mitglieder in einem von ihnen angestrengten Prozeß das ergangene Urtheil als nicht gegen sie ergangen behandeln und umgekehrt Dritten gegenüber sich auf dieses Urtheil nicht berufen? Man wird diese Fragen verneinen dürfen.[80]) Denn obschon der Verein im Prozeß die Stellung eines rechtsfähigen Vereins hatte, bleibt er doch materiell die zur gesammten Hand verbundene Mitgliedergesammtheit. Es ist derselbe „Verein", der in der einen Richtung als juristische Person, in der anderen als Gesellschaft behandelt wird. Die materiellrechtlichen Prozeßwirkungen sind daher auf die Mitgliedergesammtheit umzustellen.[80a]) Nur ist zu beachten, daß lediglich die den Mitgliedern zur gesammten Hand zustehenden Rechte und obliegenden Verbindlichkeiten in den Prozeß gezogen sind, während ihre Sonderrechte und Sonderpflichten, soweit sie dem Einzelbereiche angehören, von dem Prozeß gegen den Verein als solchen nicht ergriffen werden.[80b]) Demgemäß kann auch der Vereinsgläubiger, obschon er die Wahl hat, den Verein als solchen oder die sämmtlichen Mitglieder als Streitgenossen zu verklagen, mit der Klage gegen den Verein, wenn er sie einmal anstellt, zwar eine Klage gegen die Mitglieder als Einzelne aus ihrer etwaigen persönlichen Haftung (vgl. oben Anm. 74[a]), nicht aber eine Klage gegen die sämmtlichen Mitglieder aus ihrer gesellschaftlichen Haftung mit dem Vereinsvermögen verbinden. Ebenso können im Prozeß wider den Verein die Mitglieder zwar wegen eines Sonderinteresses als Einzelne interveniren (oben Anm. 74[a]), unmöglich aber wegen ihres gemeinschaftlichen Interesses in ihrer Gesammtheit als Nebenintervenienten auftreten. Andererseits wird von diesem Standpunkte aus kein Bedenken

80) Angeregt sind sie von Eck a. a. O. S. 83 ff. Bejaht werden sie von Hachenburg, 2. Aufl. S. 479. Er führt beispielsweise aus, daß, wenn der verurtheilte Verein einen Regreßanspruch gegen einen Dritten habe, der Regreßpflichtige trotz einer seitens des Vereins an ihn erfolgten Streitverkündigung die rechtskräftige Verurtheilung in dem nunmehr von sämmtlichen Mitgliedern gegen ihn angestellten Prozeß nicht gegen sich gelten zu lassen brauche. Anders sei es nur, wenn sämmtliche Mitglieder intervenirt und den Streit verkündet hätten.

80a) So auch Crome S. 264; Goldmann u. Lilienthal S. 103 Anm. 39. Vgl. auch Endemann § 46 Anm. 21.

80b) Aus einem vollstreckbaren Schuldtitel gegen den Verein findet hier so dagegen zu erheben sein, daß, wenn sämmtliche Mitglieder als nicht rechtsfähiger Verein nach Gesellschaftsrecht geklagt haben, der Verklagte eine Widerklage gegen den Verein als solchen nach C.P.O. § 50 richtet.[80c])

Die seltsamsten Folgen werden sich aus der halben Parteifähigkeit für Streitigkeiten zwischen dem Verein und den eignen Mitgliedern ergeben. Das Mitglied kann gegen den Verein nicht blos vermögensrechtliche Ansprüche, sondern z. B. auch den Anspruch auf Anerkennung als Mitglied oder auf Feststellung der Unwirksamkeit einer Ausschließungserklärung oder der Wirksamkeit einer Austrittserklärung klageweise geltend machen. Dagegen müssen sämmtliche übrige Mitglieder klagen, wenn von einem Mitgliede ein rückständiger Beitrag eingezogen werden soll. Ein zur Geschäftsführung berufenes Mitglied kann gegen den Verein auf Ersatz von Auslagen oder auf Zahlung eines Gehalts oder auf Schadloshaltung wegen Inanspruchnahme aus seiner persönlichen Haftung klagen, aber nur von sämmtlichen Mitgliedern auf Rechenschaftsablage oder auf Herausgabe des für den Verein Erlangten oder auf Schadensersatz wegen Pflichtverletzung verklagt werden. Hier liegt die Unbilligkeit auf der Hand!

Bei einem solchen Zustande, der in vielen Fällen nach Rechtsverweigerung schmeckt, kann es nicht bleiben. Die Gerichte werden hoffentlich die trotz aller Hindernisse für das gemeine und preußische Recht errungene gesunde Praxis nicht zurückschrauben und den nicht rechtsfähigen Vereinen unter der Herrschaft des neuen Rechts auch die aktive Parteifähigkeit verschaffen. Ein gesetzliches Verbot steht nicht entgegen. Für das Verwaltungsstreitverfahren legt das B.G.B. selbst dem noch nicht eingetragenen Verein ganz unbefangen Klagfähigkeit bei.[81]) Hier kann die nach der Streichung der das Gewohnheitsrecht einengenden Vorschriften nicht mehr bestreitbare Möglichkeit der Bildung eines gemeinen Gewohnheitsrechts bedeutungsvoll werden.[82])

---

wenig, wie nach H.G.B. § 129 Abs. 4 bei der offenen Handelsgesellschaft, die Zwangsvollstreckung gegen die Mitglieder statt.

80c) Für unzulässig hält dies H. Neumann S. 26.

81) Hachenburg a. a. O. S. 208 (2. Aufl. S. 483 ff.); Zitelmann a. a. O. S. 69; Löwenfeld S. 155 Z. 6.

82) An Handhaben fehlt es nicht. Die satzungsmäßige Bevollmächtigung des Vorstandes reicht zur gerichtlichen Vertretung der jeweiligen Mitgliedergesammtheit aus. Man braucht nur die Bezeichnung der Kläger mit einem Kollektivnamen zuzulassen, um dem Erfolge nach die aktive Parteifähigkeit zu gewähren. Hinsichtlich der Eidesleistung wird der Richter durch die Vorschriften der C.P.O. § 472 Abs. 2

VIII. Auflösung.

Die Auflösung des Vereins kann, wie sich schon aus dem Bisherigen ergiebt, durch die Satzung an ähnliche Thatbestände geknüpft und auf ähnliche Thatbestände beschränkt werden, wie sie zur Auflösung rechtsfähiger Vereine führen. Alle gesetzlichen Auflösungsgründe der Gesellschaft (§ 723—728) können wegbedungen werden.[83]) Ob die Eröffnung des Vereinskonkurses auflösend wirkt, hängt gleichfalls von der Satzung ab.[83a]) Zwingend ist nur die Vorschrift, daß auch nach der Auflösung des Vereins die Eröffnung des Konkurses so lange zulässig bleibt, als die Vertheilung des Vermögens nicht vollzogen ist (Konk.O. § 207 Abs. 2).

Ueber die Folgen der Auflösung entscheiden an sich die Vorschriften des Gesellschaftsrechts.[83b]) Da diese aber abänderlich sind,[84]) kann die Satzung die Auflösungsfolgen ähnlich wie bei rechtsfähigen Vereinen ordnen.

In formeller Hinsicht kann eine Liquidation nach dem Vorbilde der Liquidation des rechtsfähigen Vereins (§ 48—50) vorgesehen sein.[85])

---

und § 476 so ziemlich in den Stand gesetzt, den Vorstand allein als schwurpflichtig zu behandeln. Sträuben sich die Gerichte, so würde es zur Beschleunigung der Entwicklung beitragen, wenn möglichst oft die vielleicht in die Hunderte gehenden Vereinsmitglieder persönlich als Kläger vor Gericht erschienen, um die Nothwendigkeit einer Abhülfe ad oculos zu demonstriren. — Hellwig, Anspr. u. Klagerecht S. 297 ff., weist darauf hin, daß, wenn man gemäß der von mir, D.P.R. I § 80 Anm. 84 entwickelten und von ihm (schon Verträge S. 238 ff.) gebilligten Auffassung als Subjekt des Sammelvermögens die Gesellschaft der Beitragenden (also einen nicht rechtsfähigen Verein) betrachtet, diese Gesellschaft durch die Bestellung eines Pflegers für das Sammelvermögen nach B.G.B. § 1914 aktiv parteifähig wird. Er fragt, warum es anders sein soll, so lange das Komitee noch da ist? — Für die ausdehnende Praxis sprechen sich auch aus: Hachenburg, 2. Aufl., S. 478 ff.; Endemann, 8. Aufl., § 46 Anm. 19; L. Seuffert, C.P.O., 8. Aufl., S. 71; A. S. Schultze a. a. O. S. 525 ff. Dagegen Staudinger, D.J.Z. 1900 S. 378 (er findet in meinen Ausführungen eine Aufforderung zu gesetzwidrigem Vorgehen), Meurer S. 194 ff., Goldmann u. Lilienthal S. 103 Anm. 42.

83) Auch die Auflösung durch Erreichung des vereinbarten Zwecks oder Unmöglichkeit seiner Erreichung (§ 726) kann zu Gunsten der Auflösung durch Beschlußfassung wegfallen.

83a) A. M. Löwenfeld S. 161 VII c, der stets Auflösung durch Konkurs annimmt, hierfür aber unrichtig sich auf L. Seuffert, Konkursprozeßr. S. 236, beruft.

83b) Ist jedoch der Verein nach C.P.O. § 50 verklagt, so gelten in Ansehung des Rechtsstreits die Vorschriften über die rechtsfähigen Vereine, also auch B.G.B. § 49 Abs. 2, wonach der Verein während der Liquidation als fortbestehend gilt. Anders freilich, wenn während des Rechtsstreites die Auseinandersetzung erfolgt ist; Erk. des O.L.G. München in der Zeitschr. „Recht" 1901, S. 120.

84) So wenigstens §§ 730–735; § 729 enthält wohl zwingendes Recht.

85) Während der Liquidation gilt dann, soweit ihr Zweck es erfordert, der

In materieller Hinsicht kann das Vermögen des aufgelösten Vereins gleichen Schicksalen, wie die Hinterlassenschaft eines rechtsfähigen Vereins, unterworfen werden. Wir haben schon gesehen, daß im Falle der Vertheilung unter die Mitglieder die meist wenig passenden Sondervorschriften des Gesellschaftsrechts (§§ 731 – 732) wegbedungen werden können, daß aber auch jeder Anspruch der Mitglieder ausgeschlossen und das Vermögen durch die Satzung oder durch satzungsmäßigen Beschluß irgend anderen Personen zugewiesen werden kann.[86]) Allein immer besteht der grundsätzliche Unterschied, daß hier das Vermögen niemals von Rechtswegen als Ganzes auf ein anderes Subjekt übergeht, daß ein „Anfall" und eine Gesammtnachfolge, wie bei dem Wegfall einer juristischen Person,[87]) hier nicht stattfindet. Vielmehr bleibt an sich das Vermögen, was es war: gemeinschaftliches Vermögen der Mitglieder. Es braucht nicht erst den bei der Auflösung vorhandenen Mitgliedern anzufallen (§ 45 Abs. 3), sondern gehört ihnen nach wie vor der Auflösung. Nur steht es ihnen jetzt, soweit nicht während der Auseinandersetzung das gelöste Band fortwirkt, nicht mehr zu gesammter Hand, sondern zu gesonderten Anteilen zu, so daß das gewöhnliche Gemeinschaftsrecht mit seinem Theilungsanspruch Platz greift. Wird aber durch die Satzung oder durch satzungsmäßigen Beschluß das Vermögen einem Dritten zugewandt, so verwirklicht sich der gewollte Erfolg nicht durch einen Anfall, sondern kann nur durch eine besondere rechtsgeschäftliche Uebertragung der einzelnen Vermögensgegenstände zu Stande kommen.[88])

In Ansehung der Vereinsschulden besteht die bisherige Sonderhaftung fort. Dagegen ist eine besondere gesetzliche Fürsorge dafür, daß das Vereinsvermögen zur Befriedigung der Vereinsgläubiger verwandt

---

Verein gemäß § 730 als fortbestehend. Daraus ergiebt sich auch Fortdauer der Verklagbarkeit nach C.P.O. § 50.

86) Oben Anm. 49—50. Fehlt es an einer Bestimmung, so können immer noch alle Theilhaber, wenn sie einig sind, beliebig verfügen.

87) Daß nach dem B.G.B. § 45 der „Anfall" des Vermögens von Rechtswegen erfolgt und somit auch außer dem Falle des § 46 eine Gesammtnachfolge in das Vermögen einschließlich der Schulden stattfindet, scheint mir schon der Wortlaut des Gesetzes zu ergeben. Vgl. Hellwig, Die Verträge auf Leistung an Dritte S. 393 ff., Wesen und subjektive Begrenzung der Rechtskraft S. 204, Hölder a. a. O. S. 163, Leonhard, Allg. Th. S. 141, Goldmann u. Lilienthal § 21 Anm. 28, für das bisherige Recht meine Genossenschaftstheorie S. 876 ff., mein Deut. P.R. I 565 ff. — A. M. Planck zu § 53 Bem. 2, Cosack I § 35 Anm. 22, Rehbein S. 56, Zitelmann S. 68, Kuhlenbeck I 233 ff., Eck S. 67, Crome § 54 Anm. 14, Löwenfeld S. 143. Zu näherer Darlegung ist hier nicht der Ort.

88) Auch bei etwaiger Zuwendung an den Fiskus gilt nicht § 46.

werde, nicht getroffen.[89]) Doch kann zunächst, so lange noch unvertheiltes Vereinsvermögen da ist, dieses schon nach Gesellschaftsrecht auf Grund eines gegen sämmtliche ehemalige Mitglieder ergangenen Urtheils angegriffen, nach den besonderen Vorschriften für nicht rechtsfähige Vereine überdies auf Grund eines gegen den ehemaligen Verein als solchen lautenden Urtheils der Zwangsvollstreckung unterworfen oder wegen Ueberschuldung in einen Sonderkonkurs gezogen werden.[90]) Ferner wird die Haftung der Mitglieder, falls sie auf deren Antheil am Vereinsvermögen beschränkt ist, ohne Weiteres auch auf das zu erstrecken sein, was einem Mitgliede auf seinen Antheil vom Vereinsvermögen vor gehöriger Berichtigung oder Sicherstellung der Vereinsschulden ausgezahlt ist.[91]) Endlich läßt sich, wenn das Vereinsvermögen auf einen Anderen übertragen, z. B. einer Körperschaft oder Stiftung zugeführt oder in das Vermögen eines an Stelle des aufgelösten Vereins tretenden neuen Vereins über-

---

89) Die Vorschriften über Berichtigung der Gesellschaftsschulden aus dem Gesellschaftsvermögen vor dessen Vertheilung (§ 733 Abs. 1 u. 3) kommen mittelbar den Gläubigern zu Gute, geben ihnen aber kein unmittelbares Recht und können wegbedungen werden; von Liquidationszwang (§ 47), nothwendiger Gläubigeraufforderung (§ 50), Sperrjahr (§ 51) und Haftung aus verfrühter Vertheilung (§ 53) ist nicht die Rede. Auch die in § 735 den Gesellschaftern auferlegte Pflicht zur Beitragsleistung behufs Deckung eines Ausfalls kommt den Gläubigern nur mittelbar zu Statten und kann wegbedungen werden; Meisner S. 53—54, Mayring zu § 735 S. 577; unrichtig Kuhlenbeck S. 242.

90) Dies folgt aus dem oben Anm. 58 Gesagten in Verbindung mit § 730, aus C.P.O. § 735 in Verbindung mit dem oben Anm. 85 Bemerkten und aus Konk.O. § 207 Abs. 2.

91) Zur Begründung ist die gemäß B.G.B. § 157 in diesem Sinne vorzunehmende Auslegung des die Haftung einschränkenden Vertrages erforderlich, aber auch ausreichend. Es bedarf nicht der von Cosack II 386 unternommenen Begründung aus § 419, die zur Annahme einer neu entstehenden Haftung mit dem Auseinandersetzungsantheil führt. In gleicher Weise ist aus dem Vertragsinhalte die Haftung eines ausscheidenden Mitgliedes mit seinem Auseinandersetzungsantheil (oben Anm. 65) herzuleiten. Sie wird von Cosack II 389 Z. 3, da die Analogie von § 419 hier versagt, überhaupt verneint. Auch die Haftung mit ungebührlich erlassenen Beiträgen wird als vereinbart anzusehen sein. Weisen ja doch auf die innere Nothwendigkeit solcher Erstreckungen der beschränkten gesellschaftlichen Haftung auch die unter sich ungleichen und hier natürlich unanwendbaren gesetzlichen Vorschriften hin, durch die bei der Kommanditgesellschaft, der Aktiengesellschaft, der Gesellschaft mit beschränkter Haftung u. s. w. die Gläubiger gegen Entziehung des Haftungsobjektes geschützt werden; H.G.B. § 172 Abs. 3—5, § 217, Ges. v. 20. April 1892 § 31. — Goldmann u. Lilienthal S. 104 Anm. 45 halten die Annahme einer Vereinbarung zur Begründung der Haftung der Mitglieder mit dem auf ihren Antheil Empfangenen für überflüssig. Aber das Empfangene ist doch kein Vereinsvermögen mehr!

geführt oder bei der Verschmelzung von Vereinen mit anderen Vereinsvermögen verschmolzen wird, schwerlich eine entsprechende Anwendung des zwingenden Rechtssatzes (B.G.B. § 419) abweisen, nach dem der Uebernehmer eines Vermögens für die Schulden des bisherigen Vermögensherrn mit dem übernommenen Vermögen haftet.[92])

IX. Vereine älterer Herkunft.

Gelten die Vorschriften des neuen Rechts auch für die vor dem 1. Januar 1900 entstandenen nicht rechtsfähigen Vereine?

Die für bestehende juristische Personen im Art. 163 der E.G. zum B.G.B. gegebene Uebergangsvorschrift, nach der zwar über die Erfordernisse der Entstehung das alte Recht, dagegen über die Organisation und deren Wirksamkeit und über die Auflösung das neue Recht entscheidet,[93]) ist auf unsere Vereine unanwendbar. Die in § 54 S. 1 vorgeschriebene Anwendung der Vorschriften über die Gesellschaft bezieht sich lediglich auf das Gesellschaftsrecht des B.G.B., das nach Art. 170 des E.G. nur für die nach dem 1. Januar 1900 geschlossenen Gesellschafsverträge gilt.[94]) Somit bleiben die älteren nicht rechtsfähigen Ver-

---

92) Unmittelbar anwendbar ist § 419 nicht, weil er nur vom Gesammtvermögen einer Person redet. Eine ähnliche Bestimmung für ein Sondervermögen hat das B.G.B. nur beim Erbschaftskauf getroffen (§ 2382 u. 2383). Allein überall, wo ein Sondervermögen anerkannt ist, muß, soweit eine Gesammtnachfolge in dasselbe nicht zugelassen wird, bei thatsächlicher Uebernahme des Vermögens im Ganzen mindestens den Gläubigern der Zugriff auf das Vermögen gesichert bleiben. Vgl. auch Hellwig, Verträge S. 397, Cosack II 390. Planck a. a. O. zu § 736 S. 480 findet freilich die entsprechende Anwendung der Vorschrift des § 419 bei ihrer „durchaus singulären Natur" bedenklich und vertröstet für den Fall der Uebertragung eines Gesellschaftsvermögens die Gläubiger auf das Anfechtungsgesetz. Aber warum ist es denn „durchaus singulär", daß man sich nicht den Genuß eines fremden Vermögens verschaffen kann, ohne auch die Schulden als Passivbestandtheile mit zu übernehmen? Das scheint doch vielmehr durchaus secundum rationem juris eingeführt zu sein! Bei einem Sondervermögen aber heischt die ratio juris noch gebieterischer das Gleiche! Und bei nicht rechtsfähigen Vereinen ist die von Planck empfohlene Behandlung der Gläubiger um Vieles unerträglicher, als bei der Gesellschaft! Uebereinstimmend mit Planck gegen die Anwendung von § 419 Goldmann u. Lilienthal S. 104 Anm. 45.

93) Näheres bei Habicht, Die Einwirkung des B.G.B. auf zuvor entstandene Rechtsverhältnisse, Jena 1899, S. 81 ff.; 2. Aufl. S. 100 ff.

94) Habicht a. a. O. S. 233 ff.; 2. Aufl. S. 295 ff. Eine Ausnahme, die gerade für nicht rechtsfähige Vereine besondere Bedeutung hat, wird mit Habicht S. 237 (299 ff.) hinsichtlich des in § 723 gewährleisteten Kündigungsrechtes aus

eine grundsätzlich unter ihrem bisherigen Recht.[95]) Nur in Bayern und in Hessen sind sie durch ausdrückliche landesgesetzliche Vorschrift dem neuen Recht unterstellt worden.[95a])

Das Ergebniß mag unerfreulich sein, ist aber unvermeidlich.

Im Gebiete des gemeinen Rechts wird die Praxis sich mit der Annahme eines gemeinen Gewohnheitsrechts, kraft dessen schon bisher der nicht als juristische Person anerkannte Verein im Sinne einer durch Einführung der gesammten Hand abgewandelten Gesellschaft zu behandeln gewesen sei, an das neue Recht anlehnen können; sie wird, um Verwirrung zu vermeiden, gut thun, weder die Versuche einer Vergewaltigung der Vereine durch das römische Sozietätsrecht zu erneuern, noch die zu dem Gedanken der unvollkommenen Körperschaft führende Bahn weiter zu verfolgen.[96]) Immerhin hat sie bei alten Vereinen den Einzelvorschriften des neuen Gesellschaftsrechts gegenüber eine freiere Stellung. Die durch gemeines Gewohnheitsrecht anerkannte volle Parteifähigkeit wird sie solchen Vereinen nicht wieder absprechen dürfen.[96a]) Insofern

---

wichtigem Grunde zu machen sein. Außerdem gilt nach E.G. a. 173 für die durch einen alten Gesellschaftsvertrag herbeigeführte Gemeinschaft nach Bruchtheilen das neue Recht; Habicht S. 239 (302). Dies hat bei Vereinen nur für die Auseinandersetzung nach der Auflösung Bedeutung.

95) Das Gegentheil nimmt ohne Begründung Kockerols, D.J.Z. IV 459, an; dagegen meine Bemerkungen ebenda S. 480. Zweifelnd Jacobi, D.J.Z. 1900 S. 180ff. Unrichtig Wagner in dem v. Staudinger herausg. Komm. zum E.G. a. 163 Bem. II E S. 209. Ueberwiegend dagegen ist die von mir vertheidigte Ansicht zur Herrschaft gelangt. Vgl. Habicht, 2. Aufl. S. 120ff. (3. Aufl. S. 127ff.); Niedner, Komm. zum E.G. (2. Aufl.), Bem. 4 zu a. 163 S. 313; Endemann, 8. Aufl., I 206; Dernburg, B.R. I § 78 IV S. 218; Hachenburg, 2. Aufl. S. 479; Meurer S. 70ff.; Löwenfeld S. 161; Planck zum E.G. a. 163 Bem. 7.

96) Ueber die bisherige Praxis vgl. meine Genossenschaftstheorie S. 86ff. — Für die Gebiete des französischen und sächsischen Rechts verhält es sich ähnlich; a. a. O. S. 97 u. 111ff.

95a) Bayr. Ueberg.Ges. a. 2; Hess. A.G. zum B.G.B. a. 134. Doch bleiben auch hier abweichende Satzungen in Kraft, soweit sie nicht gegen neues zwingendes Recht verstoßen; meine Bemerk. in der D.J.Z. IV 480ff., Habicht S. 120.

96a) Gleichwohl hat dies das O.L.G. Rostock in einem Erk. v. 15. Nov. 1900 b. Seuff. LVI nr. 162 gethan, indem es allgemein ausgesprochen hat, ein nicht rechtsfähiger Verein könne seit dem 1. Jan. 1900 nicht mehr klagen, wenn er auch vorher als klagfähig anerkannt wurde. Die Klagfähigkeit ist aber Ausfluß der Rechtsfähigkeit und somit für ältere Vereine ein Stück ihres erworbenen Rechts auf ein bestimmtes Maß von Rechtsfähigkeit. Vgl. Cosack II 401, Habicht 2. u. 3. Aufl. § 13 II 3, Löwenfeld S. 161 X. — Daß ein Verein, der vor dem 1. Jan.

mag sich der Fortbestand des alten Rechts als förderlich für die Durchsetzung der aktiven Parteifähigkeit auch der neuen Vereine erweisen.

Für die im Gebiete des Preußischen Landrechts als erlaubte Privatgesellschaften entstandenen Vereine gelten die Vorschriften des Preußischen Landrechts (II, 6 § 11—24) fort.[97]) Sie werden damit für unabsehbare Zeiten verewigt. Dies hat vor Allem für das innere Verhältniß Bedeutung, da ja solche Gesellschaften, so lange sie bestehen, „die inneren Rechte der Korporationen und Gemeinen" haben (§ 14). Somit gilt in geradem Gegensatz zum B.G.B. für alle Beziehungen zwischen dem Verein und seinen Mitgliedern grundsätzlich Körperschaftsrecht, nicht Gesellschaftsrecht.[98]) Dritten gegenüber stimmt die der erlaubten Privatgesellschaft angewiesene Rechtsstellung (§ 12—13) grundsätzlich mit der des nicht rechtsfähigen Vereins überein. Doch sind im Einzelnen unentwirrbare Verwicklungen vorauszusehen, die sich aus der Fortgeltung des bisherigen Rechts ergeben werden. Man bedenke nur, daß die Streitfrage über die Schuldenhaftung der Mitglieder nach preußischem Recht nicht zur Ruhe kommen soll.[99]) Einen Trost gewährt auch hier die Erwägung, daß die Praxis hoffentlich nicht geneigt, ja insoweit, als es sich um einen Streit mit einem Mitgliede handelt, schlechthin nicht in der Lage sein wird, den erlaubten Privatgesellschaften die mühsam errungene aktive Parteifähigkeit wieder zu entziehen.

Die Mißstände, die sich aus der Fortgeltung des bisherigen Rechts für ältere nicht rechtsfähige Vereine ergeben, werden einigermaßen dadurch gemildert, daß jedenfalls die Vorschriften der Civilprozeßordnung § 50 Abs. 2 und § 735 und der Konkursordnung § 213 auch auf solche Vereine anwendbar sind.[99a]) Das Gleiche aber wird man für § 54 S. 2

1900 geklagt hatte, seine Klagfähigkeit für den Instanzenzug behält, ist auch vom Reichsgericht im Erk. v. 7. März 1900 (D.J.Z. V 207 u. 27) ausgesprochen.

97) Die reichsrechtliche Aufhebung dieser Vorschriften (vgl. Begründung zum Entw. d. Preuß. A.G. S. 224 ff.) steht natürlich ihrer Anwendung auf ältere Vereine so wenig entgegen, wie die Aufhebung des Tit. 17 Th. I seiner Anwendung auf ältere Gesellschaften.

98) Theoretisch ergiebt sich eine völlig andere Konstruktion, praktisch die Anwendbarkeit aller Regeln des Körperschaftsrechts ohne besondere Vereinbarung. Insbesondere kann das ausscheidende Mitglied, von Handlungsgesellschaften abgesehen (§§ 16—20), mangels gegentheiliger Bestimmung keinen Antheil fordern (§ 15). Dagegen fällt bei der Auflösung das Vermögen mit der in § 21 gemachten Ausnahme an die vorhandenen Mitglieder.

99) Vgl. meine Genossenschaftstheorie S. 177 ff.

99a) Habicht, 2. Aufl. S. 124; Riedner a. a. O. S. 313; Hachenburg, 2. Aufl. S. 479; Dernburg a. a. O. S. 219; Planck zu E.G. a. 163 Bem. 7.

des B.G.B. behaupten dürfen, so daß aus jedem im Namen eines älteren nicht rechtsfähigen Vereins nach dem 1. Januar 1900 mit einem Dritten abgeschlossenen Rechtsgeschäft eine persönliche Haftung der Handelnden entspringt.[100]) Denn diese Vorschrift ist zwingend und würde ihren Zweck verfehlen, wenn man bei dem Verkehr mit einem nicht rechtsfähigen Verein immer erst dessen Geburtstag erkunden müßte.

Nur folgt aus der Anwendbarkeit des § 50 Abs. 2 der C.P.O. nicht der Verlust bisheriger aktiver Parteifähigkeit.

100) So auch Rehbein a. a. O. S. 43; Nußbaum § 4 V S. 14; Endemann, 8. Aufl. I 206; Habicht, 2. Aufl. S. 123; Riedner a. a. O. S. 313; Meurer S. 72. — A. M. Hachenburg, 2. Aufl. S. 479; Planck zu E.G. a. 163 Bem. 7.

In demselben Verlage sind erschienen:

Pandekten von Dr. **Heinrich Dernburg,** ord. Professor des Rechts an der Universität Berlin. Sechste, verbesserte Auflage. Unter Mitwirkung von Dr. **Joh. Biermann,** ord. Professor des Rechts an der Universität Gießen. 3 Bände. 1901. M. 29; in 3 Halbfranzbänden M. 34.25; in 2 Halbfranzbänden M. 32.50.

Die Lehre vom Einkommen. Vom Standpunkt des gemeinen Civilrechts unter Berücksichtigung des Entwurfs eines bürgerlichen Gesetzbuches für das Deutsche Reich von Dr. **L. v. Petražycki,** ord. Professor an der Universität St. Petersburg. I. Band. Grundbegriffe 1893. M. 7,50. — II. Band. Einkommensersatz. 1. Grundlegung; 2. Zinsen; 3. Arbeitseinkommen, Honorar, Unternehmergewinn; Anhang: Entwurf (II), Civilpolitik und politische Oekonomie. 1895. M. 12,50.

Die Fruchtvertheilung beim Wechsel der Nutzungsberechtigten. Vom Standpunkt des positiven Rechtes und der Gesetzgebung. Drei civilrechtliche Abhandlungen von Dr. **L. v. Petražycki,** ord. Professor an der Universität St. Petersburg. 1892. M. 5,50.

Das Europäische Völkerrecht der Gegenwart auf den bisherigen Grundlagen. Von Dr. **A. W. Heffter,** Obertribunalsrath a. D., ord. Prof. des Rechts ꝛc. Achte Ausgabe, bearbeitet von Dr. **F. H. Geffcken.** 1888. M. 12; eleg. gebunden M. 14. Dasselbe Werk in französ. Sprache unter dem Titel: Le droit international. 4. Aufl. 1883. M. 13; eleg. gebunden M. 15.

Das Recht der großen Haverei von Dr. **Ph. Heck,** Gerichts-Assessor und Privat-Dozenten (jetzt ord. Prof. in Halle). 1889. M. 20.

Deutsches Strafprozeßrecht mit eingehender Bezugnahme auf die preuß. und bayerischen Ausführungsbestimmungen und unter Berücksichtigung des österreichischen Strafprozeßrechts. Von Dr. **Karl Birkmeyer,** ord. Prof. an der Universität München. 1898. gr. Lex. 8⁰. M. 18; gebunden M. 20.

Das Strafgesetzbuch für das Deutsche Reich vom 15. Mai 1871. Mit den Entscheidungen des Reichsgerichts. Von Dr. **P. Daude,** Geh. Regierungsrath. 8. Aufl. 1901. Gebunden M. 3.50.

Die Strafprozeßordnung für das Deutsche Reich und das Gerichtsverfassungsgesetz. Mit den Entscheidungen des Reichsgerichts. Von Dr. **P. Daude.** 5. Auflage. 1901. Gebunden M. 4.

Strafrecht und Strafprozeß. Eine Sammlung der wichtigsten das Strafrecht und das Strafverfahren betreffenden Gesetze. Zum Handgebrauch für den Preuß. Praktiker erläutert und herausgegeben von Dr. **A. Dalcke,** Ober-Staatsanwalt, Geh. Ober-Justizrath. Siebente Auflage. 1900. Gebunden M. 8,50.

Strafrechtsaufgaben zum Gebrauche bei dem akadem. Strafrechtspraktikum. Von Dr. **J. Kohler,** ord. Professor an der Universität Berlin.

1. Abtheilung. 1890. Cartonnirt M. 1,20.
2. Abtheilung. 1899. Cartonnirt M. 1,20.

Das Bürgerliche Gesetzbuch für das Studium und die Praxis erläutert von **Dr. H. Rehbein**, Reichsgerichtsrath. I. Bd. (Allg. Theil). 1899. M. 7; gebdn. M. 8,50. — II. Band. 1. Lieferung. 1902. M. 3,50.

Allgemeine Deutsche Wechselordnung mit Kommentar in Anmerkungen und der Wechselprozeß nach den Reichs-Justizgesetzen. Herausgegeben von **Dr. H. Rehbein**, Reichsgerichtsrath. 6., verbesserte Aufl. 1900. Gut cartonnirt M. 4.

Die Deutsche Civilprozeßordnung. Erläutert von **O. Reincke**, Reichsgerichtsrath. Vierte, umgearbeitete Auflage. 1900. M. 20; gebdn. M. 22.

Grundriß des Prozeß- u. Zwangsvollstreckungs-Verfahrens nach der CPO. mit Beispielen von **Willenbücher**, Oberlandesgerichtsrath Zweite, umgearbeitete Auflage. 1900. Gut cartonnirt M. 8.

Die Civilprozeßordnung in der Fassung des Gesetzes vom 17. Mai 1898. Mit den Entscheidungen des Reichsgerichts und den einschlagenden reichsrechtlichen Bestimmungen. Nebst einem das Gerichtsverfassungsgesetz und die Kostengesetze enthaltenden Anhange. Von **W. Peters**, weiland Landgerichtsrath. Neu bearbeitet von **K. Elsner von Gronow**, Amtsrichter. 3. Aufl. 1899. Gebunden M. 4.

Das Deutsche Aktienrecht. Kommentar zu Buch 2, Abschnitt 3 und 4 des Handelsgesetzbuchs vom 10. Mai 1897. Von **Albert Pinner**, Rechtsanwalt am Landgericht Berlin I. 1899. Gut cartonnirt M. 8.

Das Kostenfestsetzungsverfahren, die Deutsche Gebührenordnung für Rechtsanwälte und die landesgesetzlichen Vorschriften über die Gebühren der Rechtsanwälte. Mit Erläuterungen von **Willenbücher**, Geh. Justizrath, Oberlandesgerichtsrath a. D. 5., verbesserte Auflage. 1900. Gut cartonnirt M. 5.

Die Gebührenordnung für Rechtsanwälte vom 7. Juli 1879 nebst den landesgesetzlichen Gebührenvorschriften der Bundesstaaten. Auf der Grundlage des Kommentars von **H. Walter**, Rechtsanwalt und Notar a. D., erläutert von **A. Joachim**, Rechtsanwalt beim Kammergericht. 4. Auflage. 1. Abtheilung. 1901. M. 3.—. — Die 2. Abtheilung befindet sich im Druck.

Die statutarischen Güterrechte der Uebergangszeit in Preußen. Von **G. Zelter**, Rechtsanwalt am OLG. Stettin. 1901. Kart. M. 3.—.

Das Preußische Gesinderecht im Geltungsbereiche der Gesindeordnung vom 8. November 1810 bearbeitet von **C. Lindenberg**, Landgerichtsdirektor in Berlin. 5. Auflage des gleichnamigen Posseldt'schen Buches. 1900. Cartonnirt M. 1,60.

Handelsgesetzbuch vom 10. Mai 1897 und Allgemeine Deutsche Wechselordnung nebst Einführungs- und Ergänzungsgesetzen (Ausgabe ohne Seerecht), erläutert durch die Rechtsprechung des Reichsgerichts und des vormaligen Reichs-Oberhandelsgerichts. Herausgegeben von **J. Basch**, Justizrath. 5. Aufl. 1899. Gebdn. M. 2.

Das Anfechtungsgesetz vom 21. Juli 1879 und die §§ 29 ff. der Konkursordnung, erläutert durch die Entscheidungen des Reichsgerichts von **W. Luks**, Justizrath. 2. vermehrte Auflage. 1902. M. 1,20.

Die Gesammten Reichs-Justizgesetze und die sämmtlichen für das Reich und in Preußen erlassenen Ausführungs- und Ergänzungsgesetze, Verordungen, Erlasse und Verfügungen. Mit Anmerkungen und Sachregister von Dr. **P. Kayser,** weiland Senatspräsident beim Reichsgericht. 6. Auflage. 1901. M. 18.—; geb. M. 20.—.

Gewerbeordnung für das Deutsche Reich erläutert von Dr. **P. Kayser,** weiland Senatspräsident beim Reichsgericht. Dritte, gänzlich umgearbeitete Auflage von Dr. **Steiniger,** Regierungsassessor. 1901. a) Ausgabe für das Reich. Geb. M. 5.50. — b) Ausgabe für Preußen. Geb. M. 6.50. — c) Ausgabe für Elsaß-Lothringen. Geb. M. 6.—

Das Entmündigungsverfahren gegen Geisteskranke und Geistesschwache, Verschwender und Trunksüchtige. Nach der Reichs-Civilprozeßordnung und dem Bürgerlichen Gesetzbuch für das Deutsche Reich bearbeitet von **Dr. P. Daude,** Geheimem Regierungsrath und Universitätsrichter der Königl. Friedrich-Wilhelms-Universität Berlin. 2. Auflage. 1899. Gut cartonnirt M. 3,50.

Ehescheidungsrecht und Ehescheidungsprozeß einschließlich der Nichtigkeitserklärung der Ehe im Deutschen Reich. Von **J. Erler,** Oberlandesgerichtsrath. 2. völlig umgearbeitete Aufl. des gleichnamigen, preußisch-deutschrechtlichen Buches. 1900. Gut cartonnirt M. 5.

Das Reichsgesetz über die Angelegenheiten der freiwilligen Gerichtsbarkeit vom 17. Mai 1898 in der Fassung vom 20. Mai 1898. Mit Erläuterungen von **Georg Wellstein,** Oberlandesgerichtsrath, Mitglied des Reichstags. 1899. Gut cartonnirt M. 4.

Das Preuß. Gesetz über die freiwillige Gerichtsbarkeit vom 21. September 1899 mit Erläuterungen von **Georg Wellstein,** Oberlandesgerichtsrath, Mitglied des Hauses der Abgeordneten. 1900. Gut cartonnirt M. 4,50.

Deutsches Vormundschaftsrecht unter Berücksichtigung der in den bedeuteneren Bundesstaaten ergangenen Ausführungsbestimmungen erläutert von **A. Hesse,** Reichsgerichtsrath. 1900. Gut cartonnirt M. 7.

Die Reichs-Grundbuchordnung vom 24. März 1897 mit Anmerkungen und Sachregister von **Willenbücher,** Geh. Justizrath, Oberlandesgerichtsrath a. D. Zweite, vermehrte Aufl. 1900. a) Ausgabe f. d. Reich. Cart. M. 1,50. — b) Ausgabe f. Preußen. Cart. M. 2,40.

Examinatorium über das Bürgerliche Gesetzbuch. Von **Taubert,** Landgerichtsrath. 1. Abtheilung. Allgemeiner Theil und Recht der Schuldverhältnisse. 1899. M. 1,20. — 2. Abtheilung. Sachenrecht und Familienrecht. 1900. M. 1,50. — 3. Abtheilung. Erbrecht. 1900. M. —,80. — Alle 3 Abtheilungen in einem Bande gebunden M. 3.60.

„Der Rechtsstoff ist gut und zweckmäßig in der Form von kurzen Fragen dargelegt, denen die betreffenden Paragraphen, nach denen sie zu beantworten sind, beigefügt sind. In den Anmerkungen wird auf die Motive, die gesammte Litteratur und die bereits entstandenen Streitfragen Rücksicht genommen. Auf solche Weise ist derjenige, der das Gesetzbuch studirt, in der Lage, dasselbe mit eigenem Nachdenken gründlich durchzumachen und sich selbst zu prüfen, ob und inwieweit er sich die Kenntniß des Gesetzbuchs gehörig angeeignet hat. Hierin liegt der brauchbare Werth dieses Werkchens, das insbesondere Studirenden warm empfohlen werden kann."

Lippert & Co. (G. Pätz'sche Buchdr.), Naumburg a. S.

Lippert & Co. (G. Pätz'sche Buchdr.), Naumburg a. S.